敗　者　と　し　て　の　東　京

敗者的東京

翻轉勝者敘事的都市論
回看德川幕府、薩長同盟、美軍進駐的三次占領

吉見俊哉——著
Shunya Yoshimi
蔡傳宜——譯

巨　大　都　市　の　隠　れ　た　地　層　を　読　む

——獻給去世的母親，以及我的外祖母。

目次

序章

何謂東京

——勝者與敗者之間

大流行中的東京出走？

看到本書書名，應該會有不少人感到意外。東京應該是「勝者」吧？怎麼會是「敗者」呢？本書意圖由「敗者」定位出發，重新回顧「東京」，背後有著十分明確的理由。不過在解釋之前，讓我們先來看看東京正在發生的變化。

二〇二〇年春新冠疫情爆發，東京也因此受到巨大衝擊。引人注意的是都心*的空置率上升。二〇二〇年三月之前，都心各區的空置率幾乎都在百分之二以下，換句話說，就是幾乎沒有閒置的商辦。然而空置率自該年四月起上升，至二〇二一年二月，港區的空置率為百分之六．八八，澀谷區為百分之五．五五。進入二〇二二年後，新冠疫情雖然已有趨緩的徵兆，但都心空置率仍高於以往。由此亦可看出，由於港區及澀谷區有較多ＩＴ新創企業，為因應疫情早已採行遠距工作，而不再需要辦公室空間，因此開始縮小甚至撤出。即使新冠疫情結束，該趨勢大概也不會中止。

都心的商業用地價格也開始下滑。二〇二一年一月，銀座中心區域地價下跌百分之十二，淺草也約下跌百分之十二，新宿則是百分之十，東京二十三區商業地價整體較前一年下跌百分之一。地價高得驚人的都心辦公商業區，以及受益於海外觀光客的都心商圈，至今也出現滑落的跡象。由於疫情時期的政策導致大量資金流入市場，過剩的資金投入股票或土地投資，是故地價的變化，原本就不如辦公室空置率來得清晰易懂。然而，地價若在實際需求減少的狀況下仍持續上升，那不過只是如同字面的泡沫而已。

與空置率上升相關的，不如說是人口流失的趨向。二〇二〇年七月以來，東京二十三區的遷出人口超過遷入人口。二〇年七月至翌年三月，約有一萬兩千人左右遷出，數量上仍然不多，稱不上明顯趨勢，但至今為止的都心集中化現象正在發生變化。從二十三區遷出的人口主要移往神奈川縣、千葉縣、埼玉縣、茨城縣以及長野縣等地，與其說是大批向地方遷移，更像是過去支付高昂租金、住在都心狹小公寓大樓的人們，在相同租金條件下，變

＊譯註：千代田區、中央區、港區，以及新宿和澀谷區。前三區毗鄰皇居（即從前的江戶城），為歷史悠久的商業和政經中心。

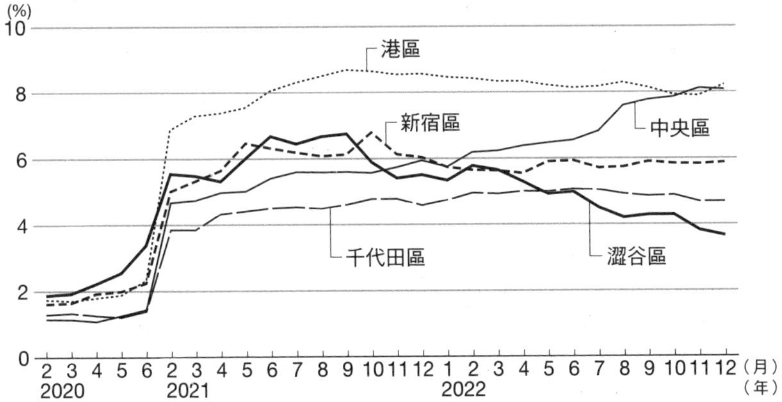

圖0-1　東京都心辦公室空置率變化（2018～2022年）

三鬼商事統計。

得傾向搬往能租到更大房屋、更靠近海邊或山區的近郊。若經濟上還有些許餘裕，也可能搬離都心公寓，到度假地區遠距工作。

除了這些長期變化，過去銀座、新宿以及池袋商圈服務業吸納了大量勞動力，新冠期間由於疫情擴散，營業時間縮短，排班以及打工人員也可能因為被迫休假或失業，返回老家或搬遷至租金更加低廉的地區。

關於遠距工作模式在新冠大流行趨於平穩後是否仍應繼續，也引起了各方討論。雖然也有人認為，遠距工作只是暫時性現象，不過改行線上會議或是遠距工作，這種大幅度的轉變也很難輕易回到原狀。二〇二二年，日本全國企業約有三成採行遠距工作，東京都超過了五成，其中資訊通信傳播業更有八成的企業採用，應已形成難以扭轉的趨勢。

乘著這股潮流，也開始出現有意將都心的核心部門轉移到地方的企業。都心租金十分高昂，若遷移至地方，在租金方面對企業相當有益，也能縮短職員的通勤時間，讓公司變得離家更近。如此一來不僅能節省下交通津貼，還能提升工作與生活平衡（work-life balance），再加上位置接近自然，對有成長中孩童的家庭來說也能獲得更良好的環境。企業離開東京都心，便可能帶來諸如此類種種好處。

這些在新冠大流行爆發後出現在東京的變化，讓人窺見扭轉東京一九八〇年代以來發展方向的可能性。東京自八〇年代以後的發展，簡言之就是急遽朝向東京單極集中化*前進，都心地區的千代田區、港區以及澀谷區不斷地進行大規模都更。而其背景則是新自由主義下的管制放寬，以及流動性因此提高的全球資本走向。

也就是說，隨著一九八〇年左右柴契爾主義（Thatcherism）、雷根經濟學（Reaganomics）的出現，由福利國家轉向新自由主義的巨大制度性變化在全世界發生。各種阻礙被撤除，時代朝著以市場原則為第一優先的全球化時代邁進，與此不分表裡的，則是冷戰體制走向崩壞、資本流動性提高的同時，貧富差距也隨之擴大。這波全球化助長了日本國內東京單極集中化趨勢，因為若是純粹地優先考慮效率和資本增值，將一切集中於一點最為有效。

然而，各種對新自由主義全球化潮流的「反動」在二十一世紀初陸續浮現。首先是二〇〇一年九月十一日，美國同時遭到多起恐怖襲擊，也就是九一一事件。這是邊緣自知無法正面對抗「美國」這個推動全球化的強大中心，而透過「恐怖主義」所做出的反擊。其次是二〇〇八年雷曼兄弟聲請破產倒閉，引發全球金融海嘯。這是資本流動性極大化的全球化資本主義，走向內部崩壞的瞬間。接下來，二〇一六年英國脫歐（Brexit）和川普當選美國總統震驚世界，這兩個「事件」則是政治狡猾地利用了對新自由主義引發貧富差距擴大的憤怒，以及對未來的恐懼而獲勝的結果。這些事件的共通點，就是它們皆為對一九八〇年代以來新自由主義全球化的反動。

＊　譯註：指日本的人口和社會資源，以及政經文化等活動都過度朝東京集中的現象。

就此意義而言，二〇二〇年起爆發，由新型冠狀病毒COVID-19所引起的全球大流行也是如此。隨著國際金融市場自一九八〇年代以來的擴張，資本的跨境流動隨之高速化，貨品與人員的全球性移動也愈加頻繁。世界上的人們拿著廉價機票搭上飛機，能夠以前所未有的規模和頻率交流、接觸和溝通。新冠肺炎雖然是由病毒引起的傳染病，但若非能攜帶病毒的人們跨國差旅的頻率呈現爆炸性增長，也不可能以如此規模和速度引發全球大流行。當然，反過來說，只要所有國家封鎖國境，所有人都在家中閉門不出，就能夠結束大流行，可封鎖狀態若一直持續下去，將會導致社會本身死亡。終止全球化本身如今已是絕無可能。

換言之，全球化不僅是資本、情報、貨物的加速流動，也是人員移動、交流和接觸的爆發性成長。而在「人」的全球化上，阻礙「擴大人與人之間接觸」的危機，則以傳染病大流行的面貌出現。因此，現今我們所面臨的新冠疫情，也絕不是出自非歷史性偶然所觸發的事件。它與美國同時遭到多起恐怖襲擊、雷曼兄弟倒閉、英國脫歐或川普當選美國總統相同，也是對全球化下世界的轉變，所帶來的過度高速化和過剩接觸的「反動」。而辦公室和人群離開東京都心的現象，雖然規模尚且不大，但若將其視為疫情帶來的結果，則應該與一九八〇年代起新自由主義全球化所引發的變化大有關聯。

身為「勝者」的東京

至今為止，由於日本的近代化，人口從農村流向都市，農村因人口不斷下降而走向凋零。尤其是在戰後，人口隨著經濟成長而集中在東京圈、大阪圈、中京圈，以及福岡北九州等都會區，大都市和地方的差距逐漸擴大。因此大都市的膨脹和農村人口密度過低的問題，絕非最近才出現。不過在一九九〇年代以後，日本總人口到達最高峰後不久便開始下滑，僅有東京人口持續增長，以大阪為首的其他都市則開始減少。九〇年代以後所呈現的，並非是整體都會區的人口集中，而是顯著的東京圈單極集中化現象。這意味著東京將因成為全球資本主義的據點，而走向極大化。

直到一九七〇年代，關西圈的形勢強勁，製造業盛行的中京圈也相當有力，北九州生產活動亦甚為活躍。然而到九〇年代以後，僅有東京出現顯著的人口集中現象。反過來說，所有其他地區都成為東京集中的犧牲品。就這樣到了二〇一〇年代，東京圈——即包括東京都、神奈川縣、埼玉縣、千葉縣在內的大都會區，形成了人口約三千六百萬人，規模龐大的巨型都市（megacity）。雅加達、北京、上海或是曼谷等，亞洲都市的人口數量大致皆多於歐美都市，但其中又以東京居冠。當然，東京圈人口也遙遙領先歐美大都市，在這個世界上已經找不到比東京更加巨大的都會區。東京就是膨脹到了如此程度。

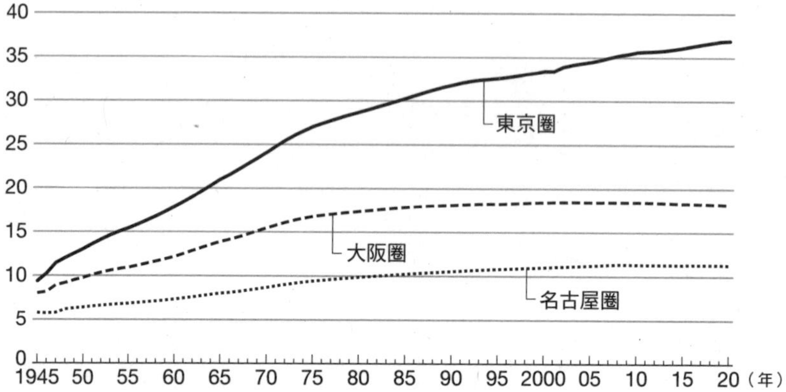

圖0-2　東京圈、名古屋圈、大阪圈的人口變化

根據總務省統計局網頁繪製。東京圈包括東京都、神奈川縣、埼玉縣、千葉縣，名古屋圈為愛知縣、岐阜縣和三重縣，大阪圈為大阪府、兵庫縣、京都府和奈良縣。

約達三千六百萬的東京圈人口，大概占日本總人口三成。也就是說，十位日本人裡就有三位住在東京。歐洲主要首都也都是大城市，但集中在巴黎首都圈的人口約占法國總人口的百分之十八。倫敦則約是英國總人口百分之十三，至於紐約，不過只占全美人口的百分之七。美國大都市數量較多，紐約占比當然顯得較低，然而不管是洛杉磯還是舊金山，芝加哥還是波士頓，都市規模都比東京要小得多。而在德國，首都柏林人口約僅占總人口百分之四。的確，只有韓國與日本類似，首爾的人口占比約高達全國百分之五十，只不過首爾首都圈的人口規模為二千五百萬人，在數量上比東京圈要少一千萬人以上。

比人口還要更加極端地集中的是企業。二○一六年時，僱用員工一百人以上的場所單位有百分之四十六．九集中在東京圈。換句話說，中等規模以上的企業約有半數位於東京圈，因此若想尋求適合的工作，無論如何也必須前往東京，而這也是人口不斷向東京集中的原因。即使將範圍限定在東京都，也有百分之三十七的場所單位集中於此，大阪府則是百分之九．二，數量上大阪僅約為東京的四分之一。愛知縣雖然是豐田汽車（TOYOTA）總部所在地，也僅占全國的百分之五．九[1]。換言之，企業明顯集中於東京，大阪或名古屋亦難以與之抗衡。此外，這種差距在資訊與通信傳播產業上更加明顯，若以僱用員工數來比較，則全國資訊與通信傳播產業有百分之六十二．六集中在東京圈。

至於人均所得方面，東京也與其他地方有相當的差異。二〇二〇年東京都的年人均所得約為五百四十一萬日圓，青森縣約為二百五十二萬日圓，鹿兒島縣約為二百三十八萬日圓，鳥取縣則約為二百三十七萬日圓。無論是哪一個縣，其年均所得皆未達東京都的一半。中央與地方的所得差距有如鴻溝。而這種差距和人口集中的結果即是，若將東京圈內各地預算相加，總合約有三百九十二兆八千五百五十五億日圓左右，約相當於日本全國預算的百分之四十八。全日本有約有一半的錢都在東京[2]。

「集中於東京」的臨界點究竟何在？

就上述內容而言，東京是無庸置疑的「勝者」。東京是近代化的「勝者」，是高度成長的

「勝者」，並且也是全球化的「勝者」。但「勝者」東京正因身為「勝者」，曾經歷過數次陷入危機的瞬間。

其中最為嚴峻的是二戰到戰後期間。當時的城市因遭受轟炸而成為危險區域，其中又以東京的危險性最高。一九四五年三月十日，約有十萬人死於美軍的大規模空襲。當然，大部分居民都疏散到地方，東京人口急劇減少。雖然日本在不久後戰敗，但至少直到一九五〇年代初期，都市計畫專家皆未企圖讓人口重新向東京集中。戰敗後不久的日本，希望打造出多極分散的國土，為了避免東京人口過度成長，曾費心構思諸如公共綠地、生活圈等各式各樣的嘗試[3]。

然而日本自一九五〇年代末起進入高度經濟成長期，又在一九六四年迎來東京奧運，於此背景下實施了大規模的首都改造，日本全國陷入這波欲將東京高速化、高層化，打造為世界性大都市的潮流之中。國土分散的願景，也在此影響下於五〇年代末消失無蹤。

不過在一九七〇年代末，多極分散的國土構想曾被再次提出，並由大平正芳政府推動。大平政權提倡田園都市國家的構想，認為既已實現一定程度的經濟富裕，接下來便必須走向文化上的成熟，而文化成熟的國家則會由集中走向分散。但因大平正芳在第二次大平內閣正式上路後不久突然去世，該構想未曾實行。之後中曾根康弘政權推行「民活路線*」，學習柴契爾和雷根，大膽地採行新自由主義。作為該新自由主義經濟成長路線核心的東京，也因此一往無前地，邁向都心的更新建設和灣岸開發之中[4]。

實際上本應身為「勝者」的東京還曾經面臨過一次危機，即眾所周知的關東大震災。雖然在此不會詳談震災在東京所引發的莫大災情，但一度看似毀滅的東京，在帝都復興後走向二戰的戰爭時期。戰時體制為總動員體制，國家力量因此變得十分強大，同時東京作為軍事都市的影響力也逐漸增強。不久後，美軍在戰爭期間的空襲轟炸愈加激烈，東京則如前所述，再次面臨危機。

因此我們應該可以粗略地說，東京的集中化在帝都復興、高度成長以及八〇年代後的全球化等經濟擴張時期中出現進展，而在關東大震災、戰爭末期、戰後混亂期或「成長」路線受到阻礙及後退的後高度成長時代，則陷入危機。而若由此巨幅全景圖中，重新檢視如今發生在東京的新冠疫情，可以看到幾個必須注意的地方。

話雖如此，令人驚訝的是在二〇二〇年以來新冠確診人數變化上，至少在疫苗接種率上升之前，即使同屬於關東圈，東京都、神奈川縣，埼玉縣和千葉縣這一都三縣，及其周邊的栃木縣、茨城縣、群馬縣和山梨縣狀況也完全不同。誠然，東京的人口規模不同於其他行政區劃，難以就確診人數做出比較。然而若以每十萬人確診數進行統計，從平均數字來看，神奈川、千葉以及埼玉的確診率接近；相較之下，東京感染率則高達約此三縣的兩倍。群馬、栃木、茨城和山梨縣的

＊　譯註：一九八〇年代中曾根康弘執政時放寬限制，推動電信電話公社、專賣公社以及國鐵民營化，引入民間資本參與大型建設和經營，促進地方發展的政策路線。民活為「民間活力」的簡稱，指民間企業的資本和經營能力。

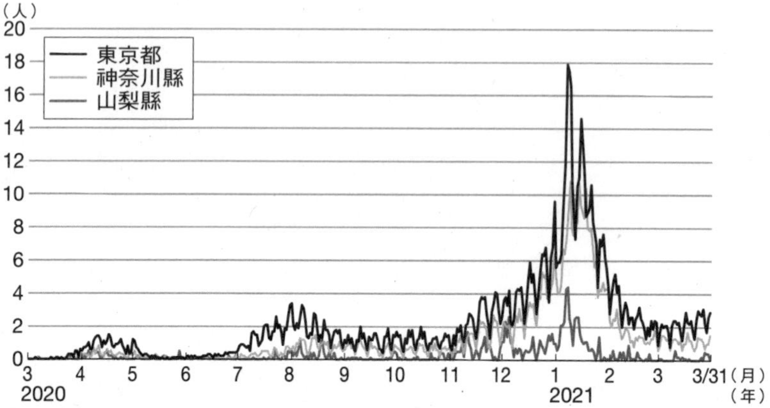

圖0-3　疫情擴大初期段階，東京都、神奈川縣、山梨縣每十萬人確診數統計表（2020年3月～21年3月31日）

根據日本厚生勞動省網頁繪製。

確診率，則大概是東京的四分之一。這顯示出東京人口是何等密集，人與人接觸的機會之多。

即使將比較範圍擴大到全國，這點也依舊成立。若比較東京都、大阪府、愛知縣、福岡縣、宮城縣和廣島縣的每十萬人確診數，經計算後東京的確診率遠高於大阪，愛知及福岡的確診率不到東京的一半，而宮城和廣島則又更低。像這樣比較主要都市的確診率，可以看出東京的感染風險比其他府縣高出許多。人口和各種以經濟為中心的活動，就是如此地集中在東京。

各種經濟活動與新冠確診的表裡關係，直接反映出人口集中於東京和風險的表裡關係。二〇二〇年起延燒數年的新冠疫情告訴我們，高度成長也好全球化也罷，過度集中的結果，即是會讓風險以等比級數增加。

此外，東京單極集中化也讓東京內部產生差距。直到一九七〇年代，東京各地區的階層化仍然有限，然而自八〇年代末起，東京內不同區域的所得差距逐漸擴大。港區、澀谷區、千代田區、中央區、文京區等主要位在東京西半部，高級的高層公寓大樓建築較多的地區平均所得持續上升。另一方面，以二十三區東北部為中心的足立區、葛飾區、板橋區、荒川區及江戶川區的所得則呈現下滑。也就是說，即使是在東京二十三區內，也出現了階層化的現象[5]。

直到某時期為止，日本全國都會區皆有著同樣的發展，但東京圈卻從八〇年代左右起拉開了與其他都會區的差距，並且即使是東京之內，在港區、澀谷區、千代田區等區和全球化緊密結合的情況下，猶如都心經濟能力向上攀升的反面，外圍地區則彷彿被拋在了原地。這正是日本於二十世紀末至二十一世紀時所發生的狀況。

而在二〇〇〇年代之後，儘管日本總人口呈現負成長，東京圈人口仍持續增加。即便日本經濟停滯、企業衰退，東京人口依舊繼續成長。其中值得注意的，是畢業於東京圈之外大學的高學歷女性，呈現出移往東京的傾向。在人口學上，東京是個巨大的黑洞，且是生育率明顯低下的城市，而年輕女性卻愈來愈傾向於朝東京集中。根據瑞穗綜合研究所調查分析，大阪、名古屋及九州等地的女性，具有大學畢業後不留在當地，而選擇就職於東京的企業的傾向，而此現象在育齡女性身上尤為顯著[6]。

相對地，男性則傾向於留在母校所在地區，前往東京的並沒有那麼多。至於優秀的女性則聚集在東京，這個現象從一九九〇年代後半起更加明顯。可以想見，東京的企業願意僱用兼具幹勁和能力的大學畢業女性，而這些女性當然也會希望在成為全球化據點的東京，挑戰自己的可能性。結果就是地方人口的下滑愈加難以阻擋。

因此在二〇二〇年後，雖然只是些許，但東京單極化的趨勢因新冠疫情出現變化，這件事仍有相當大的意義。意即都心辦公大樓出現空置單位，人們開始一點一點地離開都心移動到地方。即使這種變化就此維持不再擴大，新冠疫情也讓我們看到全球化和東京單極集中化在其臨界點上，產生出與朝著中心集中的方向不同的動態。這表示東京不只是向集中化、巨大化、全球化發展的存在，也是在外圍或裂痕縫隙蘊含著其他契機的存在，並能夠以此觀點重新審視東京的可能性。

東京並非只是近代化、經濟成長、全球化的「勝者」，在東京內外蘊藏著許多不同的「敗者」契機。透過定睛注視這些契機，我想，應該能夠更深入挖掘新冠疫情所隱隱透露出的變化徵兆。

至少被占領過三次的都市・東京

那麼，若不再僅將東京看作身為「勝者」並吸引人們聚集的城市，而是連帶著東京本身內在無數的龜裂及斷層，也就是潛藏著「敗者」凝視的都市再次審視，則能看到這座都市中存在著數重歷史的層疊。而在分辨這些層疊時，最重要的是必須認識到，東京是座至少被占領過三次的城市。

最初是一五九〇年德川家康的占領。家康帶著約八千名的軍隊從府中進駐江戶，因領地在豐臣秀吉命令下轉移至關東，便從遙遠的三河*前來。而在家康進駐關東後的半個世紀，經過秀忠、家光三代，大幅改變了這座城市的基礎秩序。一五九〇年至一六四〇年左右是都市改造時期，因此在十七世紀下半葉後，大部分人對德川之前的江戶記憶已然消散。

接著又經過了漫長的歲月，第二次占領是一八六八年薩長聯合軍進駐江戶。這次薩長軍隊是由東海道、甲州以及上州三個方向進入江戶駐紮。其後，東京這座將軍所在的「水道與寺院神社之城」在明治大正時期起改頭換面，轉為天皇所在的「鐵路與軍事之城」，這個轉換透過關東大震災後的帝都復興走向完成。上野、新橋、日比谷或銀座等地，確實很早便實施從江戶到東京的改造，但德川時期所建立的江戶秩序，並未因統治者交替而全數消失，直到關東大地震前，仍深深留在這座城市的生活風景中。不過，震災之後的帝都復興，卻讓東京從尚存江戶面貌的都市，轉變為大東亞的帝都。

而第三次的占領，即是一九四五年美軍占領東京。雖然亦有占領軍從厚木機場進入，但規模

* 譯註：今愛知縣。

更大的部隊自相模灣由湘南海岸登陸，從橫濱方向北上。而在這第三次占領後的東京大轉換，如今仍在持續中。美軍的占領本身雖然在一九二五年即劃上句點，但六〇年代的高度成長期，特別是一九六四年東京奧運前後所實施的大規模改造，皆位於第三次東京占領的延長線上。透過這次的占領和東京改造，無論是江戶以來的基層秩序，或是明治大正時期形成的秩序，都完全走向了邊緣化。

然而，曾遭到多次占領的經歷，並非東京所獨有。無論在世界何處，如同國家首都規模的大城市，大都曾被外來勢力多次占領——不斷地遭到占領這件事，幾乎稱得上是城市的部分本質。

對此，接下來必須先提到一些理論性的說明。通常讓城市存在有兩個優點：一是交易。如同馬克思曾指出，商品交換是在共同體的盡頭，在它們與別的共同體或其成員接觸的地方開始的。交換場所即市場為城市的原型，在村落共同體的外部形成。村莊不會僅因規模擴大成為城市。村莊生產的物品和資訊、貨幣在村落共同體外部形成的都市進行交換。

除了這類作為水平性外部的城市，還存在另一種維度的垂直性外部城市，而其決定性關鍵並非交換或交易，而是占領及征服。不同的村落共同體之間形成許多交易場所，當它們逐漸發展為城市後開始累積財富，之後城市之間因財富而引發爭端，A城市在征服B城市後，接下來又征服C城，然後是D城。如此便逐漸形成城市之上的城市，王都或帝都，在垂直的統治網絡中，成為具備殖民機能的軍事據點城市。

因此城市規模的擴大，本就無法和占領或征服脫鉤。而大部分占領都市的異民族或帝國，都會徹底破壞與過去統治該都市的被征服者之相關記憶和事物。企圖消除過去記憶，並在斷垣殘壁之上建立新城市。這是歷史上城市發展的基本模式。

換言之，城市的征服者經常會徹底毀壞城市中歷史悠久的神殿或王宮，再修建新的建築物，藉由替換城市的空間結構，以抹去人們的記憶，製造出全新的世界認識。例如，征服了墨西哥原住民文明的西班牙殖民者，將過去帝國首都的遺跡破壞殆盡，在只剩斷垣殘壁的大地上興建基督教會。而在北美，從波士頓、紐約到西雅圖及舊金山，過去的原住民聚落被逼入沙漠地區，殖民者則削去水岸山丘、填平海灣，大膽採行近代都市計畫。其程度之徹底，使得許多歷史悠久的城市中，已無法得見過去的記憶。

至於東京，則和中東、近東或是南北美洲大陸城市的占領及征服不同，實際上留下了大量被占領方的記憶痕跡。相較於歐美諸國近代的都市計畫，在近代東京只能以極度不完全的方式抹滅過去的痕跡。其一是由於東京高低起伏，複雜的地形發揮防波堤的功能，保護了過往陳跡。再加上日本不像西班牙的科爾特斯（Hernán Cortés）對阿茲特克文明的征服那樣，背後其實涵蓋了宗教及民族衝突，即使明治時期曾發生廢佛毀釋運動，基本上也很少在占領及征服上出現與過去長期持續、毫無轉圜餘地的對立。

結果就是東京至今曾遭遇的三次占領，皆非從頭興建新城市，而是在過去的城市上添加變化，放入新的元素，重重累積新的歷史地層。若是漫步於東京歷史悠久的地區，應該還能在所到之處發現這些歷史堆積的層疊。而這正是東京這座都市有意思的地方。我曾在拙作《翻轉東京》（東京裏返し）中嘗試過這樣的城市漫遊，而本書則要將沿著歷史的時間軸，從即使被征服、占領也未能完全抹去的敗者角度，一層一層地重新檢審視堆積在這座都市底下的地層。要言之，若《翻轉東京》是一次在空間中解讀時間的嘗試，本書則是希望能夠解析漫長時間中一重又一重的空間堆疊。

引入歷史透視法的視角

在序章最後，將說明本書方法上的切入角度。本書在方法的地平線上，一方面採用全球史（global history）觀點，另一方面則採用家族史（family history）觀點，在二者之間切換敘事視角。全球史觀點簡單來說是「鳥瞰」，或可說是人工衛星、Google Earth的觀看方式，但這種觀看裡也具備時光機功能的時間軸。換句話說，本書不僅能在「眺望地球全貌」到「接近地表上空向下俯瞰」之間自由調整遠近焦距，還能穿梭在不同的歷史層之中，往來於一萬年前的過去和人類開始徹底改變地球環境的近代之間，從空中盡可能地，將這些不同歷史層之間發生的事件細節收入眼底。

若以全球史觀點眺望東京乃至日本列島，此處最重大的變化，是該列島從浮在歐亞大陸東側海面的邊緣群島，轉變為位於歐亞大陸、美洲大陸以及太平洋中央的群島。從彌生時代到十九世紀中葉長達兩千年的歷史中，日本列島位於中國大陸東側邊緣，反覆經歷由朝鮮半島傳遞而來的中國巨大文明壓力。從本書第一章所討論的，身為移民的「渡來人」將文明移植到此東側邊陲的時代起，到佛教傳入、遣唐使和律令國家及其崩壞、蒙古侵攻，以及江戶時代的朝鮮通信使（使節團）為止，與中國大陸的關係，成為東方邊緣國家日本的歷史基調。即使在戰國時代，織豐政權曾受到位於歐亞大陸更西側的歐洲影響，引入軍事技術，並試圖反過來進攻朝鮮半島及中國大陸，日本處於歐亞東緣的位置，基本上沒有發生變化。

然而十九世紀中葉，在日本列島東側遼闊的太平洋以東，歐亞大陸西側高度發展的西方文明以西邊陲，另一個文明，巨大化的美國現身。簡言之，因為地球是圓的，東方之東即西方之西。由於出現在日本遙遠東方的美國文明，日本列島在地緣政治上的位置，從歐亞大陸的東緣，轉為歐亞大陸與美洲大陸的中央。即便如此，日本仍非「核心」而是「邊緣」之地的事實仍未改變。不過十九世紀所發生變化之重大，將影響日本列島未來的命運，長達千年以上。

且若要說起和東京劃上等號的江戶，它的位置在大陸東緣列島之東，也就是以延綿列島中央的山岳為背景，東側是遼闊的關東平原，而它便位在流經廣大平原的河川匯流入海的河口區。由於匯聚河川眾多，季節性的氾濫難以控制，要在此地建設大城市並不容易。不過在十六世紀末，由於在漫長戰國時代裡高度發展的軍事技術轉向民生利用，打下德川家康建設巨大城市江戶的基礎。若從海路思索日本列島和歐亞大陸的關係，從中國或朝鮮半島看來，江戶的位置比九州、大阪或京都更加遙遠。然而當與美國之間的關係逐漸浮上台面，東京便是面向太平洋的首都，人們的意識也背向亞洲，逐漸不再有所顧忌地稱太平洋側為「表日本」，而日本海側為「裏日本」。

相對於全球史的觀點，另一種本書採用的家族史觀點，簡單來說則是「注視」，是在街頭拍攝快照的視線。但街拍的觀看中亦具備時光機功能的時間軸。全球史觀點的時間軸是以「時代」為單位區分，但「時代」的長度因史觀立場相異而有所不同。相對地，家族史觀點的時間軸則以「世代」為單位區分，如祖父母世代、父母世代、子女世代、孫世代，「世代」是非連續的，各世代間隔大致上固定在二十五至三十年間。此外，家族史＝世代史，因經歷該世代的個人，也就是觀看的主體位置不同而多樣化，或許該說有多少人生就有多少歷史——完全不可能整合為單一敘事（narrative），無數多樣且相互矛盾、衝突、分裂的歷史在此浮現。

就此意義而言，歷史是形形色色數不清的個人的生命史（life history）之集合。正如過去涂爾幹所言，歷史作為社會事實，具有無法分解為個別生命史的社會性＝集合的維度，其積分總和則為全球史。然而個別的生命史絕不會因這種集合的維度而消弭，因為無數散布在歷史深處的微小聲音，它們的多樣性騷動從未平息。因此，訴說歷史是一項經常穿梭於集合性和個別性、全球史觀點和家族史觀點間，並予以相互鏈接的作業。從社會學角度來說，這也可以說是往返於微觀與宏觀之間，但同時也是在一個個充滿個性的各別人生，和壯闊的全球史之間的往返。

這個往返所還原的，必然不僅是屬於「勝者」的歷史，應該還包含著無數來自「敗者」的歷史。就空間而言，這樣的歷史，也是讓許多靜靜潛藏在東京隱密地層中，蟄伏於覆蓋在都市表面的、同時代風景之角落、山谷、小路，暗渠或斷崖下的敗者人生得以浮現的歷史。若以古代為例，首例應是以率兵反叛平安京朝廷的平將門為首的秩父平氏，此外還有將這座城市納入網絡的熊野水軍、列島的海人、御師*或行腳商人，以及巡禮者所訴說的歷史。正如「江戶」過去意為沿海港口，這座城市最初並未關上大門，而是遠達朝鮮半島及中國大陸網絡上的節點。隨著這個節點逐漸發展為日本列島上對抗京都的另一個首都，過程中各種敗者的記憶，也逐漸被交織在都市的歷史想像力之中。

在近代，敗者遭到身分、階級、性別，以及意識形態的結構化。換言之，各種不同的「歧視」嵌入社會系統，這或可稱之為敗者的社會結構化。話雖如此，第一次大轉換的決定性瞬間仍然是戰爭。直到一八八〇年代，戊辰戰爭勝者與敗者的差距依然如同鴻溝，身為敗者的德川首府江戶最終失去原本名稱，被覆蓋上新名字「東京」。羅馬和巴黎也曾經歷過多次統治者戰敗，但這兩座城市的名稱未曾改變；另一方面，君士坦丁堡和聖彼得堡則隨統治者變換而更名。江戶因

＊　譯註：隸屬於特定神社的中下級神職人員，在外向信眾宣揚信仰，招攬信眾前往所屬神社參拜，提供前來祈禱或參拜信眾住宿等服務。

戊辰戰爭戰敗而成為東京，此後「東京」便專心致志於成為東亞的勝者，也就是帝國的首都。東京的敗者，也包括了這些帝國的敗者。

我們有必要重新檢視敗者的東京史，由各家族史層級從地表出發，視其為眾多生活史的集合。我在本書後半提到了數名親族的事情，不過，實際上只要取得戶籍謄本，結合國立國會圖書館或報社所整理的數位資料庫、網路上的各種檢索系統，以及保存下家中過去痕跡的珍貴相冊或古早筆記，任何生活在二十一世紀日本列島的人，都可能做到這件事。

過去，山口昌男以其博學多聞的豐富知識，和一般人難以望其項背的大量藏書，寫下近代日本的「敗者的精神史」，這是只有極少數擁有跨境知性之人才可能寫成。然而今日數位化技術的本質中，便包含著集體記憶爆炸與網絡化，簡言之，現在的日本也已逐漸具備足夠條件，即使不像柳田國男、鶴見俊輔、山口昌男那般特別，也可能書寫關於各家族史的「敗者的精神史」。各位讀者如果試著去挖掘這類記憶，應該也能在家族中發現一或二位人生經歷讓人不禁驚呼出聲的親戚。這種歷史再發現，不僅只是對個別家族過去的發現，更是在列島長達一萬年的人類史「遠景」中，為無數家族史性質的「近景」找出位置。經過這樣的再定位，將會催生出從大寫的單一敘事歷史，轉換為無數小寫的記憶網絡歷史，從國族歷史轉向群眾（multitude）檔案館的歷史敘事典範轉移。

第I部

江戶是片群島海——遠景

第1章

克里奧*性質的在地秩序

* 譯註：克里奧（Creole）一詞按歷史脈絡不同，可指在新大陸殖民地出生的歐洲人，或是移民後裔。後來泛指殖民地或某些地區文化融合而成的「本土化」文化或語言。

繩文群島與渡來人文明

東京是興建在武藏野台地，向東京灣伸出的東崖上的城市。自古以來，這座城市便有六條河川和五處較高的地勢，河川由北而南分別是隅田川、石神井川、神田川、澀谷川（古川）、目黑川和多摩川。位於隅田川和石神井川間，自飛鳥山延伸至上野的是上野台地，石神井川和神田川之間是過去曾延續至駿河台的本鄉台地，而在神田川和澀谷川間、以今日皇居為頂點的是麴町台地，澀谷川和目黑川之間是涵蓋大部分現在港區的白金台地，目黑川和多摩川之間還有一片自馬込延綿到山王以及大森的台地。在北至隅田川、南及多摩川，向東延伸而出的台地上，尚有其他中小型河川淌流其中，形成複雜的水路，而這塊土地上的人們利用丘陵與河川交織而成、細密起伏的地形，在此持續活動。河川可以捕魚，也能提供飲用水，於是自繩文時代開始，便有許多聚落在武藏野台地東側形成，至今仍殘留眾多貝塚以及古墳。

繩文時代大約始於距今至少一萬二千年前，於冰河時期結束時邁向巔峰。當時氣候逐漸溫暖，各處冰川融解，海面自此不斷地上升。在關東地區，東京灣也由於「繩文海進」深入埼玉縣深處，現在的大宮及浦和在當時都成了向海突出的岬角，觸目所及皆為汪洋大海，因此這些地區也有貝塚殘留至今。由於維持著較為溫暖的氣候，許多繩文人居住在關東到東北地區南部一帶，海洋深入內陸深處，也讓臨海各地的繩文人聚落增加，豐富的魚貝類供應似乎讓他們過著安穩的

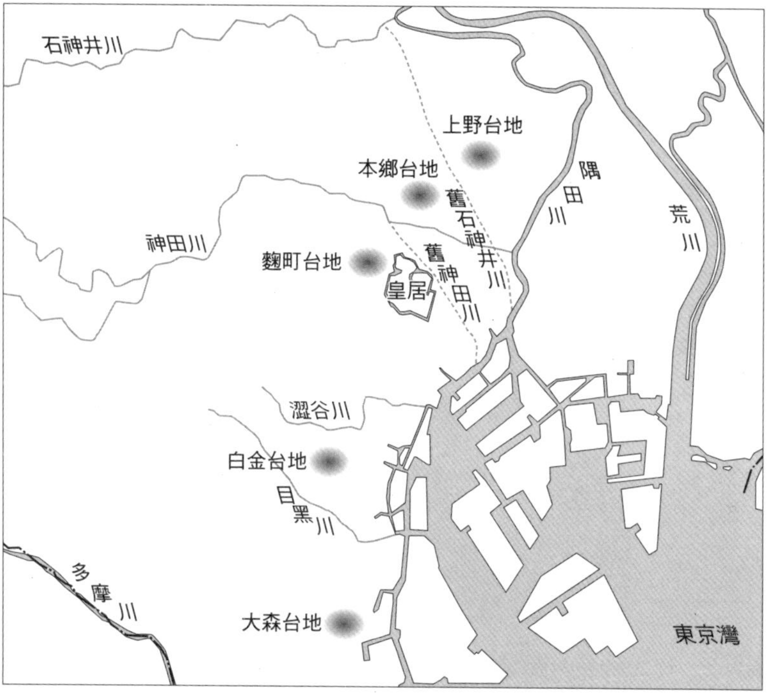

圖1-1　武藏野台地東側的主要台地和河川

生活。

若將目光放在埼玉縣以東，可以看到千葉縣至茨城縣一帶也受海灣侵入至深。千葉縣銚子和茨城縣鹿島恰好突出如岬角，兩個海角之間是從霞浦延伸直到埼玉縣附近的大海灣。換言之，遠古的關東地區看起來就像是今天的瀨戶內海，遍布著岬角、眾多島嶼以及灣澳，呈現出群島散布的海洋景色[1]。大部分的繩文人聚落便在岬角和灣澳交錯的海岸形成，可以想見，這樣的景象將一路延續到東北地區的南部。

然而繩文時代在不久之後走向衰退。繩文中期的人口以關東

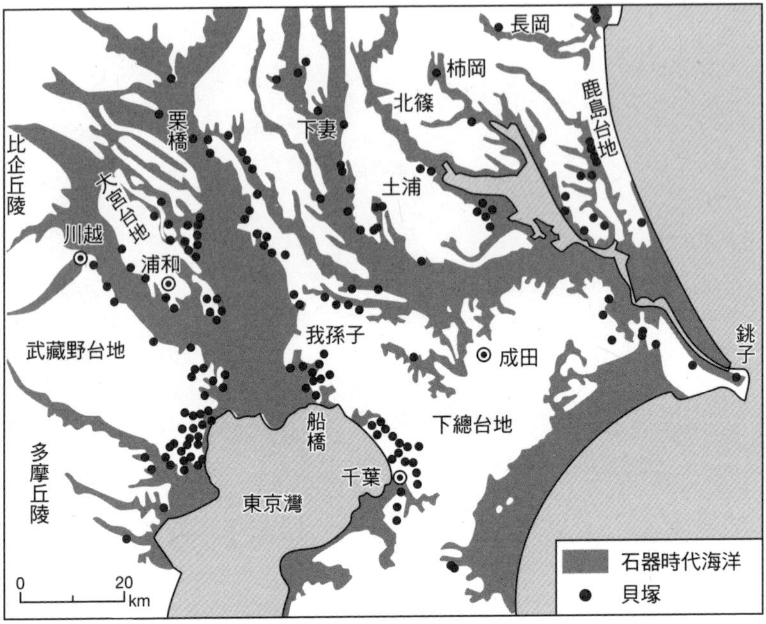

圖1-2　古代以前的關東地區灣澳和岬，宛如散布著群島的海洋

出處：小出博《利根川と淀川》（中公新書，1975年）。

到東北地區南部一帶最為密集，但在西元前二五〇〇年以後，這個地區的人口開始減少，到了繩文晚期更是急遽下滑，同時人口分布的中心也向宮城、岩手、青森等東北地區移動。因此，繩文文化的社會是在彌生時代之前便已衰退，從繩文到彌生並非連續性發展。在人口分布上，繩文時代和彌生時代也完全不同，前者之人口集中於東日本，到後者時則是西日本人口增加。當然，這是受到稻作文化的影響。

眾所周知，彌生時代的技術和生活型態源自中國大陸及朝鮮半島。當時的中國正逢春秋戰國後秦統一天下，文明高度發展，人口增加。中國大陸的人口成長壓力波及朝鮮半島，不久之後又擴及日本列島。來自大陸、在人口壓力下被帶入列島的文明，就這樣逐漸成為「日本」社會最古老的部分。也就是說，「日本」是當居住於列島上的原住民文化受氣候變遷影響衰退後，來自半島以及大陸的渡來人慢慢征服各島嶼、半島和灣澳時所逐漸形成的。

渡來人最初以九州為據點。據推測，直到西元一、二世紀左右，朝鮮半島人移居的地區為九州北部，不過在三世紀以後，他們乘船向東越過瀨戶內海，抵達大阪灣。在此登陸後向北是琵琶湖，朝東則是大和盆地。因此朝鮮文明應是在這附近建立據點，成為大和王朝首都。然而要從朝鮮半島前往畿內，不只有「北九州—瀨戶內海—畿內」這一條路，還有另外一條可能性很高的路線，即是從朝鮮半島東南的新羅直接乘船前往若峽灣一帶，是故，以往便有繼體天皇*之後，大和朝廷是由勢力擴大的新羅裔豪族所支撐的說法。雖然我不確定正確答案為何，但不管是走瀨戶內海也好，經由若峽灣也罷，朝鮮半島的文明應該都進入了古代大和王朝的中樞。

在接下來的四世紀後半至五世紀之間，朝鮮半島的高句麗南下的壓力上升，新羅、百濟、伽耶（加羅）以及日本列島上各勢力間逐漸形成複雜的外交關係後，以新羅和百濟為中心，大量的朝鮮半島人渡海前往日本列島，擴散到列島各地[2]。五世紀時，渡來人文明向東拓展的範圍越過

---

* 譯註：日本第二十六代天皇，六世紀前半在位。

畿內，延伸至東日本，主要傳播路線為海路。他們首先乘船繞過紀伊半島航向伊勢灣，由濱松朝駿河灣前行，然後繞著伊豆半島抵達相模灣，再沿著海岸線航向三浦半島；但接下來並未進入東京灣，而是朝房總半島尖端的館山前進，沿著九十九里海岸前往銚子岬，對岸就是鹿島。這一帶便是古代大和朝廷勢力範圍的最北端。

看著這條航行路線，我發現一件事。紀伊半島上有熊野神社，伊勢有伊勢神宮，鹿島則有鹿島神宮。這些神社是何時所創建不得而知，但一般認為最早應是在三世紀後半到四世紀之間，最遲大約也是在六、七世紀前的某個時間點。雖然涵蓋範圍很廣，不過渡來人移居到這些地區的時間，推測大約也是在三世紀後半到五世紀之間，或許這就是神社創建的背景。對古代的渡來人而言，這些神社並不只是參拜的場所，更是渡來人文明開拓列島的精神與軍事前哨站。

此外，有一種說法認為日本神社的原型（archetype）來自古代朝鮮半島，尤其是以新羅為中心的韓國祖靈信仰，而廣布日本全國的神社以及神道，最初也可能起源於朝鮮半島[3]。朝鮮半島上的原型神社通常稱為「堂」，據說過去和日本相同，每個村都必定有堂，是舉行祭祀的場所。支撐著堂信仰的天孫檀君開創古朝鮮的檀君神話，其敘事構造也和日本的天孫降臨相同[4]。「日本」建國神話的架構，說不定也是移植自朝鮮半島。

但朝鮮半島後來在李氏朝鮮長達五百年的統治下，徹底推行儒教化政策，過去半島上原有的堂信仰遭到鎮壓或排除，轉換成儒教信仰。再加上二十世紀日本殖民統治和朴正熙政權的近代化

圖1-3　東京周邊許多有「戶」的地名

政策皆排除本土原有事物，日本與韓國在古代相當普遍的文化共通性，到了今天已難尋得端倪。

不過，就像岡谷公二指出的，「日本的祠堂，也就是神社，自古代到現代皆處於國家庇護之下，其信仰遍布全國，至今仍延綿不息。相對地，朝鮮的祠堂，也就是堂，卻因後世佛教和儒教成為國教而未受國家保護，反遭輕賤、壓抑，有時甚至是迫害，因而顯著地衰退、變化，或是遭到極端儒教化。兩者之間的關聯如今已難以追溯，但至少我們不該再繼續抱持著神社為日本特有的觀念。」[5]

上行關東平原的渡來人

無論如何，來自朝鮮的渡來人最後進入了東京灣。為了停泊，船隻能夠停靠之處成為碼頭，後來又形成「湊」，也就是港。東京灣岸附近建造起許多這樣的小港口，這些地方通常被叫做「戶」。實際上，從東京灣岸到利根川一帶有好幾個地名裡都有「戶」，例如松戶、青砥（舊名「青戶」）、花川戶等，它們或許是被航行至東京灣深處的渡來人當作港口的地方[6]。

江戶應該也是其中之一。這個江戶在哪裡？當時有一座從現在的日本橋延伸至銀座的半島狀沙洲，尖端剛好位於今日新橋站一帶。這座沙洲後來被稱為江戶前島，最初的江戶正是沙洲上的海港[7]。

江戶前島西側是後來被稱為日比谷入江的大型灣澳，至於其東側，也就是現在的八重洲、京橋一帶則是海。神田川流入日比谷入江，過去的石神井川則由江戶前島東側入海。換句話說，江戶前島宛如一座長堤，兩側則被當成港口使用。

過去古墳時代乘船自西日本而來的人們從江戶前島登陸，應該會遇上當地的繩文人。渡來人擁有比繩文人更高的技術和豐富知識，他們帶著先進的文明從朝鮮半島來到江戶，沿著多摩川及荒川流域逆流而上，並且在各要衝建立據點。例如多摩川流域的狛江（世田谷區），「狛」推測原本的字應為「高麗」，因此如果用英文表示「狛江」就是「Korean Bay」。自狛江北上數公里有座大型寺院名為深大寺，一般認為，被視為開山祖師的滿功上人即是渡來人[8]。當時寺院也是引進中國文明的據點。

然而渡來人文明真正的據點，應該是以現在的隅田川為下游的利根川流域。渡來人開拓關東最初的據點，是淺草的淺草寺。淺草觀音相傳起源於六二八年，和聖德太子頒布《憲法十七條》的六〇四年、大化革新的六四五年時代相同，歷史悠久。淺草在那時已非海洋而是陸地，從東上野到原田町一帶，以及對岸的墨田區則是海，在淺草附近形成岬角。因此淺草和前述的江戶前島，也同樣是海港[9]。渡來人便以這座港為據點，向利根川流域發展。是故，淺草可謂是江戶的原點。

在淺草建立據點的人們自隅田川向利根川逆流而上。古代利根川的流路與今日不同，由東京灣入海*。它和隅田川在大宮附近匯合，因此大宮一帶成為繼淺草之後，下一個渡來人開拓關東的據點，他們在此興建了冰川神社，並且以其為根據地在大宮地區傳播朝鮮半島文明，從現在的地名中仍能看出這些痕跡。例如，埼玉縣的「新座」應是由古代朝鮮王朝「新羅」而來，過去還有地區名為「高麗（Koma）郡」，範圍包括現在的日高市、飯能市、鶴島市，以及一部分的狹山市、川越市、入間市和毛呂山町。今天的日高市仍有高麗川流過，還有一座高麗神社。高麗郡即是過去利根川流域朝鮮化的中心據點。此外，也有人認為「荒川」的「荒」，可能也是源自古代朝鮮半島東南「安羅國」的「安羅†」[10]。

---

* 譯註：現今利根川是向東南流經關東平原，從千葉縣銚子市注入太平洋。

† 譯註：「荒川」的「荒」，以及「安羅國」的「安羅」，在日文中的發音皆是ara。

克里奧化的渡來人

出身朝鮮半島的渡來人沿著利根川水系向上游前進，以當時的最先進的技術開發礦山資源。自埼玉縣秩父至栃木縣日光一帶因礦山資源豐富，秩父丘陵從古代便開始開採礦石。始鑄於和銅元年（七〇八年）的銅錢「和同開珎」之所以得以鑄造，一般認為也是由於有了在秩父山區發現的礦山所開採出的銅，而鑄造技術當然也是來自朝鮮半島。換句話說，這個時代的日本因吸納朝鮮半島的先進文明，各地區的面貌發生了變化。

渡來人帶來日本的東西中，還有一項相當重要的，就是牛和馬。由於丘陵地帶適合飼養牛馬，關東地區於是逐漸成為馬匹的產地。而在東北地區則是開採鐵礦，那一帶的情景便宛如宮崎駿的《魔法公主》。透過吸納朝鮮半島文明，關東以北的銅鐵等礦物資源得以開採，也能獲得充足的馬；鐵是武器製作的必要礦產，馬則是開戰時的重要戰力，這些成為日後坂東武士*勢力擴張不可或缺的條件。

說起來，渡來人本就是大和朝廷向東日本拓展的先鋒，後來透過與當地有力人士締結婚姻關係，和當地勢力建立起比朝廷更深入的連結。地方勢力原有的文化和朝鮮半島文明混合，在經過數代發展後，渡來人的意識也逐漸從大和朝廷的先鋒，轉變為東國的菁英。古代日本列島上就像這樣，出現了克里奧化的現象。

由於渡來人擁有高超技術和豐富知識，當地的原住民勢力應該也歡迎他們成為自己的同胞。來自新羅、百濟或是高句麗的人們將佛教引進此地，帶來開發礦山的技術、牛和馬的養殖方法，以及水運方面的新技術，也因此推動了本地的文明化，淺草、狛江、府中、大宮等地則成為發展的基地。

東國的勢力就在上述過程中逐漸累積實力，獲得了對大和朝廷的自主性，但這卻是以借用朝廷權威的形式實現。舉例而言，權勢強大、統治東北一帶的奧州藤原氏，始終以藤原氏後裔自居，他們收留和源賴朝對立而逃至東北的義經，也是因為後者出身自高貴的源氏血脈。當被派往東國的官吏，是與天皇家有血緣關係的平氏或源氏貴族時，當地豪族便會與其締結婚姻關係，好讓自己能夠成為平氏或源氏的後裔。坂東八平氏也是以此方式形成的豪族，他們自稱源於桓武天皇曾孫平高望一系，是平安中期到鎌倉時代武藏國的掌權者，被北條時政滅亡的畠山氏也是其中一支。

秩父平氏統治下的利根川流域

坂東八平氏中勢力最為強大的，就是包括畠山氏在內的秩父平氏。正如其名所示，是以武藏

* 譯註：指關東出身的武士。

國秩父為根據地發展而成的大型武士集團。武藏國範圍涵蓋現在的埼玉縣、東京都和神奈川縣，而當時的核心地區即是埼玉縣的利根川流域。誰能控制利根川至關重要，而在律令制走向崩壞的古代末期到中世期間，利根川便掌握在秩父平氏手中。他們最後在太田道灌*時期左右失去了對關東地區的影響力，因此該氏族可說是盤據關東——當然也是江戶超過五百年，最為古老且強大的在地勢力。

秩父平氏的經濟基礎以礦物資源為主，在利根川上游的礦山挖掘以銅為首的礦藏。中游除了加工上游所開採的礦物，也盛行農業，下游則是發展水稻種植以及水運。而馬匹養殖在中游到上游地區也頗為興盛。他們以利根川流域為中心展開多角化經營，提升經濟實力，也擴大了軍事力量[11]。

在九世紀末到十世紀間，律令國家制度走向崩壞的過程中，武力優越的東國武士集團開始以實力摸索獨立的道路。他們不再聽從來自都的官吏命令，反覆叛亂朝廷。而召集了秩父平氏各個勢力，以下總為根據地攻下常陸、上野和下野國府，最後自稱新皇、宣告東國獨立的人，就是平將門。

在這場叛亂中，有許多關東的勢力和平將門合作，代表人物是江戶湊的武藏武芝，「竹芝棧橋」的「竹芝」便是由其名而來。與秩父平氏關係密切的武藏武芝，因與朝廷派來的兩名官員發生糾紛而委託平將門調停，平將門提議談和卻未被接受，官員遭到武芝的兵士包圍，他們逃回京後便上奏平將門謀反。在這樣混亂的局面下，平將門出兵常陸國府並將之燒毀，平將門之亂自此揭開序幕。

朝廷最後雖然平定了平將門之亂，但平將門卻被神格化，後來成為東國的信仰對象。如今在東京的大手町仍留有平將門的首塚，都內還有不少如鳥越神社、兜神社、築土神社、築土八幡神社、鎧神社、稻荷鬼王神社等和平將門有關的神社。其中擔任平將門信仰中心的是神田明神。有種說法認為，這座建造於七三〇年的神社，起源是定居在房總半島的人們祀奉於安房神社的神明分社。而「安房」本是來自於四國的「阿波」。按照這樣的思路，神田明神也可以說是屬於渡來人一系的神社。

有趣的是，神田明神於一三〇九年起祀奉平將門，湯島天神則在一三五五年起祀奉菅原道真，二者皆是在中世後期。不管是菅原道真還是平將門，都是遭到朝廷排斥，最後死於非命。反朝廷的英雄被神格化並受到祀奉。自古代到中世，對抗朝廷的叛亂在關東以北地區反覆出現。因叛亂而遭處死的首謀者，到了南北朝（一三三六—九二年）卻受到供奉，背後的原因應該是京都與地方之間的關係的發生了變化。東國，逐漸接近了日本列島權力秩序的中心。

＊ 譯註：室町後期的武士，關東管領上杉定正的重臣，奉命於西元一四五七年興建江戶城。

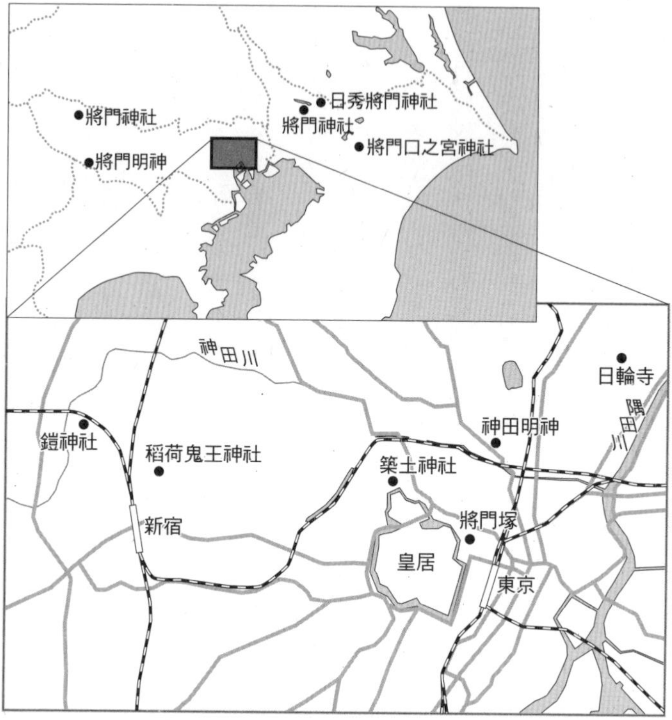

圖1-4　散布於東京都心祀奉平將門的神社和祠

最終，占領江戶的德川家康並未打壓平將門傳說等古代叛亂故事，反而象徵性地予以讚揚。換言之，家康在統治江戶上，並沒有壓制東國對西朝廷勢力的競爭意識，而是巧妙地利用它來正當化自身對江戶的統治。

另一方面，海上交通網絡維繫著日本列島自古代以來的渡來人體系文明，在中世以前，其中又以熊野水軍的網絡具備壓倒性的實力。自朝鮮半島而來的渡來人，在大和土地上扎根的同時，也操船乘著黑潮繞行紀伊半島，向熊野、伊勢灣、駿河灣、相模灣以及鹿島移動。而能掌控這些海之民的，大概就是熊野水軍。

即使是東京，在王子、西新宿、麻布或是山王等地，現在也有祀奉熊野權現的神社，過去數量應該更多。根據網野善彥所言，在中世，熊野神社境內是不屬於任何政權統治的「無緣／公界」，市集亦在此舉行。也就是說，它是交易的樞紐，連結樞紐的是熊野信仰，而在軍事及交通層面上支撐此信仰的則是熊野水軍，在此處創造出不同於鎌倉幕府及室町幕府秩序的秩序空間。

我認為，熊野水軍與熊野信仰的網絡在中世持續擴張。以前面提過的平將門傳說為首，未得善終眾英雄的傳說，或者是關於怨靈的故事，也再三和熊野信仰結合傳播至全國。

中世說教節*《小栗判官》是其中一例。故事講述原是二條大納言藤原兼家之子的小栗，因與大蛇交合而獲罪被流放至常陸，又因強行上門成為相模豪族橫山氏唯一的女兒，也就是美麗的照手之夫婿，激怒了橫山家之人而遭到毒殺。小栗死後獲得閻魔准許，以餓鬼之身在人間復甦，乘著土車來到熊野，以當地溫泉沐浴後恢復了原本的模樣，也和被趕出橫山家淪為下女的照手再次相會。這個故事便立基於視熊野為聖地，以及能夠治癒一切的熊野信仰上。

＊譯註：又稱說經節或說經。日本中世末期至近世時的街頭藝能，以曲調或鉦、簓伴奏講唱故事。一說是由奈良時代僧侶講經演化而來。

將「聖地熊野」故事傳播到全國各地的，是被稱為「御師」的神職人員。他們在熊野水軍的支援下行遍全國，將熊野神社的御札等各式各樣的文物帶到各地，其數量也在中世時逐漸增加。當然，並非所有御師曾經到達的地方都接受了熊野信仰，而是他們受到各地被稱為「旦那＊」的豪族歡迎和款待，這些豪族接受了熊野權現的宗教權威，並在當地興建神社。

每當新建一座熊野神社，境內就會開設市集，販售各種透過熊野網絡運輸而來的物品，因此其中應有不少來自於關西的商品，相對地，列島各地產品也會向關西流通。在中世的日本列島，各地皆有保護熊野權現的當地勢力，以及讓神社境內市集物品得以流通的網路，並存在著賦予這些市集權威的熊野信仰網絡[12]。

因武家政權而邊緣化的在地勢力

鎌倉幕府成立，是京都與地方關係發生重大變化的契機。幕府成立後象徵性的權威雖然仍留在京都，但軍事和政治中心則轉移至鎌倉。在此情況下，對源賴朝及繼任的北條攝政政權而言，當地克里奧化的武士集團成為障礙，由於不知何時會發生叛亂，幕府反而有意加強與京都公家勢力的聯繫。實際上，自從三代將軍源實朝遭姪子公曉暗殺後，繼任征夷大將軍之位者皆為皇室血脈。而從東國在地勢力的角度來看，如此局面意味著有一股試圖瓦解他們的勢力，在東國內部出現。

事實上，源賴朝十分謹慎地著手瓦解江戶氏的權力基礎，後者是由先前提及的秩父平氏核心所形成。當時江戶前島上設立的港口稱為江戶湊，與淺草同樣作為交易中繼站而繁榮。各式各樣的商品從西國運來此處的同時，在利根川上游採掘的礦產及飼育出的馬匹，也自江戶湊售往西國，而掌握這個交易要衝的就是江戶氏。為了削弱其勢力，源賴朝便將在今日兵庫縣尼崎從事水運的矢野氏帶來，命其統管江戶前島至淺草一帶。

對此，鈴木理生在《江戶之川　東京之川》中的一段話，值得我們注意。他說：「源賴朝建立鎌倉幕府，開創新秩序。就江戶而言，便是要消解江戶氏身為『大福長者†』所扮演的角色。更直接地說，是對盤據於荒川流域的秩父平氏斬草除根，是取代江戶氏的貨運業者。……新渡來人是攝津國池田（尼崎的腹地）的矢野氏一族，為了同時監視江戶氏，他們被安排在位於淺草和江戶湊中間的江戶前島。其具體位置，是在如今中央區日本橋室町一帶的舊石神井川河口附近。領有該地的矢野氏在往後七百年，不僅是鎌倉時代，到了江戶時代也還擁有德川幕府所承認的大特權，延續到明治維新時已超越『八國大福長者』，『東國三十三國』的物資自不用說，同時還

---

* 譯註：今日「旦那」在日文中多指主人、丈夫，是對男性尊稱的一種。然其語源為梵文dāna，亦寫作「檀那」，為佛教語，指布施或布施之人，即施主。此處為後者之意。

† 譯註：大富豪之意。反映出當時江戶氏掌握著當地運輸的經濟實力。

是統管包括情報在內的物流業者、工匠以及藝能人的存在。」[13]

這裡最重要的是，鎌倉時代源賴朝為了根絕江戶氏的勢力，特地將矢野氏從兵庫縣尼崎帶來統管現在的日本橋一帶。隨源賴朝而來的矢野氏是矢野彈左衛門一系，他們從江戶前島移往淺草，興建起巨大的宅邸，不久之後被稱為淺草彈左衛門，逐漸成為皮革業者以及藝能民等被差別民的頭領。

對源賴朝而言，江戶氏及其背後的秩父平氏之所以值得畏懼，若有機會便希望將之消滅，並非因其屬於「平氏」系統，而是由於他們是強而有力的在地勢力。江戶氏掌握了交易要衝的江戶前島，秩父平氏開發礦山並從事金屬加工、飼育馬匹、經營水運，發展多角化經營並擁有武力。在源賴朝眼中，他們是不知何時會武力叛亂，必須警戒的對象。

因此，就源賴朝的角度而言，他需要一個能與江戶氏抗衡的存在。矢野氏身為工商業者的實力不遜於江戶氏，又與源氏淵源深厚，正好適任，因而賴朝不遠千里將他們帶來東國。

矢野氏的據點在攝津國池田。那裡有豬名川（途中與神崎川匯合）流經，而名為多田莊的遼闊莊園便位於該流域，是清和源氏後裔多田源氏的根據地。多田莊中有座多田銀銅山，鐵匠將在此開採的礦物打造成武器或冶煉貴金屬。河流沿岸則飼養牛馬，皮革加工亦頗為繁盛。莊園似乎也從事造船，附近還有先進造船技術的據點[14]。

當然，多田莊是源氏的大宗收入來源，收益看來頗為豐厚。源氏之所以決定要將這些技術高超的人們帶往東國，藉此削弱江戶氏，可說是理所應當。

最重要的是，神崎川流經矢野氏據點所在的池田，其河口位於大阪灣的入口處。來自朝鮮半島的渡來人應是自北九州向東前進，越過瀨戶內海後在神崎川河口一帶設置據點。實際上，該地區也能看到百濟人拓殖的痕跡。例如多田源氏根據地的池田便有吳服神社，由此可以推測出渡來人曾將紡織機、縫製或染色等技術傳入此地。

而豐中也有服部天神宮，據說其源起自渡來人秦氏在此奉祀醫藥之神少彥名命。秦氏是以傳入養蠶和織布技術而聞名的氏族，換句話說，為了排除掌握江戶前島的平氏後裔江戶氏，源賴朝將同為渡來人後裔以及源氏支系的矢野氏，從大阪灣帶到了東國。

江戶氏由此走向衰敗，而予以致命一擊的則是太田道灌。雖然太田道灌以興建江戶城為人所知，但比起建造江戶城，對他來說，完全削去東國當地武士集團中最強大的秩父平氏勢力才是第一要務。於是在一四七七年，就在今天西武池袋線上，日本大學藝術學院所在地江古田，太田道灌和江戶氏中勢力最大的豪族豐島氏展開激烈交戰，最終獲得勝利。由於最有力的豐島氏滅亡，江戶氏一族的豪族便走向衰退，分散在東京各地並逐漸在地化。

這個過程也展現出江戶氏一族後代和東京地名的關聯。例如，江戶氏長男大郎的子孫留在現今千代田區，次男子孫則成為喜多見氏，並將據點移往世田谷區，三男子孫則為丸子氏移往大田區，四男子孫為六鄉氏朝羽田一帶遷移，五男一系的柴崎氏遷往千代田區，六男一系的飯倉氏移居至港區，七男一系則是成為澀谷氏並在澀谷區落腳，各自轉移其據點。而從上述的江戶氏家系中，又於各地衍生出中野氏、阿佐谷氏、鵜木氏等在地領主。喜多見、丸子、六鄉、飯倉、澀谷、中野、阿佐谷等成為地名，留存於現今的東京。在政治權力中樞於東國形成、地方豪族遭到瓦解的過程中，東京各地的地區秩序也逐漸成形。

太田道灌建江戶城，滅豐島氏，但江戶的繁榮卻在隨後江戶氏根基瓦解的過程中消散。然而關東地區仍擁有豐富的礦產資源，牛馬飼育盛行，還有淺草以及江戶前島等交易要衝，具有相當可觀的潛力。我認為家康無疑也意識到了控制該地區在地緣政治上的重要性。若要掌握整個關東的產業基礎，比起鎌倉或小田原，家康或許認為東京灣內的江戶更為適合。一五九〇年，家康率領旗下大軍進入江戶，此即對於江戶在古代至中世之間，以秩父平氏為中心所形成的克里奧性質在地秩序的決定性占領。

第2章

死者的江戶以及外圍的莊嚴化

巨型都市江戶的基礎建設

一五九〇年，受豐臣秀吉之命轉封的德川家康，率領軍隊將近萬人來到江戶。當時關東已有小田原城下町，還有傳統上的武家之都鎌倉，但家康認為相較於這些都市，江戶更具有值得期待的發展潛力。

然而，當時的江戶缺乏能夠維持這麼多人生活的基礎設施，其中最迫切的問題是確保飲用水。江戶近海，即使鑿井也無法獲得淡水，要保障家臣的飲水並非易事。起初以千鳥淵和牛淵的水供應飲用，後來又引入小石川的湧泉水，但仍然不足。最後還是由於鋪設了更加完善的水道，也就是從當時還是農村地區的西郊井之頭池延伸而來的「神田上水」，才讓江戶的飲水問題告一段落。

除飲用水外，另一個同樣迫切的問題是鹽。鹽的不足，會導致德川軍戰鬥力低下，因此家康開鑿了自江戶城和田倉門一帶至日本橋川一石橋的道三堀，並向前開鑿連接隅田川和中川的小名木川，以及由此連接江戶川的新川，確保了從行德*到江戶城的鹽運輸路線。行德則直接連結利根川水系，易於獲得煮鹽所需的柴火。在整個近世，行德地區作為供應江戶鹽消費所需的鹽田逐漸發展。簡言之，占領不僅是軍事力量上的問題，還須伴隨著能夠保障穩定供給士兵生活物資的產業基盤政策。

一六一五年大阪夏之陣，豐臣家覆滅，再也無人能在軍事上動搖德川體制。家康雖於翌年去世，但江戶卻在後家康時代進入了真正的都市建設時代。從軍事轉向土木建造的趨勢顯而易見，其中具代表性的，是在御茶水附近開鑿仙台堀的神田川改道工程。當時神田川河口位於日比谷入江，從水道橋流經神保町、竹橋、大手町、日比谷，穿越今日東京都心的正中央（大手町前的河道幾乎與現在的日本橋川重疊），並且氾濫頻繁。是故在第二代將軍秀忠在任時，幕府命令仙台藩的伊達家眾人挖掘御茶水旁的神田山（本鄉台地），改神田川河道自水道橋朝淺草橋方向流去，匯入隅田川。

此外還有許多其他的開鑿工程，挖出的大量砂土被用來填埋日比谷入江。透過填海造陸，今日的霞關、日比谷、有樂町以及丸之內逐漸相連，形成面積頗廣的市區。而在這塊海埔新生地填造之前，現在的日比谷公園和皇居前廣場都位於海面下。走出東京車站丸之內口，放眼望去應該是一片大海，越過海面，還能望見對岸江戶城所在地的麴町台地海岸。其他像是新橋站前的ＳＬ廣場，或者是殘留著戰後黑市氣氛的「ＮＥＷ新橋大樓」一帶，當時也都仍在海中。從新橋到丸之內，江戶核心的市區地帶，是從深入陸地的日比谷入江填海工程中而生。

＊　譯註：今千葉縣市川市南部。

在這些新開發的區域中，靠近江戶城的大手町一帶成為武士宅邸，神田一帶則成為町人居住區。土木建設中值得一提的是，在填海工程進行的同時，也修建了數條生活及經濟所必需的水道。透過管理原為棘手問題的河川，以及水畔區域的運用，江戶這座城市搖身一變，成為川與堀縱橫淌流的「水都」，水路和市街於各處交會，形成河岸。大量的物品經由水路流通，誕生出極具商業實力的城市。

圖2-1-a　日比谷入江新生地（新橋～丸之內）

「戰亂時代」結束與死亡管理

大阪夏之陣豐臣家滅亡，不僅是武家政權的轉移，也意味著起自中世起的漫長戰亂時代告終。若從一四六七年應仁之亂開始算起，戰亂實際上持續了一百五十年，在此期間日本列島都處於戰火之中。隨著生產力上升，日本列島的人口也在十五世紀後半開始增加，但由於紛爭不曾停歇，許多人在戰爭中陣亡，或因傳染病、饑荒而死去。這種情況直到十七世紀初才終於進入尾聲，

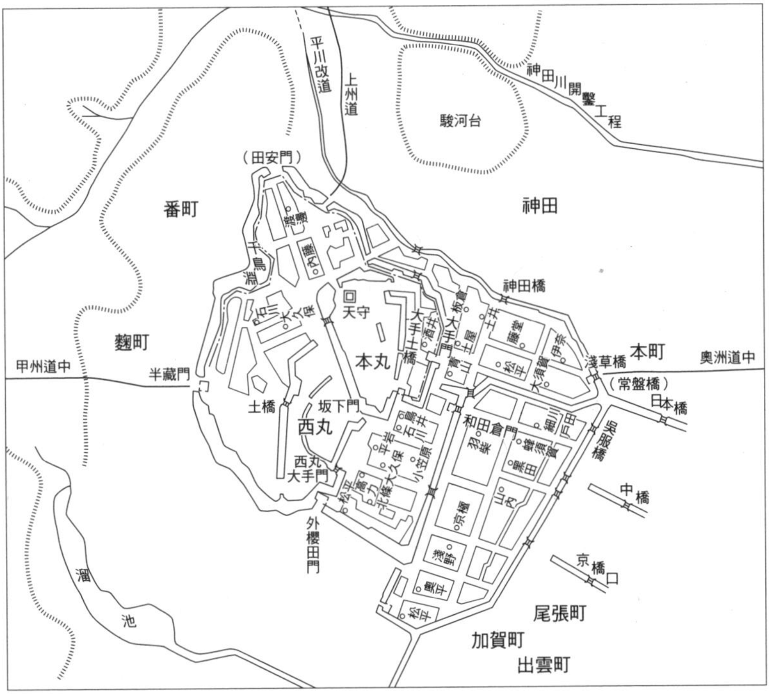

圖2-1-b　仙台堀（水道橋～萬世橋）

a、b皆出自內藤昌《江戸と江戸城》（鹿島出版会，1966年）。

大規模死亡的時代至此結束，緊接著「建設」的時代拉開了序幕。換句話說，一五九〇年開始的「德川占領」，意味著從「戰爭」時代到「建設」時代的巨大轉變。而建設也不僅是築城搭橋、開鑿運河或是填海造陸，還包括興建寺院和建構江戶的宗教秩序，也就是對「死亡」的管理。

雖然大規模死亡的時代已劃上句點，但江戶不像今日的東京，死亡仍未遠離這座城市的日常。眾多嬰孩誕生，其中大部分由於疾病或其他因素而死亡，當時仍是多產多死的社會。即便程度較戰國時代和緩，但因災害、傳染病或饑荒而產生的大規模死亡，仍頻繁地發生在江戶時代。僅江戶一地，以火災為例，一六五七年的明曆大火便造成十萬人殞命。至於地震，據說在一八五五年安政大地震中，若是將町人再加上武家和神社寺院，則共有兩萬住宅倒塌，一萬多人罹難。

然而整個江戶時代規模最大的死亡，仍是出自於傳染病。疫病在十八世紀到十九世紀間反覆出現。一七一六年江戶流行的疫病帶走八萬條生命，一七七三年麻疹大流行造成十九萬人喪生，和現在不同，當時罹患麻疹的致死率相當高。接著是一八五三年美國培理（Matthew Perry）艦隊抵達日本，日本開國後，曾肆虐於歐美的霍亂被帶了進來。一八五八年霍亂大流行爆發，據聞高達二十四萬人死於疫情；麻疹則在此四年後的一八六二年再次掀起大流行，造成約二十七萬人死亡。換句話說，總計有五十萬人以上死於一八五〇年代至六〇年代霍亂和麻疹接連的大流行之中。傳染病的大流行，應該也可說是幕府在幕末時期失去威信的背景因素之一。

當然這些都是後話。不過相較於現代，即使戰亂之世終結進入「建設」時代，當時人們和

「死」的距離依舊沒有多遠。而人們如何處理死亡，也與江戶這座城市的存在方式息息相關。

為了探討這個問題，首先讓我們把注意力轉向寺院。一九七〇年代的東京約有三千座佛寺，不過，在江戶幕府成立後約百年的十八世紀初期，佛寺數量便已有一千八百座，堪稱驚人。佛寺遍布於江戶這座城市，若按宗派劃分，淨土宗寺院為三百七十八座，日蓮宗三百六十七座，一向宗二百九十七座，曹洞宗二百〇七座，真言宗一百九十三座，臨濟宗一百五十四座，天台宗則是一百七十三座[1]，清楚顯示出主要宗派的佛寺隨處可見。這些佛寺不僅是僧侶修行之地，也是庶民的教育場所。換言之，寺院既是宗教機構，也是文化機構。

幕府透過這些佛寺管理死者。對於生者，幕府藉由《武家諸法度》*和奉行所†等制度來管理，但也確立了死者的管理規範。而為了掌控佛寺，則制定了寺院法度，因此每個宗派皆形成以本山或本寺為頂點的金字塔型組織，末端的佛寺必須附屬在本山或本寺之下。無論是誰都必須有歸依的宗門和檀那寺，每逢出生、婚姻，以及死亡，都需要檀那寺發行證明。幕府透過檀家制度，掌握了民眾的出生到死亡。

---

* 譯註：江戶幕府管理諸大名的基本法，最初頒布於元和元年（一六一五年），後亦根據需要做出修訂。
† 譯註：奉行是平安時代即存在的武家職稱，受命掌管行政或司法事務，其辦公場所即為奉行所。到了江戶時代，則多指管轄市政的町奉行所。

江戶的寺院地形學（topography）

為什麼江戶佛寺數量如此之多？理由之一是參勤交代制度。按照規定，全國各地的大名都必須離開自己的領地，帶著上自家臣下至僕從的大批下屬，在江戶生活一段時間。由於停留時間較長，不免有家臣因病或其他因素去世，當時遺體也無法以乾冰冷藏運送，因此便埋葬在江戶的佛寺中。

於是逐漸出現大名、旗本以及御家人各自的墓地和佛寺，而這些佛寺就像是其領國寺院的駐外據點。由於全國諸大名各自興建領國寺院的分寺，江戶便成了一千八百座佛寺的聚集之地。也就是說，跟隨大名參勤交代的家臣下屬除了生活以外，他們的死亡也走向了領國與江戶的二元化。

佛寺的分布也值得注意。早在太田道灌的時代，在他所興建的江戶城內和不遠處已有相當數量的佛寺。從一番町到千鳥淵、富士見櫓之間就有十六座佛寺。當時該地被稱「局澤」，附近都是低地或谷地，而佛寺就建於其中。換句話說，墓地以及佛寺不在台地上，而是在谷地裡。而後家康帶著大批家臣抵達江戶，展開了大規模的江戶城擴建工程，局澤及其周邊的寺院也被迫遷移，大部分移至神田或御茶水一帶。

在遭到家康占領之前，江戶就是水上貿易路線連結內陸物產的樞紐，頗為熱鬧，可能也有相當數量的人口在這塊土地上死亡。實際上，進入二十世紀後，千鳥淵地區的工程挖出中世人骨也曾經成為話題。若按鈴木理生所述，「千鳥淵川的河谷有一處叫做樹木谷，那裡曾是『被處決者和病死屍體的棄屍地』，因『骸骨充溢』曾被稱為地獄谷。隨著世道安定，才改稱為樹木谷」[2]。在近世以前，那一帶是江戶居民死後的公共墓地。當時雖有送葬儀式，但沒有墳墓，只是挖個洞掩埋屍骨而已。這座「地獄谷」大約位於現在的千代田區二番町周邊，如今已是辦公室和高級公寓林立的市區。

在家康對江戶的占領下，十六座佛寺不得不搬離局澤，但他們恐怕只遷走了地面上的建築物，埋在地下的遺體仍留在原處。每逢江戶城擴建或是開發新的武家居住區，江戶的佛寺便被移動到城市外圍，隨著城市向外擴張，佛寺也經歷了多次搬遷。對於佛寺位置經常受城市擴張工程影響的理由，鈴木理生提出假設：他認為，當時的寺院並非只是埋葬死者的場所，當諸大名受幕府之命建設江戶時，寺院可能也被當成家臣或工人的住宿處，或放置建材等物品的倉庫。例如，當仙台藩奉命前往協助江戶城的建設工程時，從自藩帶來的苦力，應該就睡在與仙台藩有關係的佛寺中[3]。若苦力在工程中意外死亡，喪葬事宜大概也是交給該寺僧侶。因此可以推測，各藩的關係寺院具有從提供生活空間到供養亡者的功能。

由此可見，近世的寺院與身為檀家的武家關係緊密，較少仰賴當地的地緣秩序，而這與神社形成了巨大差異。對當時的寺院而言，最重要的莫過於與檀家大名的關係，至於位在江戶何處則沒有那麼關鍵。或許，這也是寺院之所以經常因城郭擴建工程、武家居住區的開發而搬遷的背景因素。

如上所述，江戶的都市建設與佛教寺院所在位置，和參勤交代所呈現的、將軍家與大名的權力關係有著密切關聯，但神社則未見這樣的關聯

圖2-2　江戶佛教寺院分布

出處：松井圭介〈寺社分布と機能からみた江戸の宗教空間〉，《地学雑誌》（123〔4〕，2014年）。

性。神社的成立有賴町眾*等地緣團體的支持，若神田明神遷出神田，其命脈亦隨之斷絕。不管家康如何下令，神田明神也不可能搬去淺草。據說神田明神最初創建於今日大手町一帶，因該地區再開發為武家住宅區而移至駿河台，後來又搬到外神田。相較於佛寺，神田明神的遷移距離可以說相當的短。能夠推測，這是為了避免失去和土地的聯繫。

至於寺院，每每向外圍區域遷移時，或許也在尋求更大的寺領土地。實際上，歷史悠久的佛寺，搬遷後占地面積都較先前更加遼闊。神社則因受到地緣團體的支持，傾向於留在原地，因此相較於寺院，其境內面積較為有限。無論是神田明神還是湯島天神，皆是如此。

如同前述，江戶的寺院位置深受當時都市計畫影響，隨著江戶的都市擴張，佛寺也逐漸向外延展，而明曆大火為此過程帶來決定性影響。這場發生在一六五七年的大規模火災，造成大約三到十萬人死亡，天守閣也在大火中燒毀，罹難人數堪比一九二三年的關東大地震。正如震災後的帝都復興，江戶在明曆大火之後，也進行了大規模的重建和改造。

因此，位於神田或是御茶水的佛寺，也不得不朝外圍遷移。例如西本願寺便從日本橋遷往築地，即今日的築地本願寺，而東本願寺則從神田搬遷至淺草。在神田還有幡隨院、日輪寺、清河寺等數座有名的佛寺，也全部搬到了淺草地區。至今淺草一帶仍有許多佛寺坐落其中，明曆大火

* 譯註：富裕的工商業者所組成的團體。

正是讓該地區逐漸寺町化的重大契機。

上野和淺草的寺町化與東叡山寬永寺的莊嚴化

明曆大火後，為了重建江戶，進行了大規模的改造。過去遷移到神田、御茶水地區的佛寺，又搬到了下谷、上野、谷中和淺草，寺院逐漸集中於這一帶，形成了大片的重要宗教區域，而上野的寬永寺又是其中最主要的核心。

眾所周知，寬永寺是以同為天台宗的比叡山延曆寺為藍本。正如延曆寺坐落於鬼門方位以鎮守京都，寬永寺也同樣位在江戶的鬼門。在江戶的宗教和文化秩序上，有兩座寺院和兩座神社具有重要的特殊地位，前者是上野的寬永寺（天台宗）和位於芝的增上寺（淨土宗），後者則是神田明神和日枝神社。當時人們認為不好的東西會從鬼門（東北方位，也稱表鬼門）進入，因而在此興建寬永寺作為抵禦，並將增上寺置於裏鬼門（西南方位）以求守護（雖然增上寺的實際位置和裏鬼門有一些偏差）。而和這兩座寺院相對應的神社，就是神田明神和日枝神社。

在表鬼門方位上，以貫穿神田明神和寬永寺的線為基軸延伸，觀念上認為這條線將延伸至日光東照宮。而構思出江戶城—神田明神—上野寬永寺—日光東照宮這條基軸的，是在建構江戶宗教秩序上，具有最終決定權的天台宗高僧天海。正如「東叡山寬永寺」之名所示，天海將上野比擬為比叡山，創造出與京都相應，在宗教上守護江戶的重要宗教空間。寬永寺也在此過程中，成

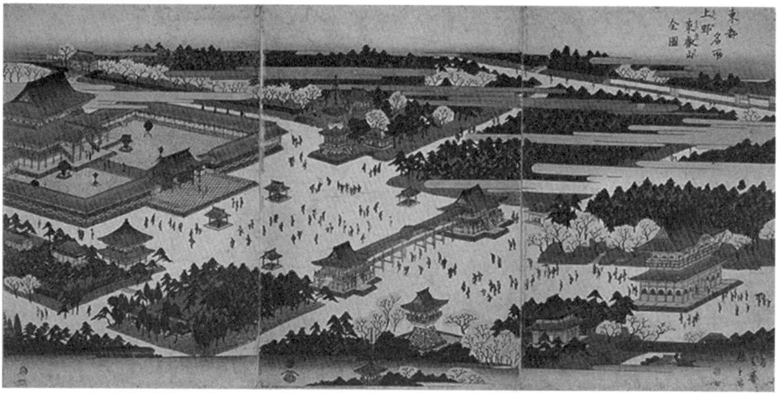

圖2-3　江戶時期上野寬永寺的壯麗寺院群與盛況

一立齋廣重《東都名所　上野東叡山全図》，收錄於《広重東都名所》（國立國會圖書館藏）。

為將軍家的菩提寺*，發展為堂塔伽藍和子院林立的巨剎。

江戶時代，占地廣達三十萬五千坪、約有今日十倍之大的寬永寺，迎來天皇家的皇子擔任第三代山主，又頻繁接待前來掃墓的將軍行列，地位之高屈指可數，因而極富盛名。當將軍前往寬永寺時，諸大名也必須出席寺內舉行的各種儀式，他們就在各自捐獻的佛寺中做好準備。換句話說，整座寬永寺是用來上演德川象徵性秩序的大型活動會場，而個別的寺院則是大名的待機室。從寺院的角度來看，只要能成為十萬石以上大大名的待機室，在經濟上便能安穩無憂。

* 譯註：指日本人歷代先祖墓地所在和舉行法事的佛寺。延寶八年（一六八〇年）德川幕府第三代將軍家綱葬於寬永寺，自此成為德川家的菩提寺。

海人時代的終焉

若說上野寬永寺位於江戶文化秩序的頂點，那麼維繫著該秩序底層的，就是穢多和非人等「制外民」。而率領這些底層群眾的，是前文所提及的，由源賴朝從尼崎帶來此地的矢野氏。為了打壓江戶氏的勢力，矢野氏以鎌倉幕府為後盾獲得江戶前島的控制權，但後來遷移至淺草，成為皮革業者以及藝能民等的頭領。他們為何會走上這樣的道路？

起初，中世的日本仍非農本主義體系，海上交通的據點分布於各地，形成交易網絡。網野善彥曾指出，在十世紀末到十三世紀初期的官方文件上，可以找到指稱海民的各種稱呼，如「海人」（北陸地域）、「網人」（琵琶湖，大阪灣，瀨戶內海）、「海夫」（九州）。這些人與「百姓」不同，他們從事水運、漁業、製鹽或是其他水上的雜務，也有人從事被稱為「出舉」的放貸業務。過去存在著參與這些商業活動的「海人」[4]。

「海人」經常被讀作「ama」，往往被理解為潛入海中採捕貝類者，不過這裡的「海人」則完全不同，是指從事海運、運輸產品到各地，上岸則開採礦物或進行礦物加工、在河谷地飼養牛馬，藉此賺取利潤的人。尼崎的「尼」，原本大概也是由指稱這些海上商業民的「海人＝ama」而來。

然而，網野善彥表示，到了莊園制度確立的十三世紀後半，「海人」、「網人」、「海夫」的稱呼就消失在官方文件裡，由「百姓」取而代之。不過「百姓」一詞在當時並不是用來指農民，無論工匠、藝能民，還是從事雜業的人們，都被囊括在「百姓」之中。「百姓＝農民」的等式要在近世才逐漸成立，這也是由於以種植稻米為主業，以米繳納年貢已成為一種國家標準。

發展成農本主義社會後，統治農民的各種制度逐漸齊備。在這樣的過程中，從事雜業、無法為新制度架構所涵蓋的人們，便成為「制外民」。到中世為止，這些人在身分上並不比商人或農民低下。可以想見的是，進入近世，在身分秩序的發展確立下，他們因無法被納入制度範疇，難以被統治而遭到排除。在如此變化中，過去統帥雜業或水運業的人們為了保住既得權益，最後擔任起統馭淪為制外民的穢多和非人的角色。

從攝津國池田被召喚至東國以控制江戶前島的矢野氏，推測應該也是在這樣的背景下，最後才會將據點轉移至淺草，成為皮革業者及藝能民等被差別民的頭領。進入江戶時代後，矢野彈左衛門向幕府提出敘述其起源以及歷代沿革的書狀，使幕府承認自身統管被差別民之權利。

書狀列出其特權涵蓋之職種，包括穢多和長吏支配、猿引，燈芯細工、太鼓、皮細工、馬夫、刑吏。其後所附的〈賴朝御証文〉所舉曾賦予統管權的職種更是眾多，包含：長吏、座頭、舞舞、猿樂、陰陽師、壁塗、土鍋師、鑄物師、辻目暗、非人、猿曳、弦差、石切、土器師、放下師、笠縫、渡守、山守、青屋、坪立、筆結、墨師、關守、獅子舞、簑作、傀儡師、傾城屋、鉢扣、鐘打。裡面囊括了表演藝術類、工匠類，以及運輸業等各種不同功能的職務，相當多樣。

鹽見鮮一郎的《淺草彈左衛門資料集》中有以下一段：「為了擔任下級刑吏，就必須住在刑場附近。德川以前，之所以會將居處安於日本橋尼店*，也是因為法場就在本町四丁目。……位於日本橋本町的刑場，在家康入府同時便移往淺草鳥越和本材木町兩地，初代彈左衛門也不得不在此時移往鳥越……隨著町屋發展，鳥越的刑場約於五十年後關閉，並向北遷移。正保二年（一六四五年）移至今戶橋南側，不久後又從那裡搬到了小塚原，寬文七年（一六六七年）時獲得回向院的土地作為墓場。本材木町的刑場也在同時期的慶安四年（一六五一年）遷往鈴森，並一直持續到明治四年（一八七一年）。」[5]

被轉移到淺草鳥越的矢野氏在此興建宅邸，統領穢多和非人等「制外民」，建立被差別民的統治體系。德川幕府就是透過這樣的方式，狡猾地對以往流動的海民，或者說是涵蓋範圍更廣的雜業者階層施行統治。而海民所形成的網絡經歷了長久的時間，直到中世，之後再也不見蹤跡。

---

* 譯註：今日的日本橋室町一丁目附近。

第II部

薩長的占領與敗者們——中景

第3章

彰義隊的怨念與記憶風景

三次占領中反覆出現的模式

截至目前為止，本書假設東京這座都市至少經歷過三次占領，並從被占領者視角切入，企圖重新檢視這座巨大都市的歷史。正如前文所述，最初的大規模占領是一五九〇年德川軍。至於誰是這次占領的敗者，可能不只有一種解讀。最直接的答案，是遭到豐臣秀吉滅亡的小田原城北條家。

然而德川的占領，也可以解讀為自源賴朝十二世紀末開創鎌倉幕府以來，歷時已久的占領之終局。在這漫長的過程中，遭到占領的是具有克里奧性質的當地勢力，掌控此地區的秩父平氏。從賴朝到家康的武家政權耗費了數百年歲月，才征服並且削弱這股在地勢力。秩父平氏在家康占領前的戰國時代左右便堪稱瓦解，德川幕府則在其已成過去記憶的前提下，祀奉一族中反叛朝廷的平將門，將之神格化。

第二次占領則是薩長軍，被占領的是德川江戶。不過德川慶喜並未與薩長軍對抗到底，而是歸還江戶城，本人也一直活到了大正時期。因此這次占領中的敗者，是在德川慶喜投降後仍繼續抵抗，並敗給了會津藩等東北諸藩的舊幕府殘黨。彰義隊、白虎隊，還有新選組都在這個敗者系譜上，他們曾試圖進行毫無希望的抵抗，多數喪命其中。相對地，未能對抗到最後，反倒與敵人聯手的慶喜，只能算是不完全的敗者。

第三次的占領，當然，就是一九四五年的美軍占領。當時的情況就如同慶喜交還江戶城，裕仁天皇無條件投降，與占領者駐日盟軍總司令麥克阿瑟攜手合作，即便身為戰爭的最高責任者，他沒有被東京審判起訴，也沒有退位。然而，光是在日美戰爭中，就有無數的士兵和平民喪生：因學徒動員踏上戰場的年輕人、在廣島和長崎原子彈爆炸中死去的人、沖繩島戰役中的死者、東京大空襲的罹難者——數字相當龐大。

然而，這場戰爭的敗者，不僅僅是因此喪失生命的人們。無數倖存的日本人、自外地遣返的引揚者、因大火流離失所的人們，這些人才是敗者。他們多數失去了無可取代的家人、朋友，或是懷抱著屈辱感的同時，在戰後與美軍合作繼續存活。這個敗者的歷史，正是戰後日本及戰後東京的歷史。

這三次的占領既有共通點，也有差異處。首先在共通點上，無論是哪一次占領，都是以占領為界，從大規模死亡的戰爭時代，轉換為復興和建設的時代。例如德川的占領，是發生在應仁之亂（一四六七年）到大阪夏之陣（一六一五年）約持續一百五十年的大戰亂時代，在幾乎是亂世的最後占領了江戶。一八六八年薩長軍占領江戶時亦是如此。自一八五三年黑船事件以來，江戶末期發生多次地震和流行病，倒幕運動如火如荼，慘烈廝殺不斷，還有如「有什麼不好呀」的民眾騷動現象*，是長年的習以為常遭到顛覆的動盪時期。薩長軍隊占領江戶，也發生在這個動亂

* 譯註：應慶三年（一八六七年）突然流行的騷亂現象，多見於江戶以西的東海道、中山道宿場或村莊。民眾會聚集在街上喝酒飲食，在漫天神札中狂歡喧鬧，闖入富家索要物品。舞蹈唱和中夾雜「有什麼不好呀」（ええじゃないか）的囃子詞和政治情勢描述，因此被視為是要求改善社會的民眾運動。

時代的最後階段。

接下來，在一九四五年遭到美軍占領之前，則是持續約十五年的恐怖活動與戰爭、反覆空襲，大規模死亡的時代。在這段時間裡死去的人數，恐怕要比長達一百五十年的戰國時代還要更多。該時代因美軍占領而劃上句點，轉換為戰後復興的時代，不久後又迎來高度成長時代。

經由上述三次「戰後」打造而成的都市，便是東京。換言之，在這三次占領中，每次占領發生時，東京的歷史皆由戰亂轉向建設時代。

除此之外還有其他共通點。在第二次及第三次「戰後」中，同樣都沒有追究領導者的責任。德川慶喜沒有接納小栗上野介和榎本武揚等人徹底對抗的意見，而選擇勝海舟等人主張的和談路線，自己則安穩地生活直到大正年間；昭和天皇也未曾負起戰敗的責任。可以說日本以江戶無血開城，以及向盟軍無條件投降為起點的二個戰後史，都是由極度的無責任所開啟。

對這種無責任做出批判的，是福澤諭吉的〈強忍說〉（瘠我慢の説）。這篇評論嚴厲批判與占領軍達成協議的勝海舟，還有因函館戰爭戰敗下獄、卻在獲釋後擔任明治政府要職的榎本武揚。雖然福澤諭吉在文中直言批判的，是勝海舟和榎本武揚，但應該也帶有暗中追問自己過去主君德川慶喜的責任之意。〈強忍說〉的批判裡，也蘊含著追究對福澤諭吉而言，屬於未來的日美戰爭中裕仁天皇的責任之立場。

而環繞著這三次占領的全球地緣政治，也展現出跨越地區的連續性。首先是在德川家康「占領」江戶的同時，豐臣秀吉出兵侵略朝鮮半島（一五九二—九八年）。此時正值歐洲在西班牙和葡萄牙的帶領下，向新大陸以及世界各地前進，將地球經濟連結成一體的大航海時代。而在十六世紀的全球化中，東亞邊境地區掌握大權的武士政權，也如同許多大航海家那般，在鐵砲戰軍事技術的背景下企圖征服中國。但這個嘗試由於太欠缺深思熟慮，途中即告失敗。

滅亡豐臣的德川，則自十六世紀擴張主義的世界經濟中抽身，優先安定國內秩序。走向禁教，是在基督教所領導的全球化之中自我隔離，又藉由鎖國政策來防堵銀，也就是資金向國外流出。以參勤交代政策徹底實行縱向規範，以江戶為中心，將日本列島重組為自成一體的社會。

這種由擴張轉向對內的變化，並非日本列島獨有。在歐洲，同樣也發生了從越境的十六世紀到封鎖的十七世紀的轉換。以德國為主要戰場的三十年戰爭（一六一八—四八年）最後以簽訂《西發里亞條約》（*Treaty of Westphalia*）作結，歐洲近代主權國家逐漸成形。於是相較於十六世紀的侵略性帝國擴張，十七至十八世紀的歐洲則朝向啟蒙主義和民族主義（Nationalism）的結合發展。在此過程中，無論是歐洲還是日本，文化皆在十七世紀以後走向成熟巔峰，只要接觸當時的繪畫以及音樂便能一目了然。江戶時代的日本也出現了極度洗練的浮世繪和歌舞伎，文化上的成熟是歐亞大陸全體現象。

然而十八世紀下半時發生了工業革命，工業資本主義形成的新帝國主義爆發性地自歐洲向世界擴張。這股全球性的力量遠遠凌駕於當時的中國文明。在日本，大部分人在一八四〇年代察覺到局勢的嚴重性，關鍵是鴉片戰爭。清國因戰敗而締結了喪權辱國的《南京條約》，踏出了半殖民地化的第一步。目睹比日本還要巨大的清國如此輕易地就被打敗，日本國內危機意識高漲，湧向幕末的動亂。

戊辰戰爭中的「賊軍」

幕末動亂最後的一八六八年（慶應四年）一月三日，德川幕府和薩摩藩陷入交戰，即鳥羽伏見之戰。幕府軍共一萬五千人，薩長軍為五千人，就數量而言幕府軍具備優勢。翌日，薩長軍以仁和寺宮嘉彰親王為征夷大將軍，高舉錦旗出兵，然而這面錦旗是岩倉具視和玉松操所捏造的可疑替代品。

野口良平在《幕末的思考》中寫道：「新政府高層第一次意識到魔術效果，應該是當他們在鳥羽伏見之戰中揚起象徵『官軍』的錦旗時。在戰場高舉幾乎只存在於歷史文獻中的錦旗，這個想法來自岩倉具視和玉松操，他們是『神武建國』的提案者。」[1]野口在書中指出，「新政府的成立確實伴隨著雙重謊言——或說是秘密。第一是新政府不過是因屈服於外在壓力，才從攘夷轉向建國，二是錦旗是在倉促中製作，它的出現除了碰巧外別無其他」[2]。

「雙重謊言」具有實際的功效。原本德川幕府便奉家康為東照大權現神，藉此占據凌駕於江戶以及京都的權威中心位置，此外又奉反叛京都朝廷的平將門為神，將東國的神話英雄編入德川的權威秩序中。然而，幕末時出現黑船，發生大地震再加上傳染病爆發，日本列島陷入混亂動盪，神話秩序也發生動搖。薩長軍趁隙而入，捏造「錦旗」，展開將幕府陣營貼上「賊軍」標籤，宣揚自身為「官軍」的政治宣傳，就這樣建立起有別於德川的象徵秩序。

從後來透過天皇肖像「御真影」進行的戰略來看，錦旗不過是最初階段的產物，但這個簡單的招數卻讓幕府軍產生動搖，指揮陷入混亂。德川慶喜在一月六日逃往江戶，幕府軍因此失去戰意，薩長軍乘勢而起，情勢出現逆轉。受朝廷之令追討慶喜的薩長軍，散播己方才是「官軍」，而幕府是「賊軍」的故事。不久後，由近藤勇率領的新選組和板垣退助率領的薩長軍在甲州勝沼交戰，大敗的近藤勇在流山向薩長軍投降，在板橋遭到處決。

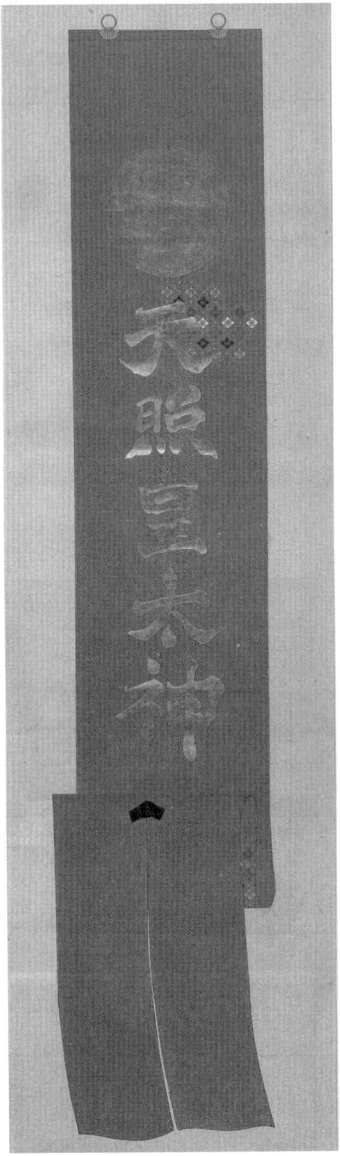

圖3-1　戊辰戰爭時新政府使用的錦旗複製圖

「戊辰所用錦旗及軍旗真図」，收錄於《公文附属の図》（國立公文書館藏）。由繪師浮田可成繪製。

於此同時，江戶城內對於應該戰到最後或是議和，意見分成兩派。德川慶喜在一月六日從大阪逃回江戶，會議在十二日時於江戶城內舉行。小栗上野介和榎本武揚在這場會議中主張徹底抗戰，但慶喜屏斥主戰派意見，採用勝海舟的談和提議，同時主戰派核心小栗上野介也遭到免職。接受勝海舟獻策的慶喜，決定在二月二日歸還江戶城。

當日德川慶喜隱居上野寬永寺，以向東征軍表示恭順。三月十四日，勝海舟和西鄉隆盛進行會談，決定了江戶無血開城投降。為了保護隱居中的慶喜而集結的彰義隊，首任總指揮是澀澤榮一的堂兄澀澤成一郎。

江戶無血開城，德川慶喜前往水戶。因此澀澤成一郎提議彰義隊也退出上野，移動到東照宮所在的日光，但副指揮天野八郎則主張留在上野，彰義隊因而分裂。最後澀澤成一郎退出彰義隊，實權落入天野八郎手中。

換言之，德川慶喜在鳥羽伏見戰開戰後約一個月，便已決定奉還江戶城，然而戊辰戰爭並未就此終結，一直持續到隔年五月。首先是一八六八年四月，大鳥圭介等人率領的幕府軍隊占領宇都宮城。當月下旬，庄內藩擊退了薩長軍，此時薩長的兵力尚未大幅超越舊幕派。五月，東北和北越的三十一藩結成聯盟，成立了奧羽越列藩同盟，目標則是東日本獨立。由於西日本已經落入薩長軍手中，因此意圖讓東日本脫離西日本獨立。這類似於蘇格蘭要從英格蘭獨立。

途中，五月十五日發生了後面會再提及的上野戰爭，並僅以一日便分出勝負。六月至七月，薩長軍和舊幕府軍在北關東和東北各地交戰，八月二十一日會津戰爭爆發，在會津城外發生白虎隊的悲劇，自該日起東北各藩陸續投降。殘存到最後的榎本武揚等人，率領「開陽丸」和其他舊幕府軍艦進入函館，占領五稜郭，宣布成立「蝦夷共和國」，企圖讓北海道脫離日本獨立成為新共和國，其概念或許近似於北美十三州從英國獨立。建立近代西式國家的必要性，在當時不僅是薩長，也是幕府、東北諸藩以及榎本武揚等人的共同前提。各勢力的衝突不在於目標，而是由誰以何種方式達成。

然而，一八六九年五月，土方歲三在戰鬥中陣亡，榎本武揚投降，戊辰戰爭就此告終，但薩長對敵對各藩的處置並不相同。仙台藩從六十二萬石削減至二十八萬石，米澤藩從十八萬石削減至十四萬石，庄內藩從十七萬石削減至十二萬石。雖然這些措施比較溫和，但會津藩卻從二十三萬石削減至三萬石，並且遭轉封至下北半島。下北自然環境惡劣，許多人被餓死或凍死。曾任京都守護職的會津，對長州懷有強烈的敵意，而會津戰爭又是整個戊辰戰爭的高潮，因此會津藩成為戊辰戰爭中的敗者象徵，薩長對會津的處置也分外嚴苛。

彰義隊士的屍骸與記憶

白虎隊集體自殺的會津戰爭，是整場戊辰戰爭中的高潮，而彰義隊全數陣亡的上野戰爭，則拉開了戰爭蔓延至東北地區全境的序幕。當德川慶喜離開上野前往水戶時，澀澤成一郎和天野八郎為彰義隊接下來應何去何從起了衝突，選擇在上野抗戰到底的激進派擁立輪王寺宮能久親王（後來的北白川宮能久）。後者是孝明天皇的義弟，明治天皇的叔叔，卻是反對薩長派的急先鋒。也就是說，天皇家實際上也分裂為薩長派和德川派，而他自願留在彰義隊閉門死守的上野寬永寺。

不過當上野戰爭開始，彰義隊遭擊潰，能久親王便自寬永寺逃脫，搭乘榎本武揚率領的幕府海軍船隻逃向東北，在那裡成為奧羽越列藩同盟盟主。戊辰戰爭結束後，他被下令軟禁京都，但隔年一八六九年便解除處分，七〇年赴德意志留學，並於七六年時在當地和德意志貴族遺孀貝莎・泰陶（Bertha von Tettau）訂婚。雖然明治政府未予以承認，能久親王卻自己在德意志的報紙上發表了婚約。明治政府深感困擾，由岩倉具視出面說服解除婚約，命其回國並再次軟禁於京都。

無論是德川慶喜還是北白川宮，一旦情勢失利便迅速抽身，之後仍能擁有高社會地位，繼續活動。另一方面，有許多人堅守忠義，奮戰到最後犧牲性命，會津的白虎隊以及彰義隊多數慘死、自殺。而貫穿這場動亂的是某種政治宣傳，何方為「官軍」何方為「賊軍」的敘事，與實際的戰鬥一同展開。

這種政治宣傳戰的特徵在上野戰爭時尤為突出。關於上野戰爭的概況，森真由美在《彰義隊遺聞》中如此描述：

其數約有二千，亦有一說為三千的彰義隊，在上野寬永寺三十六萬坪各塔頭布陣，防守以黑門、清水門、坂本門、穴稻荷門、谷中門為首的八門。不僅如此，彰義隊亦有分隊駐守在寬永寺北方的谷中天王寺，以及沿山的日暮里諏方神社，並且在團子坂和根津也發生了衝突。上野、谷中、根津、千駄木，我們的市街全都成了戰場。[3]

一八六八年五月十五日，薩長軍包圍上野山，戰鬥於上午七點開始，彰義隊在傍晚五點左右潰敗。隊士慘死的屍體就這麼留在上野的谷中、千駄木和根津各處。同時上野山上數十座塔頭，也就是寺院，大部分皆因薩長軍的攻擊化為廢墟，殘存的寺院多數也遭薩長軍燒毀，以防彰義隊殘黨藏匿其中。

彰義隊並非幕府的正式軍隊，不過是血氣方剛的農家子弟和浪人湊合而成的團體，所以缺乏確實的指揮命令系統，在實戰經驗豐富的薩長軍前不堪一擊。薩長軍在戰後的處理方式亦相當殘酷，不允許埋葬死亡隊士，甚至連上野寬永寺的僧人都禁止踏入山中，遺體被棄置於當場任其腐敗，遭烏鴉、野狗啃食，情狀相當淒慘。看不下去的南千住圓通寺僧人在山王台挖穴火葬，後來獲得新政府的許可，在圓通寺中造墓供養。而在戰爭後九個月，終於得以入山的寬永寺僧人，也默默地為他們建起小小的墳墓。

類似的情況似乎也出現在附近地區，據說「有很多彰義隊士就倒在這一帶（谷中），但當時

圖3-2　英齋《春永本能寺合戰》

將慶應4年的上野戰爭比擬為戰國的本能寺之變（東京都立中央圖書館藏）。

他們是『賊軍』，附近的人也無法輕易出面救助。等騷動完全平息後，當地人心生憐憫，便把這些武士從日暮里紅葉坂運下來，葬在今天的（日暮里站）月台那邊，蓋了石塚。」[4]日俄戰爭時期，曾有女性為了祈求出征的兒子平安歸來，每日前來這座無人祭拜的無緣墓前參拜。上野戰爭的無名戰士之墓，變成了承接庶民祈願小祠般的存在。

明治政府在此事上的修辭運用相當狡猾。為了宣揚自身才是官軍，而將彰義隊塑造為「賊軍」，透過設定敵人的形象，樹立身為勝者的正當性。例如，後來出現了希望設立石碑以記載彰義隊事蹟的運動，但明治政府在很長一段時間內都未曾許可此事，一般也認為，一八七四年所撰碑文中還有「具不穩跡象」一詞。

四十年後，石碑終於獲得承認，但碑文的開頭和結尾卻遭到刪除。開頭有段文字，若譯為現代白話文則是「跟隨彰義隊在戰爭中死亡者，因當時與新政府軍對抗，至今仍連簡單的葬禮都未獲准舉行。被拋棄的靈魂徬徨徘徊，無法徹底安息」，卻被刪去。其他如「西軍」或「敵兵」等詞，被修改為「官軍」或「官兵」[5]。就像這樣，明治政府不僅審查報紙和書籍，連碑文也要審查，他們反覆操控言論內容，好讓薩長軍才是「官軍」，彰義隊等幕府支持者是「賊軍」的認識成為定論。

記憶風景的變化

然而，若是連公共記憶都遭到操作，在幕末動亂作為敗者而倒下的人們，他們的靈魂又將去往何方？比如翻開田中悟的《會津神話》，可以發現會津戰爭中喪生的會津藩士，屍體遭到與上野彰義隊隊士類似的對待。白虎隊隊士屍骸「沒有被馬上埋葬，棄置於現場展示慘狀」。人們若伸出援手會受到嚴罰，只能任其腐爛，坐視屍首遭狐、狸、黑鳶及烏鴉取食[6]。

換句話說，不管是在上野還是會津，恐怕在其他戰場也是如此，明治政府徹底放置被劃為「賊軍」的敵兵屍體，以向人們展示其淒慘。這是前近代權力用來引發畏懼、平定叛亂的手段。

不過，到了明治中期，殘存者之間興起了各種回復舊幕臣或會津戰爭戰敗者名譽的運動。例如遭到慶喜革職的小栗上野介，他回到自己的領地上野國不再出面，卻受新政府軍逮捕，沒有特別理由便遭到殺害。關於小栗等明治維新敗者的記憶，邁可．沃特（Michael Wert）在《明治維新的敗者》（*Meiji Restoration Losers*）中如此描述：「即便是在舊德川的人們和新政府之間緊張緩和的時期，關於維新的主流敘事也未能獲得敗者方面的共鳴。……但舊幕臣及其支持者無法輕易接納這種準則，而是透過日記、傳記、辯護性的歷史論述，以及紀念活動（commemoration），來表達對自己『遺產』的驕傲。」[7]

沃特又指出，「他們了解德川時代的缺點，並在此之上去挑戰只有新政府成就了日本發展的觀點，創造出屬於自身的敘事。透過舉例證明德川幕府在建立近代日本上發揮的功能，他們試圖從具有影響力的全新敘事中救贖德川『遺產』，以及他們自己」[8]。簡言之，這是環繞在「何謂明治維新」記憶而起的鬥爭。明治政府所認定的明治維新歷史，自然是出自於勝者觀點，因此對於舊幕臣的描述十分負面。無法接受這種對待的敗者們，嘗試由自身角度出發，寫下他們眼中的歷史。

沃特認為，在這樣的歷史重寫之中，小栗上野介是象徵性的存在。也就是說，「藉由敘述另一種歷史，舉行江戶的紀念慶典活動，德川眾家臣維護著自身的文化遺產，以防其為政府所支持的歷史論述所湮滅。在這個議題裡，小栗上野介不僅是殉教者，就與德川幕府創始者家康的淵源而言，他也是一名三河武士，在雙重意義上皆符合需求，因此小栗上野介成便逐漸成為團結德川相關人士的理想英雄角色」[9]。小栗上野介的名譽回復運動在一八九〇年以後正式展開。到八〇年代為止，要重新講述彰義隊、白虎隊這些幕末敗者事蹟依舊困難，不過進入九〇年代後，明治國家走向穩定，接著進入與清交戰的時期，薩長軍和舊幕府的戰爭也不再是政治問題。

期間逐漸興盛的名譽回復運動，最初是透過出版品展開。當時出版業發展蓬勃，在這樣的媒體產業基礎背景之下，舊幕臣成立了支援德川紀念活動的團體。沃特列舉眾多例子，如「舊幕臣創立了德川紀念活動的支援團體。舊交會是其中最早創建的，還有由曾上過箱館戰場老兵組成的碧血會、策畫江戶開府三百年祭的八朔會，以及接下來的同方會和江戶會，各自經營與紀念活動相關的出版事業」。

引領此潮流的舊幕臣如榎本武揚、栗本鋤雲和勝海舟，他們試圖回復小栗上野介的名譽，發起這些過去無法公開的活動。如此一來，小栗上野介逐漸「出現在許多親德川派的書籍，還有如《國民之友》、《史學會雜誌》，甚至是《舊幕府》等雜誌中」[10]。不僅如此，新聞媒體也開始傳播他的功績。福地源一郎即為其中代表，他強調薩長政權缺乏正統性的同時，也質問殺害小栗上野介的手段，主張做出如此行為的政府不具正當性，並將小栗上野介定義為背負德川政權命運的殉教者。

而在另一個名譽回復運動中，小栗上野介的故事藉由口頭傳承的傳統，在地方上流傳開來。例如在群馬縣的高崎，敗者們開始重新敘述小栗上野介的事蹟，試圖喚醒和維繫與其相關的集體記憶。在此，沃特聚焦於小栗上野介所在的「權田附近村莊出身的一名地方知識分子，塚越芳太郎」所撰寫的多部作品上。一八六〇年代中葉出生的塚越芳太郎，上京後進入德富蘇峰率領的民友社，為《國民之友》執筆詳細的小栗上野介傳記。這部小栗上野介傳記是從地方觀點出發，其內容也證明了後來澀澤榮一所實踐的近代資本主義，幾乎皆已包含在幕末小栗上野介的未來構想之中[11]。

不過，相較於知識分子對小栗上野介「近代化的先驅者」的評價，更深入當地人心的，是他的埋藏金傳說*。此外，銅像或是紀念館這些具體場所，也讓小栗上野介的痕跡再次顯現，以群馬為中心，掀起一波發掘過去曾被抹消的歷史的浪潮。沃特指出，「小栗遺產之所以形成風潮，是一九二〇年代至四〇年代間，地方與國家的集體記憶結構相互作用所引起。在這段時間裡，透過創造聯繫過去與現在的物質性標誌，小栗上野介的歷史記憶獲得了重要性」[12]。

沃特表示，當記憶被徹底壓抑時，僅仰賴出版品或地方敘事不足以使其再生。若就皮耶·諾哈（Pierre Nora）關於「記憶所繫之處」（lieu de memoire）的論述而言，「記憶風景」對於記憶的繼承不可或缺，意即「歷史人物的遺產，可以通過具有明確紀念或彰顯意圖的物體，如紀念碑、墳墓和塑像，或者通過本身四處可見，卻寄宿著更加曖昧且微不足道記憶的物體或慣例活動來講述」[13]。

自一八九〇年代以後，有關小栗上野介和會津藩的記憶風景浮上水面。當時日本已經歷了唯恐成為西方列強的殖民地，強力推動中央集權的階段，正試圖躋身帝國主義強國之列。此時抬頭的並非攘夷民族主義，而是作為帝國的民族主義。這是一八九〇年代，朝向日清戰爭（甲午戰爭）邁進的日本，維新敗者的記憶正逐漸整合在這個帝國的想像之中。

正因如此，不管會津也好小栗上野介也好，名譽都須獲准回復，論述亦轉向「實際上幕府方面的人們也為日本帝國的近代化付出努力」。沃特認為，「德富蘇峰這些年輕世代已不再將注意力放在批判薩長藩閥政府上，而是轉為支持日本自一八九〇年代以來的帝國主義擴張。至此時期，西鄉隆盛、坂本龍馬和吉田松陰這些人物，因在名譽回復以及『遺產』運用上具有更大的魅力而復活」[14]。小栗上野介的評價也在同樣的時代潮流下大幅上升，最後，在一九二〇年代至四〇年代，當大日本帝國前進亞洲，試圖擴張領土時，小栗上野介則由於在幕末對抗歐美列強，果斷實施設立橫須賀造船所等軍事制度改革，而被譽為海軍創始者之一。

會津的名譽回復運動也在一八九〇年代興起，其中對天皇最為忠誠的，其實是會津的敘事。隨著時代發展，比起洗刷污名，重心更集中在他們的勤王性質上。將維新敗者描述為勤王志士，而非視其為內戰敗方的敘事逐漸增加。藉由這樣的形式，敗者的形象成為民族主義的力量。

＊ 譯註：相傳德川幕府在大政奉還時秘密埋藏了大量黃金，小栗上野介在幕末擔任掌管財政的勘定奉行，其領地上野國大約為今日的群馬縣，因此成為傳聞中熱門的藏寶地點。

從戰場到博覽會場——近代的上野

那麼，接下來的問題就是彰義隊了。他們是否也和小栗上野介、會津相同，從維新敗者搖身一變，成為建設近代日本的英靈？答案是——似乎並非如此。對占領了江戶的薩長軍來說，問題是在戰後該如處理化為廢墟的上野。換句話說，就是如何改寫戰爭的記憶。上野是江戶的聖地，彰義隊是在這樣的歷史背景下死守上野寬永寺，被「官軍」薩長軍擊敗的。明治六年（一八七三年），如何處理上野這片土地的結論終於達成，明治政府發布太政官布告，將在此地成立公園。

將上野劃為公園的提案來自於博杜安博士*，靈感主要來自於當時在維也納舉辦的萬國博覽會。在此前一年，湯島聖堂大成殿才舉行了為期二十日的博覽會，這場博覽會同時也是為參加維也納萬國博覽會做準備，因此向全國廣徵展出品，收集了各式各樣的物產。

該計畫由大久保利通主導，並且在他的強力推動下，上野成為勸業博覽會的舉辦場地。拙作《博覽會的政治學》（博覧会の政治学）†曾經提到，這場博覽會的會場上聚集了許多來自全國各地的產業文物。上野深遠的歷史記憶、彰義隊士們的怨念，都在上野從江戶聖地被轉換為近代文明展示空間的過程中，變得無法再以肉眼捕捉。

上野的內國勸業博覽會分別在一八七七年（第一回）、八一年（第二回）、九〇年（第三回）舉辦，並連帶地陸續在上野建立起博物館、動物園、賽馬場、火車站和藝術學院這些象徵文明開化的設施，依序是：一八八二年國立博物館開館，同年上野動物園開放，八四年時不忍池畔成立賽馬場；次年，也就是八五年時火車站啟用，八九年時東京美術學校創校。如此這般，上野的空間性在一八八〇年代發生巨大變化，從宗教聖地變成了現代文明的展示場所。

上野的新空間性在一八九〇年代確立，並以此為基礎，自一九〇〇年代起化身為帝國首都的活動空間，在這裡接連舉辦東京勸業博覽會、東京大正博覽會以及和平紀念東京博覽會等博覽會，並且吸引了大批參觀者。明治大正年間是博覽會的時代，而它的核心就是上野。上野成為帝都東京華麗燦爛的慶典空間。當然，這塊地下方仍埋著數百具彰義隊志士遺骸，敗者的魂魄在博覽會背面徘徊，然而彰義隊之魂卻因近代那實在太過強烈的光芒，長期遭受壓制，動彈不得。

因此，關於上野的敗者記憶始終是被遺忘的，上野的記憶風景亦未重建，這種狀態具體展現在黑門不在今日的上野公園上。黑門是寬永寺正面入口處的大門總門，上野戰爭中彰義隊與薩長軍在此激烈交戰。戰後，遭遇祝融的黑門雖移至公園內，一九〇七年時又被遷移到埋葬彰義隊士的荒川區南千住圓通寺中。仍殘存著鮮明彈痕的黑門，至今仍立於圓通寺內，卻少有人前往——

---

* 譯註：Anthonius Franciscus Bauduin（1822-1885），荷蘭軍醫，是幕末至明治初期為近代化而聘僱的外籍人士之一。曾於長崎、大阪、東京等地執教，也是將眼底鏡引入日本的第一人。

† 編註：本書繁體中文版由群學出版於二〇一〇年出版。

圖3-3　上野公園內的彰義隊之墓

眾所皆知上野公園裡有座西鄉隆盛像，卻大多未聞彰義隊之墓正靜靜地立於其後方。

除此之外，上野公園仍殘留著許多過去寬永寺的痕跡。例如有著反映江戶前期自然觀雕刻的上野東照宮，清水觀音堂和德川家諸將軍的墓等，但都沒有獲得太多關注。在上野，明治時期對敗者記憶所施加的強力壓制，至今仍然有效。這是否意味著，早已被地方都市視為觀光資源，並加以活用的維新敗者記憶，在東京依舊非屬必要？

第4章

賭徒與流民

——在邊緣蠢動的敗者

賭徒次郎長與咸臨丸士兵的遺體

在前一章中，我們從小栗上野介、白虎隊，以及彰義隊切入，探討有關戊辰戰爭敗者的記憶是被如何處理的。在明治初期的二、三十年間，他們的記憶遭到新政府徹底打壓，且不僅是記憶，這些敗者就連屍骸都被棄置在戰場上。由於薩長軍嚴禁安葬，即使是有意為他們舉行法事的僧侶也束手無策，四處可見屍體遭野狗或烏鴉啃食的淒慘景象。小栗上野介則因為主張和薩長軍對抗到最後而遭德川慶喜免職，後來隱居於領地上野國權田村，卻被薩長軍拖出來逮捕，最終遭到斬首。

然而，明治維新時期抹除敗者記憶的行動，並未在日本各地貫徹實行。東京對記憶的鎮壓最強，有關彰義隊在上野的記憶，也要到許久之後才能喚回些許。實際上，帶有「彰義隊」之名的出版品要到一八九〇年代後才出現，在此之前甚至出於避忌而不敢使用。不過，只要走出東京，將注意力放在周邊地區如秩父（埼玉縣）、上州（群馬縣）、多摩和甲斐（山梨縣），以及相模（神奈川縣）或駿河（靜岡縣）時，狀況似乎又有所不同。為了就此進行討論，本章將從戰前日本大眾娛樂中的超級英雄，東海地區賭徒老大清水次郎長的軼聞開始談起。

清水次郎長是實際存在於幕末至明治初期的賭徒，以身為東海地方的老大「親分」聞名於世。次郎長成為「大親分」，在戰前日本一躍成為超級英雄，其實和戊辰戰爭敗者記憶的復活也

圖4-1 清水次郎長

出處：《幕末・明治・大正回顧八十年史第8輯》（國立國會圖書館藏）。

圖4-2 山岡鐵舟

出處：《幕末・明治・大正回顧八十年史第4輯》（國立國會圖書館藏）。

有共通之處。既然要討論清水次郎長，那就必須提到山岡鐵舟這位人物。其知名事蹟是在戊辰戰爭中，以勝海舟使者的身分與西鄉隆盛直接談判，促成江戶無血開城。山岡鐵舟出生在旗本*之家，年輕時是尊王攘夷派，加入狂熱攘夷論者清河八郎組成的浪士組。幕府將浪士組派往由會津藩松平容保擔任守護職的京都，作為將軍德川家茂上京時的護衛。浪士組的第三隊成員包括芹澤鴨、近藤勇、土方歲三、永倉新八、沖田總司等，後來的新選組便是由此而生。山岡鐵舟後來回到江戶，他雖然安排了勝海舟和西鄉隆盛的會面，但在維新後卻跟隨德川家達前往駿府。在那裡，他認識了清水次郎長，兩人意氣相投。

* 譯註：俸祿不滿一萬石，但有資格謁見將軍的德川家直屬家臣。

另一方面，清水次郎長出生於清水港，父親從事海運，他在出生後不久，就成為經營米糧生意的叔父山本次郎八的養子，年輕時便沾染賭博習慣，出入賭場。養父去世後，次郎長雖然繼承了家業，卻在賭場和其他賭客發生衝突，使對方身負重傷，於是他便與妻子離婚，將家產讓給胞姐夫婦，帶著小弟逃到其他地方，變成了流浪的無宿人。一八六八年，成為道上俠客的次郎長回到清水港，該年八月底，向德川慶喜主張全面對抗的榎本武揚，率領舊幕府艦隊從品川沿海出發，然而咸臨丸卻在銚子外海遭遇暴風雨受損，漂流到了駿河灣。不得已之下只能先停泊在清水港的咸臨丸，卻突然遭到新政府軍艦轟炸，儘管船副等人舉起白旗表示不抵抗，但登上甲板的新政府軍仍連續殺死了三十名左右的士兵，並將他們丟入海中。

靜岡藩和漁民都害怕遭到薩長軍報復，不願為士兵收屍。此時帶著手下前來安置遺體並在當地下葬的，就是清水次郎長。次郎長因此遭到質問，據說他的回答如下，翻成現代白話文即是「我不知道這些是賊軍還是官軍，這都是他們還活著時的事。是敵是友，死後皆為佛」。山岡鐵舟被他這番話所感動，揮毫為咸臨丸船員的墳墓寫下「壯士墓」。

天田愚庵的創造「清水次郎長」

但這則軼聞也有令人費解之處。清水次郎長無視薩長軍命令，埋葬死去的舊幕臣時撂下的名句「人生在世，為賊為敵。然其惡不過生前事，一旦若死，又何足罪也」，條理分明並且押韻。

然而，據說清水次郎長實際上不會寫字，以其素養而言，恐怕也說不出這樣的句子[1]。

因此，是有什麼人在後來藉著優越的文字，為賭徒次郎長在幕末的舉動增添意義。而這位人士也已受到確認，他就是天田愚庵。天田愚庵幼名久五郎，一八五四年出生，是磐城平藩的武士甘田平太夫和同藩醫師之女浪的五男。戊辰戰爭時，磐城在薩長軍進攻下成為戰場，長子善藏參戰，父親平太夫則帶著其他家人疏散。後來久五郎也上了戰場，磐城平城被攻下後，久五郎雖然逃到了仙台，但父母和妹妹卻在戰火中失蹤。

之後天田愚庵前往東京，一八七一年時進入神田駿河台的尼可拉神學院，卻又在不久後退學，在小池詳敬的介紹下，獲得山岡鐵舟和落合直亮的賞識。後來他前往九州，在尋找父母和妹妹的同時，也參與了出兵台灣的行動。七六年時從東北前往北海道，走遍各地，繼續尋找親人。山岡鐵舟出於對天田愚庵的關心，將他託付給清水次郎長。

即使在被託付給清水次郎長之後，天田愚庵也沒有放棄尋找親人。他在不止一份報紙上刊登廣告，懸賞酬金一百日圓協尋雙親和妹妹，並成為攝影師的弟子，當上巡迴攝影師，往來各地找尋親人。天田愚庵在一八八一年成為次郎長養子，累積寫下的聽聞，在八四年出版《東海遊俠傳》。次郎長在這一年因過去的罪行下獄，該書出版的直接目的，就是為了籌措釋放運動的資金。然而，這本書卻成為明治的超級暢銷書。

受到天田愚庵這本著作影響的講釋師三代目神田伯山，在一九〇四年發表講談*〈家喻戶曉富士山本〉，成為三代目伯山的代表作。伯山的這則講談十分受歡迎，賣座程度甚至讓他被人稱為「次郎長伯山」。由於講談大受好評，接下來便是電影改編。由尾上松之助主演，牧野省三導演的《清水次郎長》於一九一六年上映，也相當叫好叫座。一九二五年，NHK廣播電台開播，神田伯山的講談〈次郎長傳〉獲得很高的收聽率。而在此狀況下，浪曲師二代目廣澤虎造精心寫成的〈次郎長傳〉在廣播中播出後，更是形成風靡一時的浪潮。

戰後，清水次郎長依舊受到大眾喜愛。一九五一年開播的東京廣播電台（現在的TBS），據說每週播出的《浪曲　次郎長傳》收聽率高達百分之三十四。一九二〇年代到三〇年代，製作了一部又一部以清水次郎長為題材的電影，包括由澤村四郎五郎主演以及坂東妻三郎主演的作品。戰後，東映拍攝了片岡千惠藏所主演的「任俠」系列、鶴田浩二主演的「次郎長三國志」系列等電影，直到最近，二〇〇八年時還有一部由中井貴一主演，津川雅彥執導的《次郎長三國志》上映。

這一切的原點都是天田愚庵的《東海遊俠傳》。終其一生，愚庵都在尋找戊辰戰火中失散父母與妹妹身影的旅途上。正如林英夫所指出，「平城陷落和父母、妹妹失蹤的戰爭悲劇」，在他身上「落下了至死都無法走出的深暗陰影」[2]。愚庵起初是為尋找父母去向而踏上旅程，但他的旅程卻也在途中逐漸轉變為精神昇華之旅。愚庵的和、漢文藝造詣皆深，留下的萬葉調短歌後來

圖4-3 《次郎長三國志》
（導演津川雅彥，角川映畫，2008年）DVD。

也相當有名。在這樣的背景下，他會提筆寫下清水次郎長傳記，應該也是在次郎長身上感受到了什麼，能為戊辰戰爭敗者的遺憾發聲。也就是說，愚庵身為戊辰戰爭毫無疑問的敗者之一，藉著故事中的清水次郎長，訴說他那終生無法忘懷的記憶。

尤其是前文咸臨丸事件中被認為出自清水次郎長之口的話語，高橋敏便指出，「天田愚庵同樣經歷過自戊辰戰爭戰敗倖存的悲痛，他那深刻的感觸融入在次郎長之所思，形成次郎長傳記《東海遊俠傳》的最高潮」[3]。愚庵藉由次郎長的話語訴說對血親的濃烈情感，將戊辰敗者的記憶銘刻在書中。

其實，天田愚庵對自己的行為應該也有相當的自覺。在他離開尼古拉神學院時，明治政府職員曾詢問他是否有意從事公職。愚庵的回答相當堅定，他說道：「不，在下並無此意。此生唯願能不受拘束，走遍天下，以尋父母之所在。」[4]愚庵說他願費盡人生所有尋找父母下落，完全無

＊譯註：日本傳統說話藝術之一，類似於說書。表演者稱為講釋師、講談師，坐在舞台上的小桌講台後方，以獨特的節奏並運用紙扇子等小道具進行表演。

意於出仕發達，實際上也是如此。

山岡鐵舟和落合直亮則一直支援著抱持強烈情感、絕不會將戊辰死者放下的天田愚庵。高橋敏認為，在《清水次郎長》中，他們「以關懷的態度守護著忘不掉的失蹤父母，固執地堅信雙親仍然活著，決意尋找到底的青年。即便實現維新大業，山岡鐵舟和落合直亮卻也失去了許多，他們或許在全心全意又魯莽的年輕敗者身上得到了慰藉」[5]。率領薩長軍前鋒赤報隊犧牲奉獻，卻遭誣陷為偽官軍而被斬首的攘夷派相樂總三，是落合直亮志同道合的同伴，舊幕臣山岡鐵舟也因步入「跨越眾多屍體，轉投身為朝臣的仕途」而「心懷愧疚」。愚庵那執著不肯變通的人生，體現出兩人胸中對於敗者一直以來的難解之情。

天災地變中增加的無宿人

除此之外，還有一點也很值得注意。如果追蹤清水次郎長等賭徒的蹤跡，可以發現他們幾乎不涉足江戶。清水次郎長以俠客之身浪跡日本，他最初的據點在清水港，因賭場糾紛逃往三河，在該地累積實力成為老大後仍輾轉各方，活動範圍甚至包括香川縣琴平以及北陸的敦賀一帶。他也曾踏足滋賀和京都，但卻避開了江戶。

其他賭徒也避開了江戶。早於清水次郎長之前，以群馬縣赤城山為根據地的國定忠志勢力足以對關東八國治安構成威脅，但也不曾涉足江戶。雖然賭徒們活躍於江戶周邊，但他們的活動範圍都避開了江戶，這也從另一面映照出了幕末維新時期的江戶，也就是東京的存在型態。

接下來要確認的問題是：在江戶時代，什麼樣的人會成為賭徒？賭徒預備軍「無宿人」是因斷絕親子關係被逐出家門，或遭到流放等緣由，自宗門人別帳中排除者的總稱。宗門人別帳相當於今日的戶籍，是當時以家族為單位的人口管理系統。在此系統外的無宿人數量，自江戶中期以來不斷增加，在十八世紀後半的天明大饑荒後更是大幅飆升。

天明大饑荒發生於一七八二年至八八年間。其實自一七七〇年代後，全球曾發生多次重大自然災害。就日本列島而言，一七七一年石垣島近海發生大地震，大海嘯襲擊八重山諸島、宮古諸島造成眾多死亡（八重山地震）。一七七九年櫻島火山爆發，九州一帶受到巨大災害；接下來八三年淺間山爆發，九二年雲仙普賢岳噴火。在這一連串天災中發生的天明大饑荒災情十分嚴重，一七八〇年時日本列島人口推估約有二千六百萬，而在天明大饑荒後驟減至二千五百萬，意即有高達百萬人口消失。

陷入窮困的人們逐漸化為難民。在農村，他們放棄田地走上作為交通要道的街道，部分則流入都市，治安也因大量難民淪為無宿人而惡化。

為挽救如此世態而推行改革的則是松平定信。主導寬政改革的松平定信，其策略是緊縮財政，除了削減大奧的開支，亦限制白米搶購以及同業聯合的壟斷，此外還對陷入困頓者導入七分

圖4-4　江戶時代後期的人口減少

出自關山直太《近世日本の人口構造》（吉川弘文館，1958年）；唯1840年的數值是依據速水融《歷史人口学研究》（藤原書店，2009年）所繪。缺少數據的部分在圖表中以虛線表示。

金制度*，設置石川島人足寄場以收容無宿人。人足寄場是無宿人以及刑期屆滿的浮浪人的強制收容所，讓收容人在此學習門窗、漆器等製作技術，擔任土木營建的勞力，藉由上述的職業訓練，將無宿人轉為生產力。

然而進入一八三〇年代，又爆發了天保大饑荒。這場大饑荒發生在一八三三年，當時人口約有三千一百九十八萬人，到了狀況逐漸好轉的三八年時，人口已減至三千〇七十三萬人，在短短五年間減少了一百二十萬人。多數的農村人口由於飢餓而流入都市，造成治安惡化，在此背景下，一八三七年發生了大鹽平八郎之亂。

因應如此事態的，則是水野忠邦主導的天保改革。除了試圖以解散同業聯合來降低物價，還頒布了《人返令》，禁止窮困農民進入江戶，強制流入江戶的農民和未登記在江戶宗門人別帳者返回務農。此外，水野忠邦為了強化幕府權力頒布了《上知令》，以江戶和大阪周邊地區為幕府直轄地，原本受封於該地區的大名和旗本，則被授與其他地方作為領地。這項措施遭到大名和旗本的強烈反對，並被迫於次月撤回，成為水野垮台的最大因素。《上知令》以失敗告終，意味著江戶幕府無法轉變為君主專制型態的權力。

由於饑荒而從農村流向街道、城市地區，並因此脫離戶籍管理的災民，成為幕府搜捕無宿人行動的對象。遭到逮捕後，境遇最為悲慘的是送往佐渡的人們，他們被迫從事重體力勞動，以水桶等排出佐渡金銀礦累積的廢水。由於環境惡劣，許多人喪命於此。

另一方面，江戶除了前面提過的石川島人足寄場外，也在淺草的非人溜旁設置了非人寄場。非人溜是由車善七代表的非人頭手下之非人所管理的設施，負責收容生病的囚犯或未滿十五歲的罪人。收容在非人寄場的無宿非人會在此學習手工，以使其更生。這些人若在農村還有可投靠之處，則會被要求回去務農，然而無處可去的無宿人或成為乞丐，或成為連在非人人別帳上也沒有

---

* 譯註：寬政改革的防災救濟措施。節約由町人負擔的江戶町日常經費支出，將省下的經費七成作為積金，用以設置社倉和救濟貧困者、災民等。

紀錄，於各地四處流浪的野非人。

女性無宿人中有成為遊女謀生者，而男性亦有成為賭徒活下去這條路，也就是加入俠客的行列，或找到願意收自己為手下的老大。此外，進入十九世紀後，幕府的統治開始動搖，同時農村持續陷入貧苦困乏，因此無宿人不斷增加，賭徒人數也持續上升。他們在關東北部、甲州、駿河等大城市周邊的交通要道建立據點，形成群雄割據的局面。

鬆散的制度與賭徒的橫向網絡

反映出上述幕末流動性增加的則是三河。三河是為德川家發祥地，在此擁有領地意味著與東照大權現家康有所聯繫，具備象徵意義，因此三河不僅小藩分立，大名亦更迭頻繁。哪怕是飛地，譜代大名和旗本都希望能有塊位於三河的領地，結果就是讓該地區被分割得相當零碎。

大大名治下領地因管理能夠遍及該地區各方，無可逃匿，因此賭徒很難在這樣的地方橫行霸道。但三河卻被分成德川直屬眾家臣的小塊領地並各自管轄，形成缺乏有效聯繫的縱向社會，賭徒自由穿梭在小領地之間，能輕易地避開管理，成為漏網之魚[6]。實際上，若是在某藩領地上做了壞事，只要在快被逮捕時逃到隔壁藩領就能了事，差役也無法對逃至其他藩領的惡人出手。是故賭徒以國內小藩分立的地區為中心增加，最後逐漸形成全國性的網絡。

三河便是該網絡的中樞，在幕末聚集了眾多賭徒。就連清水次郎長也在逃離清水後前往三河，在該地獲得成為「大親分」的契機。換言之，幕府的統治體制是一種嚴格的縱向社會，然而賭徒的世界則可說是形成了互惠性的網絡。雖然老大和手下的關係確實相當嚴格，不過只要可能遭到逮捕，賭徒仍會逃往他地，在目的地又會由其他老大協助藏匿。即使是清水次郎長，也是在被捕前逃往四國、北陸及上州。

高橋敏則如此描述。直到幕末，「賭徒的網絡早已如同一張大網遍布日本列島，地方割據的諸位老大之間形成嚴格的盟友、對立、中立派系，逐漸成為無法忽視的黑暗勢力。……在此期間，分割成天領、大名領分和旗本知行所*的統治體系被趁隙而入。面對反應迅速、行動如電光石火且神出鬼沒的賭徒，幕府的取締組織無法發揮作用，總是落後一步，遭受擺弄」[7]。

於是到了幕末，許多賭徒取得從長脇差到火繩槍的各色武器，形成武裝集團。在動盪的局勢下，這類暴力集團無論是對佐幕派還是討幕派而言，都具有相當的利用價值。由於過去天下長期安定，當時大部分的武士雖能撰寫公文，卻不擅長實際戰鬥，結果為了彌補武力上的不足，佐幕派和討幕派皆以成為武士、賜與封地為條件，勸誘能成為即戰力的賭徒加入己方陣營。

正因身為亡命之徒，過去一直遭到世人厭惡，賭徒容易為巧言勸誘所動。典型的例子，是屢次和清水次郎長發生衝突的甲斐的黑駒勝藏。他受尊王攘夷思想感化，帶著部下加入討幕軍付出

---

* 譯註：天領指的是德川幕府直轄地，賜予大名的領地稱領分，賜予旗本的則稱為知行所。

貢獻，卻在戰爭結束後不再為新政府所需，被安上罪名斬首。參與討幕的賭徒在國內局勢動盪時期受到重視，可一旦局勢平穩便會遭到捨棄。

清水次郎長似乎也收到過類似的勸誘，但他頑強地沒有接受。另一方面，在賭徒活躍的上州及秩父，未加入討幕派而殘存下來的賭徒，最後與反政府運動產生關聯。自由民權運動的核心人物，最初是對薩長持批判態度的舊士族，後來賭徒勢力也加入其中，使得運動走向激進化。

例如，在《東海遊俠傳》出版的一八八四年所發生的群馬事件。隸屬自由黨宮部襄集團的上毛自由黨清水永三郎，計畫和湯淺理兵、三浦桃之助、小林安兵衛（日比遜）等人一同率領農民和賭徒，趁著五月一日上野至高崎中山道鐵路的通車儀式，在車站襲擊天皇和政府高官所搭乘列車，企圖藉此推翻政府。但由於通車儀式屢屢延期，不得不變更計畫，眾人在五月四日時於妙義山麓陣場原集合，襲擊富岡、松井田和前橋三個警察署，並試圖占領東京鎮台高崎分營。

秩父事件也發生在這一年。受到自由民權思想影響的自由黨員，在秩父和為了增稅及債務所苦的農民共同組成「困民黨」，根據八月召開的集會決議進行請願，和高利貸協商，但皆以失敗告終。他們策劃發起暴動，以向政府訴求減輕租稅、延緩債務，並選出擁有兩百名手下的俠客田代榮助作為這場暴動的代表。而早已察覺端倪的政府，則安排從上野站出發的特別列車，將警察隊和憲兵隊送往當地，然而卻陷入苦戰。最後還是派出東京鎮台的士兵，才終於瓦解並鎮壓了困民黨指導部。

直到幕末，秩父和群馬都是江戶外圍賭徒勢力扎根的地區。也就是說，自由民權運動能在這些地區蓬勃發展，是由於其位於東京周邊，而這些地方不僅是農民，也是賭徒的根據地這一點應該也帶來了影響。在江戶，也就是東京這個受到徹底管理的空間外圍，曾經湧動著這類能夠擾亂秩序的流動性。

幕末江戶的賭徒與遊女

不過在幕末維新時期，江戶・東京真的不存在賭徒甚至是流民的流動嗎？其實到了幕末，江戶也和如同外圍地區，幕藩體制自根本動搖，無法有效管理控制。林英夫指出，幕末「都市裡滿是衣衫襤褸的貧民窟、飢寒窟，所在之處在地圖上形成的斑點圖紋不斷擴大，未曾縮小」[8]。收錄於林英夫編撰資料集的《大崎辰五郎自傳》（一九〇三年），是辰五郎對自己人生的口述記錄，可藉此了解當時狀況，內容也相當有意思。

一八三九年出生在江戶本鄉春木町的辰五郎，大約三歲時母親過世，被送去寄養。當辰五郎終於回到家時，卻發現父親已經再婚並生下一名男孩。辰五郎在家中照顧這孩子直到十二歲，十三歲時被送去年季奉公，也就是當契約傭工，卻因主人家破產而又回到家中。十四歲時父親又再娶新妻，家中爭鬧不休，辰五郎抱著成為乞丐的覺悟離家而去。他變賣下身的股引當作路費翻越箱根山，和路上遇到的人說他想去伊勢參拜，一邊乞討一邊走到了富士川。拉船的船夫告訴他，成為船夫就能去伊勢參拜，辰五郎雖躍躍欲試，卻因學會賭博而沉迷其中，一直在這裡待到了十六歲[9]。

之後辰五郎回到江戶，到父親家時才發現他們已經搬走，後來他終於找到父親，在其手下協助家業大約一年。然而，當辰五郎得知世上還有靠尋釁滋事賺錢的「惡人大工」，他便想著「我可不能被這幫傢伙找麻煩」，就自己「加入了惡人行列」，邏輯真是相當混亂。辰五郎自述從此以後，他每日「賭博、招妓尋歡」，思索著只要不偷東西做什麼都好，想要至少被關進無宿牢裡一次[10]。

二十一歲時，辰五郎雖然讓帶著孩子的女性「當了自己的老婆」，但一年在家中的時間大約只有三個月，此外都「跟著許多無賴漢一起四處遊蕩鬧事」。當時是一八六〇年，這一點相當重要。辰五郎算得上是名無賴，開始為非做歹的這一年，正好就是幕末的動亂期。在當時恐怕還有不少類似辰五郎的例子，這也反映出幕府的統治系統不僅是在江戶外圍，連江戶之內也搖搖欲墜。

過去幕藩體制以宗門人別帳管理人口，以非人人別帳管理排除於系統之外的被差別階層。但由於幕末政治情勢不穩，出現了大量無法納入上述制度中管理的人群。這些人流入都市地區，成為廣義的雜業從事人口。當時制度所無法囊括的都市無宿人，實際上從事著各式各樣的街頭工作，由於他們沒有特殊技能，只能靠著拉貨車、撿紙屑、賣豆腐、殺狗抓貓等來糊口度日，其中還有人將川底淤泥挖掘上來，撿拾泥中的釘子等物，或是沿街乞討。

在統治體制不穩的狀態下，吉原遊女之中也出現了讓體制更加動搖的事件。這種情況出現的時間稍早一些，橫山百合子曾相當有說服力的指出，自一八二〇年代以後，吉原接連發生因遊女縱火所引起的火災。根據橫山百合子的研究，幕末時期的江戶社會整體走向大眾化及廉價化，遊女屋若如同過去那般繼續以高級顧客為中心，恐怕將難以維持，自然被迫轉向薄利多銷的性商品化路線。結果造成「遊女的境遇變得更加惡劣，她們被施加了遊女屋自己都稱為『殘忍差事』的處罰，或強制背負債務」。

遊女對如此黑心的經營者心生不滿，演變到以縱火作為最後手段，甚至發生「一八四九年（嘉永二年），梅本屋佐吉僱用的十六名遊女縱火事件。在這個事件中，她們彷彿希望能被馬上發現般，在主要道路上也相當醒目的二樓格子裡縱火，並立刻向負責差役自首，要告發自身雇主的慘無人道」[11]。這是再明顯不過的「抗議縱火」，然而遊女屋的經營情況，似乎也因遊女的反抗更加惡化。

第5章

占領軍與貧民窟的危險因素

——近代視角下的流民

1. 東京與都市下層

江戶占領軍所面臨的風險

倒幕成功，江戶落入手中，薩長軍面臨一個重大問題：如何統治江戶這個巨大城市。實際上，占領後的江戶治安變得極度混亂，造成混亂的主因是幕府覆滅後，武士居住區的人口流失。到幕末為止，江戶總人口約有一百二十萬人，其中武士和奉公人約五十萬人，町人約六十萬人，僧侶、被差別民則有十幾萬人。江戶是一個巨大的消費都市。

幕府消失，參勤交代的義務亦隨之消滅，超過半數的武士、奉公人都回到原本的國中，這讓江戶人口一下減少至六十七萬人。占江戶市街七成的武士居住區大半成為空屋，治安因此惡化、罪犯橫行。此外，身為主要消費者的武士消失，也讓商人和工匠的經濟基礎受到重大打擊。

為因應此局面，當時的東京府知事大木喬任在一八六九年提出「桑茶政策」，在原本是大名宅邸的空地上栽種桑茶，但由於種植情況不佳，不得不在五、六年後中止。除此之外，有些武士宅邸被占領軍接收，成為新政府要人的住宅，這些占地面積寬廣的宅邸被低價收購，出售給伊藤博文或山縣有朋等人。其他剩下的武士宅邸則分割土地出售。如此一來，過去禁止町人居住的地區也逐漸轉為住宅用地，東京山手高級住宅區的起源也可歸因於此。

為了改善東京治安，當時也加強了軍事和警察組織，然而這座城市卻仍舊危機四伏。有許多人對新政府心懷不滿。

首先，在一八六九年版籍奉還*以後，士族†因家祿基礎動搖而變得窮困，許多舊士族的不滿和怨恨日益增長，部分甚至變得激進。例如一八六九年九月，率領討幕軍殲滅上野彰義隊的大村益次郎在京都被刺客襲擊，傷重不治身亡；成為新政府參議的廣澤真臣，也在麴町私宅遭到暗殺。

也有人因試圖幫助陷入困境的舊士族而慘遭新政府殺害，典型的例子是雲井龍雄。雲井龍雄是米澤藩士之子，因其傑出而在大政奉還後成為新政府的貢士（各藩推舉的議政官）。然而，他在後來的戊辰戰爭中致力於促成奧羽越列藩同盟，戰敗後被處以謹慎‡。儘管如此，雲井龍雄仍獲明治維新政府任命為集議院議員，但由於不改對政府的批評態度遭到免職。舊幕臣因景仰其人而聚集，為了讓他們脫離貧困，雲井龍雄請求政府給予他們歸順的機會，卻反被指控意圖顛覆政府，遭到殺害。

---

* 譯註：明治維新改革之一。全國各藩將其所有土地（版）和人民（籍）歸還朝廷，藉此新政府得以實現中央集權。
† 譯註：明治維新後，舊武士階級被稱為士族，該身分在二戰後廢止。
‡ 譯註：江戶時代對武士以上階級實施的刑罰之一，懲處期間內將限制其外出和行動的範圍。

簡而言之，明治初期薩長陣營重要人物被暗殺，舊幕臣也在不公正的手段下喪命，實際上是相當殘酷血腥的時代。

而在維新後的東京，薩長軍本身也成了危險因素。薩長軍在戊辰戰爭時動員了社會各階層，但大多數都未能在戰亂平息後得到充分報償，眾多參戰者的不滿因此累積。這些不滿有時會引發叛亂，最終導致了後來的佐賀之亂和西南之亂。

除此之外，江戶的商人和工匠也因幕府覆滅後顧客階層消失，經濟基礎從根本遭到破壞，而對薩長軍抱著負面看法。換言之，當時東京的薩長政權四周，環繞著苦於維持生活的舊士族、不滿自身待遇的己方士兵、因幕府覆滅利益受損而對薩長軍反感的町人，四面楚歌，在各方面皆面臨嚴重的危機。

不僅如此，東京的流民數量也在體制變換的混亂之中增長。根據横山百合子的研究，一八六九年八月，東京府為了掌握這些流民的實際情況，令淺草彈左衛門進行調查。據其報告內容，東京府地區內乞討者的人數為四千三百餘人，其中確認為非人或是乞胸，也就是像猿若、江戶萬歲等屬於賣藝乞討賞錢身分者不到三成，其餘七成則是擅自乞討的野非人，數量約有三千餘人。

第二次的報告在第一次報告提出不過十一天後呈上，彈左衛門表示「若是從外圍各町到品川、千住、四谷和板橋四宿以及本所海濱，全面逮捕散布在這些地區的乞討者和無宿非人，推估共約有一萬餘人」，該報告中非野人的數量則是五千人[1]。換句話說，從幕末持續上升的流動性終於波及到江戶．東京，無宿人、賭徒和流民等，無法以過去身分組織管控的流浪貧困階層，正在以驚人的速度增加。

戶籍的發明與彈左衛門勢力的終結

隨著薩長軍占領江戶、江戶幕府垮台、新政府成立，各類無宿人、雜業民、貧困者湧入東京。一開始，政府處理這些人的方式與江戶幕府並無太大差異。和從前一樣，他們被送往千葉縣下總台地進行拓殖、開墾土地，或在東京府內的桑茶園工作。但由於其所具備的流動性，逃脫行政控制的越境性騷動無法平息。為了掌握現有身分制度所無法控管的流動性人口，最終誕生了戶籍制度。

江戶時代，幕府用於掌握一般百姓的資料來源是人別帳，因為由佛教寺院負責管理，故而按照各人所屬宗派分別。對於武士居住的武家地、町人生活的町人地、寺院神社之下的寺社地也分別設置不同法令，並按此區分設立町奉行及寺社奉行，在人口管理上也依照類別縱向分割。至於差別民的統轄秩序則不同於町人，全體皆由彈左衛門統管。

對於構成江戶社會秩序基礎的重層身分秩序，橫山百合子曾扼要地總結其架構，指出江戶的社會是「由身分層層堆疊構成，並且依據所屬身分集團，按照角色和特權來統治的社會。此外，身分集團不僅出自於士農工商賤民的基本身分，亦會因應如藝能者、宗教人士等不同職責細分出許多身分集團，身分也會隨著集團的實際情況而產生和變化」[2]。

然而幕末以來，該秩序原則崩壞，德川幕藩體制為管理人民所確立的機制不再有效。此時新政府導入戶籍制度，用以記錄誰住在哪裡，及其家族成員情況，一八六八年實施的京都府戶籍辦法是為過渡型態，翌年六九年則在東京實施「東京府戶籍編製法」和「戶籍書法」，卻皆以失敗收場。建立別帳，並新增類別如其他地區外來者名錄、奉公人名錄、棄兒名錄等，反而不斷衍生出難以掌握的狀況。問題癥結在於縱向分割的管理方式，即使增加再多類別也無法解決問題。

針對這種情況，政府在一八七一年頒布了統一的《戶籍法》，廢除身分區別，無論屬性，一律登記為人民。此時也出現了「番地」，人們以家族為單位和戶籍所在地相連結，成為「四丁目十三番地」的某某。同時新政府頒布了賤民廢止令，並廢除士農工商階級制度。因此，明治政府廢除身分階級制度，與其說是出於博愛精神或平等主義，不如說是基於國家統治上統一掌握和管理流動人口的需求。

顯而易見，此即空間和人口結構化上的典範轉移。過去江戶是隨職務類別形成「町」，例如這是木造建築工人的「大工町」，是泥水匠的「左官町」，各町規模也因此大小不一。新政府將其廢除或合併，以每區約一萬人口的規模進行統整，將東京重新劃分成五十個區，從名主*中選出適合者擔任各區之區長。廢除過去因地主或家主不在其所有地，而代為管理、徵收地租和店租的「家守」，直接由當地地主負擔行政職責。

無論是戶籍還是區長，目標都是走向國家對人民的一元化管理，因此也就不再需要像淺草彈左衛門這樣的中間管理者。彈左衛門在江戶幕府時期被授與統管穢多及非人的極大權限，但此統管權成立的前提，也就是依職務類別管理百姓的制度，此時已失去了存在的理由。因此新政府在一八七一年導入全國統一《戶籍法》之時，也發布了賤民廢止令。

此時彈左衛門收到新政府召喚，皮革和燈芯等專賣權皆被沒收。失去特權的彈左衛門，則從過去轄下穢多和非人從事的皮革及燈芯製造中，注意到皮革加工的發展潛力，從美國招聘皮革技師、引入最新技術，目標是發展特定產業以求生存。一八九〇年代，維新時期的基本制度轉換以及因應對策逐漸塵埃落定，而這也是以賭徒為代表的法外之徒時代終結之時。八九年明治憲法公布，翌年九〇年帝國議會成立。在明治國家體制日漸確立之下，淺草彈左衛門和車善七這些被差別民的世界，成為在近代都市角落苟延殘喘的舊秩序殘渣。

都市下層社群的轉型

幕末分散在都市外圍地區的貧民，在近代則成為「都市下層」階層。中川清《日本都市下層》書中綜觀明治東京「貧民窟」所在地的變化，揭示了都市與貧困的關聯之變化。

＊　譯註：江戶各町的代表，在幕府官役管理下處理町行政。

例如，根據中川清計算各時期深川區、本所區、淺草區、下谷區以及其他各區的「貧民窟」數量，在明治一〇年代，東京共計有十一座貧民窟，本所區、淺草區、下谷區各一座，其他區共計八座，簡言之，當時貧民窟的位置相當分散。到了明治二〇年代，深川區有兩座、本所區一座、淺草區七座、下谷區七座，其他各區共計五座，貧民窟朝淺草及上野周圍集中。而進入明治四〇年代，深川區為四座、本所區八座、淺草區三座、下谷區兩座，其他各區為零，相較於淺草及上野，貧民窟更加集中於本所和深川[3]。貧民窟地理分布的變化背後所蘊含的，是都市中「貧困」意義的變化。

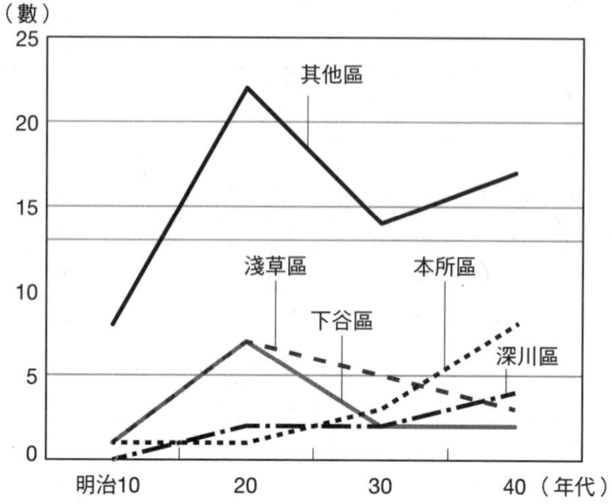

圖5-1　明治時期東京都區部「貧民窟」數量變化

根據中川清《日本都市下層》（勁草書房，1985年）繪製。

這些貧民窟中的人們，在明治前期過著什麼樣的生活？中川清指出，「明治中後期的都市下層難以組建家庭，他們仰賴以廉價旅店木賃宿和貧民窟為中心、渾然而成的『下層社會』共同性，才能勉強留在都市中」，具體而言，「數個家庭住在長屋的一個房間內，獨

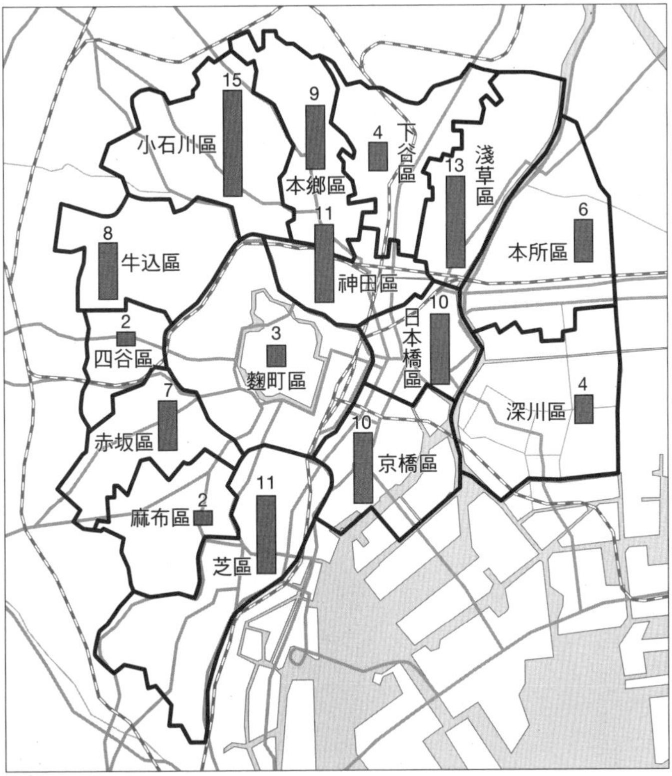

圖5-2　明治二〇年代初期東京都區部「貧民窟」分布

根據中川清《日本都市下層》（勁草書房，1985年）繪製。

居者以外的家庭雜居於木賃宿中，並不稀奇」[4]。也就是說，他們貧困到甚至難以家庭為單位維持生計，必須數家聚集在一起才能夠繼續生存。

中川清在書中描述，「貧民彼此之間是『同類相愛』、『患難相助，喜樂與共』的關係」。實際景象則是「兩、三個家庭擠在僅僅四疊六疊的空間裡，有年老婦女、血氣旺盛的年輕人、三十出頭的女性，大多來自外地，此大抵為貧民窟中一現象」[5]。這時候的燒飯、育兒、洗衣、排泄，與其說是以家庭，不如是以貧民窟集體居住的空間為單位來進行。都市的共同性與其說是在於「家」，不如說是在於「窟」中更為恰當。

日俄戰爭以後，都市下層結構逐漸朝核心家庭發展。相較於其他階層，當時都市下層的經濟地位較低，是工廠或短期臨時工最主要的人力來源。從這時期開始，近代產業發達，本所及深川等地區的紡紗業逐漸興盛，吸收了眾多都市下層作為勞動力。然而直到明治中期，都市下層仍然被認為是與一般社會截然不同的「異質」存在，相關記敘也採取「實地調查」和「探訪」的形式。於是在一八九〇年代，新聞業將注意力放在「貧民窟」上，撰寫出一則又一則的探訪報導。

2. 描述貧民的視線

探訪貧民窟的敗者新聞業

帶領明治初期新聞業的人物是陸羯南，德富蘇峰和福澤諭吉。他們多是舊幕府一派，是戊辰戰爭的敗者，因而發言論批判政府，提高報紙的銷售量，建立起評論家的地位。他們旗下記者潛入明治東京之中數量上升的貧民窟取材，寫下採訪報導。首開先河的是櫻田文吾的《貧天地飢寒窟探險記》，一八九〇年到九一年間在陸羯南創辦的報紙《日本》上連載，成為熱門話題。較櫻田文吾的連載約晚兩年，松原岩五郎的《最黑暗的東京》也在德富蘇峰所辦日報《國民新聞》上開始連載，同樣獲得佳績。一八九九年，橫山源之助的《日本之下層社會》出版，該書日後成為都市下層社會學研究的傳統經典之作。

櫻田文吾在各方面都是這股潮流的引導者。紀田順一郎也在《東京下層社會》中表示，「關於下層社會報導這個前所未見的類別，若無櫻田文吾在《日本》上的活躍，《國民新聞》也不會任用松原岩五郎，更別說橫山源之助將因此受這類主題所刺激。是故，為了公平起見，該類別開創者的榮譽應屬於櫻田文吾」[6]。也就是說，受僱於陸羯南日本新聞社的櫻田文吾，首先在報紙上連載「貧民窟」報導並引發話題，激起了德富蘇峰的競爭意識，讓松原岩五郎為自家報紙撰寫探訪記。橫山源之助則受到櫻田和松原兩人影響，寫下《日本之下層社會》。因此這三部作品有著直接的關聯。

櫻田文吾於一八六三年出生在仙台藩武士之家，「幼年喪父，兩位兄長也分別在戊辰戰爭和五稜郭之戰戰敗後病逝，姐姐則遭到誘拐，母親因此悲傷過度而亡」[7]。他在勤學苦讀後就讀英吉利法律學校（今日的中央大學）。很明顯地，櫻田文吾的人生，和前章提到過的天田愚庵十分相似。

櫻田文吾和天田愚庵一樣捲入了戊辰戰爭，失去兩位兄長。他進入津輕藩士之子陸羯南所經營的日本新聞社，可能也是在陸羯南的建議下，於《日本》上連載「貧民窟」的報導文章。或許，類似天田愚庵在《東海遊俠傳》中的寄託，櫻田文吾也在「貧民窟」的探訪之中發掘到了什麼。戊辰戰爭是鮮血淋漓的日本近代之起點。進入明治時代，敗者們彷彿是透過書寫，持續注視著近代的根本。

紀田順一郎指出，櫻田文吾「並未止步於喬裝打扮去體驗一個世界的方法論上，可以說他建立了徹底站在貧民那邊、犀利地揭發一般社會，尤其是針對富裕階級的視角。在貫徹仰視（low-angle）角度一事上，櫻田文吾遠遠超越了其他報導者」[8]。而這個仰視的角度，即是敗者的視角。在《東海遊俠傳》中，天田愚庵也以仰視描述身為賭徒的清水次郎長。我想，應該是戊辰戰爭的經驗，讓他們可能採取這樣的立場。這些敗者投向正在建立的近代日本的注視，應該就存在於他們的仰視深處。

接下來，在櫻田文吾的幾年之後，松原岩五郎開始了《最黑暗的東京》的連載。松原岩五郎是鳥取宿場町釀酒廠的四男，一八六六年出生，不久即與父母死別，成為松原家的養子，卻在十三歲時離家，一邊從事著最底層的勞動工作，來到了東京。經歷苦學，一八九二年時在幸田露伴的推薦下，成為德富蘇峰所創辦的《國民新聞》記者。德富蘇峰打算透過《國民新聞》報導貧困問題，揭露藩閥政治黑暗面，認為一定可以藉此獲得巨大迴響。為了盡快與櫻田文吾在對手報紙《日本》上的連載對抗，他讓具有底層勞動者經驗、在寫作上已有一定成績的松原岩五郎負責新系列，而該系列則成為名留青史的貧民窟報導文學。

受到二位先驅影響，為都市下層世界留下細緻精確紀錄的，則是橫山源之助。他在一八七一年出生於富山縣魚津的漁民之家，由於是私生子，出生後隨即被送養，成為泥水匠的養子。小學畢業後，成為住在醬油店中的佣僕，一邊自學。一八八五年時成為富山中學的第一屆學生，卻突然在次年和兩名朋友逃到東京。他以律師為目標，和櫻田文吾同樣就讀神田的英吉利法律學校，卻始終無法通過司法考試，換過好幾次住處，有時借住在市谷的托鉢寺，或投宿在市區邊緣的木賃宿。

恰好就在此時，橫山源之助認識了二葉亭四迷和松原岩五郎，加深對社會和勞動問題的關注。當時的松原岩五郎已寫下一系列的貧民窟報導，對正在流浪的橫山源之助而言，他就像是「流浪小隊長」。成為律師的夢想破滅，在心生絕望四處遊蕩的期間，橫山源之助受到二葉亭四迷和松原岩五郎的強烈影響，也希望能夠透過書寫貧民的報導，為解決貧民和勞動問題出一分力。一八九四年，橫山源之助成為島田三郎率領的《每日新聞》記者，他不僅寫下「貧民窟」的報導，還有一則又一則的社會調查新聞。

喬裝打扮的櫻田文吾與貧民窟裡的人們

在此值得注意的，是這些記者在貧民窟報導上所採用的方法。首先，櫻田文吾在前往「貧民窟」時，會先行喬裝打扮。他是如此描述自己踏入「貧天地」時的模樣：

戴著像被品川滿潮沖刷上來的帽子，穿上會被人懷疑是用二三百文向收廢品老爺爺換來的單衣，舊到變成鼠色的白綿兵兒帶上，扎著彷彿被山十醬油熬煮過的手巾，拖著沒了齒的矮木屐，大搖大擺地出發。[9]

換句話說，他戴著已經變形的帽子，穿著破破爛爛的衣服，灰色腰帶上塞著像被醬油煮過的擦手巾，腳下踩的是齒被磨平的木屐。他以這般有些過火的喬裝，踏入了下谷萬年町，這是當時和芝新網町、四谷鮫橋並列的三大貧民窟之一。

此時早已過了晚上八點。向前走去，可以看到遠處「木賃御泊宿萬年屋」的文字，當他終於走到那裡時，一名三十四、五歲的女性只穿著下著正在吃飯。櫻田文吾表示想住一晚卻遭到拒絕，後來在第二間「下總屋」中渡過一夜。第二天早上離開旅宿，他將附近走過一遍後前往淺草。第二天投宿在淺草馬道的木賃宿「中西屋」。隔日從清早就開始下雨，直到中午也沒停，因為沒有傘，他在此又住了一晚。

第四天往本所的方向走去，隨意找了間木賃宿，他對裡面的阿婆說自己剛從鄉下出來，因為要去千葉找朋友才來到此地，希望能在這裡住一晚，口氣十分誠懇，老闆同意後，他立刻付了房錢。不久，那位「老闆起身說要去點找樂子，套著件半纏拿著黑色的錢袋就往雨裡衝去」。然而今天沒人來，老闆不過五分鐘就回來了[10]。

櫻田文吾直覺地認為那位老闆是賭徒。當時本所和淺草有些木賃宿被賭徒當成大本營，晚上能去找「樂子」，也就是聚賭。第二天早上，旅宿的阿婆拿著一張紙牌大小的紙，問他上面寫著什麼。紙上寫著「晝藏夜現」等字，他向阿婆解說文字的意思，阿婆似乎也明白了。後來有人告訴他，那是一種源自於中國的賭博，叫做「七八」。自己推測得果然沒錯，櫻田文吾如此寫著[11]。

這些內容讓人能立刻看出一件事：櫻田文吾雖精心喬裝，卻不受貧民窟歡迎。他的打扮大概有什麼讓這些木賃宿的主人感到不對勁，或拒絕他入住，或勉強才接受他的投宿。即使沒有告知自己的來歷，他在本所投宿的那間木賃宿阿婆還詢問他漢字的意思，大概也是察覺到這人不像是貧民窟的普通居民。貧民窟的人們並沒有遲鈍到會被這種急就章的喬裝給欺騙。

櫻田文吾接下來又前往洲崎、木場、芝，途中遇到二次霍亂死者的葬禮。這一年（一八九〇年）日本霍亂大流行，三萬五千多人因此死亡。最後他踏入新網的「貧天地」，同樣在木賃宿住了一晚。這次他被安排在十四疊大的大房間中，裡面住著十多名客人，在他隔壁的是一名「八十多歲的乞食翁」。這位老人家在三十多年前是抬駕籠的轎夫，櫻田文吾記下了他說的話，內容如下：

人人皆曰如今世界實已便利至極。曰身居此處，唐、天竺、西洋諸國之物皆可購得，有車代步，煉瓦棲身，真是諸事萬般皆便利無比。如此果真便利！然此不過是腰纏萬貫老爺們的便利，吾等貧窶之輩自不用提，中等之下者又何便利之有？從前松島町七、八百文至二朱便可租賃之家，如今五十錢亦租不得；過去僅需八十，此菸袋中便可有山八二撮又半，如今那菸草付一錢先扣二厘為稅，剩下八厘可得之量甚至不及過去之半。萬般諸事皆如此，何謂便利至極之有！[12]

老翁這番話在感嘆，說什麼現在世間已經十分便捷，無需前往他方就能買到來自中國、印度、西洋的物品，有人力車代步，有磚造房屋可住，但這些都是富裕階層才能享受到的事。對中等之下者而言，生活裡只有苦楚，哪有什麼便利。從貧民窟角落的老人口中，對近代文明做出了尖銳的批判。住在貧民窟的人們不僅擁有能辨別外來者的敏銳眼光，還有這樣犀利的批判觀點。

櫻田文吾花了大約一週時間探索淺草、本所、四谷等地的貧民窟，寫下「在米價高騰、生活困難、金融停滯、工業窒塞交加之下，他們遭到了排斥。這些人大多皆非天性怠惰」[13]，指出是社會出了問題，而非住在貧民窟中的人們生來遊手好閒。正因櫻田文吾本身具有敗者的凝視，他才可能產生這樣的社會認識。這便是我在此想先確認的一點。

民族誌觀點與社會調查觀點

松原岩五郎旁觀櫻田文吾的連載，同時提筆寫下《最黑暗的東京》，不過他是藉由親身進入貧民窟工作來實踐探查，寫出了近代日本第一部都市貧民窟的社會學民族誌。松原在報導引言中連珠砲般地拋出一連串疑問，如「東京最黑暗的角落在哪裡？木賃宿到底有多麼擁擠？殘飯屋是賣什麼的？貧民俱樂部是由誰組織的？飢餓教會了你們什麼？飢寒窟的經濟是何種狀態？你又為何落入貧困？」並接著寫道：「若想知道所有問題的解答，就來最黑暗的東京一探究竟。那是貧天地的**預審法官**，是飢寒窟的**代言人**，是觀察貧民的顯微鏡，也是看見最下層的望遠鏡。」[14] 看到這裡，讀者應該會被松原的文字吸引，深陷其中。

在這篇報導中，松原岩五郎從下谷到淺草，之後又再次前往下谷，在根津宮下町、小石川柳町、傳通院裏、牛込赤城下、市谷長延寺谷町等「各個小貧民窟中徘徊」，最後終於才抵達三大貧民窟之一的四谷鮫橋。他在那裡拜訪了「清水屋彌兵衛大哥」，表示希望能在此工作並請求協助，繼而被介紹到附近的殘飯屋。於是，松原就此當上了殘飯屋的「下人」。

> 每天在早上八點、中午十二點半，晚上同樣是八點的時候，將直徑一尺多如筒狀的大篩、挑水桶，還有盆、醬油桶堆在人力板車上，和搭檔二人一起從士官學校的後門進去，把

三餐的殘羹剩飯收拾好帶回去。但說起來，本來就沒拿過比筷子還重的東西的人，一下子要加入重勞動工作的行列，那種辛勞實在很不容易。力氣只要勉強使勁也使得出來，但由於不熟悉工作要領，總是出些小孩子才會犯的錯，常常惹得老闆不高興。[15]

沒拿過比筷子還重的東西明顯是誇飾，但不熟悉環境而在工作時不斷失誤，惹得殘飯屋老闆不快，應該就是事實了。

圖5-3 「貧民在殘飯屋買飯」

出處：《最黑暗的東京》（現代思潮社，1980年）。

這間殘飯屋以「一篩（約十五貫*）五十錢」，收購「學生到教官有千餘人」的士官學校剩菜剩飯，再以「一貫約五、六錢左右」的價格，賣給拿著「篩、面桶（用檜、杉木薄片圈製成的一人份食器）、多層飯盒、飯桶、小桶子，或是深底大碗、提盒」等容器的「貧窮男女老幼」[16]。松原描述在習慣這份工作後，「貧民多麼地為剩飯感到歡喜，就連搬運剩飯的我也十分受到歡迎。為了回報他們的歡迎，我總是使盡手段搜索庖廚，盡可能地運出更多剩飯好分給他們」。而當士官學校「庖廚」中幾乎沒有剩飯時稱「饑荒」，若是多到板車也幾乎堆不下時則是「豐收」，以此告知各位「貧窮男女老幼」[17]。

這段文字傳達出松原岩五郎投入這份工作的熱忱身影。就這樣，松原深入東京最大的貧民窟，生動地描繪出在此處生活者的日常，稱得上是某種類型的社會學民族誌。在一八九〇年代，已經出現足以催生出這類著作的觀點。

受到櫻田文吾以及松原岩五郎報導工作的啟發，開始調查貧民窟的則是橫山源之助。他比前面兩名先行者更加深入東京貧民窟內，多次進行實地調查，最後完成《日本之下層社會》，清晰地勾勒出明治時期貧民窟的全貌。從另一個角度來說，不同於成為殘飯屋的下人、以鮮活筆調描述親身工作經歷的松原岩五郎，橫山源之助的記敘方式相當地冷靜且是俯瞰式的。

例如他對本所和深川二區的描述，是「風俗習慣自舊幕府時代起便有別於其他十三區，少有封建時代特徵武士之住所，純粹由町人構成，尤其是工匠以及力夫和短期臨時工這類一般勞動者，而非商人之流。正如地形上以隅田川為界區分，其人情風俗也與一般有所不同」[18]，明確地列出和其他地區的差異何在，有什麼特質。但也由於文字風格十分冷靜，稍嫌欠缺文學上的趣味性。

比如對淺草的描寫，則是「雖說也有相當數量的貧民住在下谷區、小石川區以及四谷區，但

＊ 譯註：貫為日本過去的重量單位，一貫為1000匁，約3.756公斤。

與淺草區相較皆不值一提。此區有松葉町、阿部川町、木賃宿聚集的淺草町、新平民部落所在的龜岡町」等。接下來這段文字中又列出許多町的名稱，「若是拐入大部分貧民住得起的地方，如松葉町、神吉町的小巷中尋找可棲身之所，便能看到今日連在萬年町中都消聲匿跡的乞丐之家成列，朝外的巷道雖有店鋪，但大多也只是收破爛的。走入其他地方如阿部川町、清島町的小巷內，處處可見穿著和生活與鮫橋、萬年町不相上下的居民」，從俯瞰的角度展現該地區的貧困程度[19]。這些描述裡少了松原岩五郎文字中的那份生動。

敗者的視線與底層（subaltern）之聲

本章將探討幕末到明治期間，看向東京貧民窟的視線增加一事。櫻田文吾、松原岩五郎以及橫山源之助的探查途徑各有不同，其中開創先河的櫻田文吾背後蘊含著戊辰戰爭的「敗者凝視」，這點相當重要。他們三位之所以能夠進行「貧民窟」的報導，是因為受僱於陸羯南、德富蘇峰和島田三郎所創辦的明治時期新聞報社，則是另一個不能遺忘的重點。前面曾提過，陸羯南和德富蘇峰的立場與薩長軍閥政權對立，而島田三郎也是前幕臣之子，在維新後和大隈重信關係親近，後來成為田中正造的盟友。而在關係上，這些人物之於櫻田三人，正如同山岡鐵舟之於天田愚庵。

並且，整體而言，松原岩五郎的《最黑暗的東京》類似於記者亨利·梅修（Henry Mayhew）

的調查，後者在《倫敦小巷生活誌》（*The illustrated Mayhew's London*）中留下了關於倫敦貧民，甚至帶著文學性質的民族誌。另一方面，橫山源之助的《日本之下層社會》則近於查爾斯・布斯（Charles Booth）在十九世紀末對英國貧民窟所做的正式社會調查。同樣在這個時代，當上述調查工作推進之時，恩格斯（Friedrich Engels）也出版了關於勞工階級的社會學著作《英國工人階級狀況》（*The Condition of the Working Class in England*）。

然而在明治的東京，透過這些記者的觀看，貧民窟是否可謂被真實地呈現？會提出這樣的問題，是由於本書進行至此，我認為有必要引入後結構主義的後殖民理論解構，意即試圖拆解結構主義知識範疇為帝國主義和資本主義所掠奪的歷史，及其地緣政治脈絡的賈雅特里・史碧華克（Gayatri Spivak）在演講錄《從屬者可以發言嗎？》（*Can the Subaltern Speak?*）中的提問。史碧華克質問「從屬者發聲」的可能性，這是聯繫前面所討論的各種「敗者敘事」和「貧困者的世界」的核心問題。

史碧華克在本文中借用馬舍雷（Pierre Macherey）的理論，將「無法發言」分為作品「拒絕表述」以及「**無法**表述」。馬舍雷僅藉此區別討論文學作品，不過史碧華克認為其「可適用於帝國霸權中的社會文本」。

比如前者在發言上的拒絕，於殖民地的情境下，可能會是「將殖民地風俗習慣法典化的帝國主義法律實踐」產生出的「集體意識形態**拒絕**」。另一方面，後者的「無法表述」則是關乎從屬者發言可能性的問題。例如有關「農民叛亂」的各種敘述占據「敘事」場域時，此時作為敘事主要對象的農民，是「一個如今已不可能搜尋的意識的指標」。在此農民有無被描述，本身就是一個問題[20]。

而在近代「國際勞動分工範圍之外側」，只要我們侷限於自身與他者的二元架構中，就會存在「不可能捕捉到其意識的人們」。他們是「僅能維持最低限度溫飽的自耕農，沒有組織的農業工作者、部落民，集結在街頭或鄉村的零時契約勞工（zero workers）群」[21]。面對這些人群，在他們的記敘之外，更重要的是我們必須學習如何記述自身的方法。

無需多言，「不可能捕捉到其意識的人們」也包含了東京貧民窟的居民。幕末以來，這種「底層」的規模，在日本近代資本原始累積過程中大幅膨脹。他們聚集在貧民窟中，而這一系列在貧民窟中進行田野調查的報導，則引發了近代東京的「底層可以發言嗎？」之問。

問題在於「敗者是如何書寫底層？」和「從屬者發言了嗎？」兩者之間的關係。就本章而言，櫻田文吾、松原岩五郎和橫山源之助的貧民窟調查採訪，確實盡可能地站在貧民窟人們的身旁。前一章中天田愚庵的《東海遊俠傳》敘事也貼近了賭徒的世界。但這仍然難以打消其中呈現的是否只是櫻田、松原和橫山自身之聲的疑慮。

即便如此，櫻田文吾從曾是駕籠轎夫「八十多歲乞食翁」那裡聽到的發言，仍十分強而有力。松原岩五郎和橫山源之助在採訪中，應該也曾聽過類似的發言。除了天田愚庵，賭徒們也曾對許多聽眾發言。然而記者的書寫是否讓這些發言成為「底層之聲」？對此，仍有必要維持些許保留態度。

這個問題恐怕沒有答案。讓我們回到史碧華克。她主張，傅柯和德勒茲非本質主義的透澈言論，因其言論發生的場合而包藏了「一個本質主義的議程」；另一方面，印度的從屬研究（subaltern studies）看來本質主義的語言，由於在「帝國主義的知識領域、社會、學科的書寫暴力」中發言，因而展開了激進的去本質主義。

若借用以上論述，或許正因櫻田文吾、松原岩五郎和橫山源之助的敘事背後，包含著戊辰敗者的凝視，才可能在那個時代中具備新聞報導性的同時，也兼具了批判性。但除了橫山，櫻田和松原都未曾意識到這一點。完成貧民窟的報導後，櫻田成為日清和日俄戰爭的隨軍記者繼續報紙連載，戰後在京都建立京華社和京都通信社，最後走向從政的道路。松原也以日清戰爭的隨軍記者身分活躍，未再回到貧民窟。我們在前面曾論及戊辰敗者的記憶，於日清和日俄的帝國主義戰爭中如何被重塑，而敗者們圍繞在「貧民窟」上的目光，也同樣在帝國主義下產生變化，由「貧民自身的發言」中分裂了出去。

第6章

女工可以發言嗎？

1. 被邊緣化的紡紗女工

從屬階級的女工

在前一章最後提到的《從屬者可以發言嗎？》中，史碧華克討論到兩種關於寡婦要在丈夫火葬同時自焚殉夫的印度教舊習薩蒂（sati）的論述。這個殉夫的習俗為宗主國英國所禁止。英國人將之視為「白種男人把棕色女人從棕色男人手裡拯救出來」之事例，文明的西方白人男性拯救了受到印度教徒男性壓迫的印度女性。然而「印度本土主義者」的看法卻完全不同，在其論述中，「女性們其實是自願殉葬」[1]。

當然，史碧華克並未贊同任何一方。這兩種論述彼此互補，並且相互正當化，誰也無法從中找到女性自身的聲音。「即使追溯東印度公司紀錄所包含的警察報告書中，被胡亂地拼寫下來（……）那些殉葬寡婦的姓名，也無法再湊出一個『聲音』」[2]。

那麼，明治時期日本下層女性又是如何？閱讀在紡紗工廠工作的女性的紀錄，未必無法拼湊出她們的「聲音」。誠然，那些紀錄由於各種制度或意識形態而遭到扭曲，不過她們的發言留下了痕跡，而如何對待這些發言便成為問題。

接下來，讓我們把注意力放在明治以來問世的三本社會調查史上的經典著作上，分別是：橫山源之助的《日本之下層社會》（一八九九年），農商務省商工局的工務課工廠調查組的《職工事情》（一九〇一年），以及細井和喜藏的《女工哀史》（一九二五年）。

第一本橫山源之助的《日本之下層社會》，是最早的「女工」（雖應稱為「女性勞動者」，在此按歷史脈絡使用「女工」）聲音紀錄。接下來的《職工事情》是官方調查報告書，留下了關於下層女性勞動者的詳細紀錄。最後一本《女工哀史》，作者細井和喜藏本身就是紡紗廠工人。不管是《貧天地飢寒窟探險記》的櫻田文吾、《最黑暗的東京》的松原岩五郎，還是《日本之下層社會》的橫山源之助，三人都是以記者身分對底層社會取材，作品皆屬於觀察者紀錄。《職工事情》則是對於當時工人所身處的嚴苛環境，所做出的行政調查報告。相對於上述文本，《女工哀史》的編寫者細井和喜藏本身就是工人，處於貧困之中，是出自於纖維產業下層勞動者之手的作品。

《日本之下層社會》中書寫的女工

橫山源之助的《日本之下層社會》共分五編，工廠勞動者的部分在第三、四編，其中第三編的內容包括〈桐生和足利地區的工女*〉，第四編則有〈紡紗工女的風俗和狀況〉，以及「鐵工

* 編註：在本章中，將保留部分引文原文所使用的用詞「工女」，其他部分則統一以「女工」稱之。

廠」中的「男工和女工」描述。

當時桐生和足利地區的織布廠中大多都是女工。日本纖維產業興起初期，群馬縣是織布產業的一大集中地。橫山源之助指出，明治二十九年（一八九六年）時，足利管轄範圍內的女工共一萬四千名，桐生則是一萬三千八百八十名。因此桐生和足利地區有將近三萬名女工，大部分都不是當地人。桐生和足利地區出身者「非常稀少」，其他則是「就如同大阪府下的紡織工人多來自其他地區，來自缺乏特產的地方，也就是越後、越中、能登、加賀出身者最多，來自其他地區如越前、武藏、相模、上總、下總，和甲斐等地的也不少」[3]。

在調查這些女工工作的織布廠的橫山源之助筆下，她們「不管是苦是樂，愉快不愉快，或許是無法如實訴說，還是在回答上有所顧忌，無人肯開口談論自己，也沒有人回答我的追問」。也就是說，即使橫山向默默工作的女工提出問題，她們也沒有回答。不過女工們「齊聲快樂地」唱歌，歌詞是「討厭啊真討厭，別再織了，甲斐絹織屋的神明大人」。如果仔細聽，接下來是「拿過飯盆往裡看，混合飯中沒有米呀淚水湧上來」。事實上，她們每天吃的是米麥各半的「混合飯」，並且「早飯和晚飯雖然有湯，中午無菜，而湯也是特別重鹹的味噌湯，裡面通常放的是青菜」[4]。

橫山表示，女工只把賺得的金錢花費在飲食上，既不儲蓄也不用於服裝是理所當然，卻經常因此受到批評。並且指出只要考慮到她們的處境，還有她們無止境索求金錢的雙親，便無法責備女工不儲蓄而將錢用在吃喝上。

橫山指出，在足利和桐生地區，僱用、管理女工的女性較男性更多。在這裡「相較於男主人，女主人更有權威，時常在工廠巡視，行為規矩也大多由女主人監管，因此工女和雇主之間的關係，也可以看成是她們和女主人之間的關係」[5]。在資本主義興起的階段，性別和階級關係不一定會重合。

其中「某間織屋的妻子」感慨女工「只要一沒盯著手就會停下，要是看到辛勞工作者有東西可拿就會怨恨雇主，忘記自己有多派不上用場。讓她們努力工作，卻擺明著只會為自己的將來打算，節日前二十天就開始算日子，心都不在工作上，稍不注意就會做出些不能用的東西也毫不在意」[6]。女主人對女工的懶惰感到無可奈何，發出感嘆。

另一方面，女工則表示「除了節日以外根本不許外出，就算故鄉有人來訪也不讓人見面，千拜託萬拜託好不容易可以相見，也捨不得給點講話的時間，還要在我們交談時跑到旁邊豎起耳朵聽。織屋老闆娘的疑心病就是這麼重，就算有幾十個同鄉來這裡，彼此間也禁止往來」，充斥著不滿。

她們的不信任感根深柢固。收到故鄉來信時，就算沒有開口要求，女主人也會說要幫忙讀信，要老闆讀過以消除疑慮。若在工作上有些許失誤就會遭到威脅，嘴上說要在明年正月做袢纏、盂蘭盆節時買袖口這些好話，卻一次也沒實現過。只看重那些表面上裝著努力工作、很會拍馬屁的人，而對那些認真工作的人，即使到了節日也不肯給點零用錢。雖然女工們不肯多說，卻也吐露了平日累積的怨憤，橫山如此記錄[7]。

紡紗工廠與士族救濟

那麼，東京的紡紗工廠又是如何發展起來的？創辦東京第一間紡紗廠的是鹿島萬平。一八七二年，他在現今北區瀧野川設立了鹿島紡績所。鹿島萬平是深川米店的次男，一八四九年開始經營棉織品批發，在日本因黑船事件開港後，從事與海外商人交易的棉織品出口批發事業。他在幕末加入三井組，和三野村利左衛門共同組織生絲荷為替組合*，此外也活躍於東京貿易商社以及該社的箱館駐點，涉足釧路的鯡魚粉製造、昆布採收等。明治維新後，就在瀧野川創建了鹿島紡績所。

鹿島萬平在瀧野川設置紡紗工廠的理由明確，千川上水和石神井川同時流經瀧野川和王子一帶。幕末時期，推動幕府近代化政策的小栗上野介，曾考慮將玉川上水分流的千川上水運用在工業上。他希望能利用位於台地的千川上水和台地下石神井川的高低差，引千川上水之水流至石神井川，推動水車製造大炮，運用水力作為動力切割炮身的炮膛。只是按照小栗上野介構想所建成的瀧野川反射爐，卻因幕府覆滅而未曾啟用。從政府手中購得這塊土地的鹿島萬平，便將小栗上野介計畫用於錐台（打通炮身的機器）的水車動力轉用於紡紗。

另一方面，明治初期在紡紗廠工作的女工，大部分出身沒落士族，於是官方遂主持興辦紡紗工廠，作為士族救濟措施。隨著幕府垮台，士族被剝奪了身分特權，除非有商業頭腦，否則就會因為沒有收入來源而陷入貧困。戊辰戰爭結束後，投身倒幕運動的士族則被發給微薄賞金，被迫退伍，生活陷入困境。若不對士族施以救濟，薩長政權的根基可能會遭到動搖。

然而，士族救濟和殖產興業實際上是完全不同的兩件事。幕末時，薩摩藩從英國引進了走錠精紡機（spinning mule）等，建立日本第一座西式機器紡紗工廠鹿兒島紡績所。然而這間最多僅需約八十名工人的紡紗廠，卻在士族生活陷入困境時僱用了一百五十至二百名工人，且以上升的利潤救濟士族，輕忽經營效率，最終陷入經營不善，被迫關廠。

不過，也有其他成功的紡紗廠。以明治政府無息汰售的紡紗機器，在一八八二年成立的三重紡績所共有六十名女工，大多是津藩士族之女。由於當時工業地位卑賤，最初招募不到員工，在請發起人天春三六郎之妻於所中擔任見習員工後，才有男女共十人志願來當學徒，三重紡績所也慢慢發展起來。

類似的例子還有不少，其中最著名的應該是富岡製絲廠。該廠起初同樣幾乎招募不到女工，

＊ 譯註：在當時銀行尚未發展成熟的背景下，由生絲業者組成的金融組織，辦理匯票、抵押貸款等業務，以因應產業資金和遠距交易需求。

在初任廠長，也就是澀澤榮一的表兄尾高惇忠讓女兒在廠中擔任女工後，才陸續招集到女工，這座模範工廠才逐漸發展。

正如上面舉出的幾個例子，明治初期紡紗工廠最初的女工來源主要是士族之女，階級比一般認為的要高。當時農家之女正忙於農業，商人之女也是家業所期待的勞動力，換句話說，她們都有各自的職業跑道。相對地，士族子弟卻在維新後失去了職涯路線，作為救濟措施，官營工廠開始僱用士族子女。不過自明治一〇年代左右起，工廠員工逐漸由下層勞動者所取代。

鹿島萬平的鹿島紡績所，可說是正好在這個變化的過渡期間創立，是第一座以民間資本設立的紡紗工廠。鹿島萬平有些類似於澀澤榮一，他接二連三地發展新事業，所創立的工廠或公司則由其家人協助經營。例如設立於瀧野川的紡紗廠，社長是鹿島萬平的次女貞子，工廠也在她的名下。而在工廠中工作的人稱呼鹿島萬平為「隱居*、大頭家、大老闆」，長男萬兵衛為「頭家、老闆」，稱社長貞子為「阿貞女士、二老闆娘」[8]。

當時的工廠員工回憶起貞子的工作情況：「她比女工們更早起，然後叫醒女工們，照料她們從吃飯到打理頭髮。工廠開工後，她也會挽起袖子勤快地監督。她曾和女工們一起工作，也曾在像是來了新女工的時候，手把手地教導她們。」可以說，貞子的工作模式相當類似於大商店的老闆娘。桐生和足利地區紡紗廠的女主人也是如此，像這樣由女性管理工廠的例子，應該並不少見。

那麼，在鹿島萬平女兒貞子管理的紡績所中，僱用的都是什麼樣的女性呢？根據千本曉子的研究，起初工廠從川越招募了四、五名女工，然而「她們似乎因身為鄉下人又粗魯無禮被敬而遠之，改為盡量招募東京人」。不過「東京女性不喜歡當多年契約的雇工所以無人應徵，因此開出和東京市內女佣工作相同的待遇，也就是支付薪水，至於餐費和工作服則由雇主負擔，以如此條件招募員工」，改善待遇，盡力從附近徵求人手[9]。

鹿島紡績所在招聘上的競爭對手是女佣工作，「比起紡紗女工，面臨婚姻的年輕女性更偏好去當女佣，因為後者不但能學習到各種家事，還能成為自身品行良好的證明，有利於結婚」。而農村女性則是「以嫁入農家為先」，因此以女佣工作為志，很多人會在找不到這類職缺時「先到紡紗廠工作，一旦找到女佣工作就立刻辭職」[10]。

這些狀況符合皮耶．布赫迪厄（Pierre Bourdieu）關於文化資本的討論。農家子女為了提升自身文化資本，人人都在評估什麼策略更有利。就此角度而言，女佣比女工更受到青睞，而最好的選擇就是到大商家中當女佣。在這樣的背景下，為了獲得更優秀的人手，當時的紡紗廠不得不改善女工的待遇。

＊譯註：對於已將實權交給下一代的大家長之尊稱。

紡紗大規模工業化與女工的邊緣化

不過正如千本曉子所指出，隨著工業化發展，農家除長男以外的男性開始前往都會區的工廠工作，地方農家的次男、三男等逐漸成為工廠的勞動者，如此一來，農家女性為了「嫁入農家」而選擇當女傭的策略也失去了意義。農村女性設想的人生觀發生變化，希望成為女傭的人數減少，當女工的人數增加，這種趨勢逐漸增強。

在此時期，日本纖維產業的工廠規模持續擴大，過去相對分散於地方的工廠，也逐漸往大阪或東京集中。直到一八八〇年代，在小型製絲廠及紡紗廠仍分散於地方的時期，大部分工廠的位置不在東京或大阪近郊。以製絲業為例，其產業中心位於以長野縣為首，包括山梨、岐阜以及群馬等縣的本州中部山區。此時日本製絲業在長野縣設廠的比例占壓倒性多數，其中大部分是以水力為動力的小型工廠。但進入一八八〇年代後，局面開始出現變化，在工廠擴大規模的同時，特別是紡紗業，於大阪以及東京外圍陸續興建起大型規模的紡紗工廠。

實際上，這些工廠的規模擴張非常明顯，若以判斷紡紗工廠產能時所使用的精紡機（完成紗線製程的機器）錠數來看，大阪紡績在一八八三年引進了一萬〇五百錠的精紡機，平野紡績在八九年引進的精紡機則有一萬一千五百二十錠，九三年第二工廠引進的約有一萬六千一百二十八錠，攝津紡績在九一年引進一萬九千二百錠，九四年第二工廠引進一萬五千三百六十錠，九八年第三工廠引進一萬五千錠精紡機。而設立在東京鐘淵的東京綿商社（一八九三年改名鐘淵紡績），則在一八九〇年引進了二萬八千九百二十錠的精紡機。

於是，東京沿著隅田川岸形成了一片工廠區，其中具代表性工廠就是鐘淵紡績。一八八七年（明治二〇年），東京綿商社在草創期共有員工三百五十一名，不過到了大正末年已發展到五千名左右。明治後期到大正年間，隅田川沿岸又陸續興建了皮革、編織物以及火柴等製造工廠，該地逐漸成為輕工業中心。

當工廠規模擴大，勞動力出現不足，各地的紡紗工廠開始爭奪能夠成為女工的人力。即便如此，最初仍是從東京、大阪附近地區徵人，而當這個做法已無法滿足工廠需求，仲介便從全國各地的貧窮農村招募年輕女性。在此狀況下，女工的勞動形態也發生了巨大轉變。成書時代稍晚的《職工事情》（第一卷）中記載此變化如下：

紡紗工廠僱用工人時，慣例讓距離近者通勤，來自遠方的外地者住在宿舍。應徵進入東京、大阪和名古屋等大都市及其周邊工廠的工人大多來自外地，其他小都市或農村區工廠則有不少通勤者。僱用紡織工人時所生之種種弊害，主要並非發生在從附近父兄家通勤的工人，而是自外地僱用的工人身上。[11]

女工的待遇自一八九〇年代起惡化。她們被仲介的甜言蜜語打動，到東京或大阪後發現勞動條件和之前說的不同，才察覺自己被騙。然而工廠主人不肯聽她們申訴，仲介也早已離去，沒有可以仰仗的親戚，也沒有錢能離開工廠，意志脆弱者只能含淚留下。也有意志堅強者趁夜翻牆逃走，但被發現並受到懲罰的也不在少數。

為了防止女工逃跑，公司也用上了各種手段。例如在入職後數個月，女工即使休假也不被允許外出，發薪前一天雖然可以出去，但外出時會有陪同人跟在一旁。而發薪後的數日間，則會有人在宿舍周圍巡視看守。此外在仲介中，也有利用工廠間爭奪女工勞動力而獲利的黑心業者，他們將女工介紹給甲工廠後沒幾天又向乙工廠介紹，不久又介紹給丙工廠，重複這類詐欺行為，賺取仲介費。勞動環境苛刻，又有黑心仲介業者蠢蠢欲動，生活在宿舍的女工幾乎等同於身處監獄之中。

2. 逃走與抗爭，然後被馴化

集體脫逃的女工

然而女工並非只知順從。有人反過來利用工廠擁有者對廉價勞動力的爭搶，從工廠逃出後以假名受僱於其他工廠，也有人與仲介業者合謀輾轉於工廠之間，藉此獲取介紹費。女工抵抗雇主種種專橫的手段中，最為常見的方式是「逃走」。

例如，一八九三年二月，來自和歌山縣的五名十幾歲女工被安置在橫濱警察署。她們參加東京鐘淵紡績的應徵，成為鐘淵工廠的女工，但工作後的勞動條件卻和招募時所告知的完全不同。招募時說日薪是十六錢，但實際卻是大人八錢，小孩四錢，扣除一天六錢的餐費後什麼也不剩。由於勞動條件太差，女工們「想念家鄉的雙親，每日以淚洗面，因為實在看不到希望，決心回鄉」遂從東京出發，但到橫濱時已花光手上的錢，走投無路之下前往警局（《讀賣新聞》一八九三年二月三日）。

在這之後，從鐘淵紡績逃跑的女工層出不窮。一八九七年五月，三名出身愛知縣十四歲到二十二歲的女工，「掉進紡紗公司派出的仲介的陷阱，特地前往東京就職，因無法忍受與仲介所言不同的工作，三人商量決定逃離」，卻遭到警方逮捕後交還公司（《讀賣新聞》一八九七年五月三十日）。警察並沒有和拚命逃走的女工站在同一陣線。

而在一九〇〇年八月，奈良郡山紡績會社的女工「無法再忍受公司虐待，二十一名女工在商議後決定辭職返回各自家鄉」時，在同公司前員工山田某的斡旋下，有數人轉職進入鐘淵紡績。然而，鐘淵紡績的日薪十二錢，卻須扣除十一錢餐費。在「一天僅有一錢所得，實在難以忍受」的狀況下，女工們「偷偷離開公司逃到了吳服橋一帶，但因為不熟悉那裡的環境，身無分文又束

圖6-1 鐘淵紡績株式會社，東京總公司工廠

出處：副島八十六編《開国五十年史 附錄》（開國五十年史發行所，1908年）。

手無策，不知該如何是好地低聲哭泣」，令經過該地、住在深川的砌磚工人伸出援手，將她們帶回家。然而到了深夜，他卻「以過分的言詞調戲」女工，遭到拒絕後，工人便將她們都趕了出去（《讀賣新聞》一九〇〇年八月一日）。

在次年的一九〇一年，兩名淋著雨赤腳走在根岸街頭的女性，因違反「跣足令」遭到逮捕。經過調查，發現「前天晚上五人因不堪虐待一同逃出」鐘淵紡績工廠（《讀賣新聞》一九〇一年八月十一日）。

當然，被發現露骨地剝削或「虐待」自地方招募而來女工的不只有鐘淵紡績。例如一九〇一年八月，因企圖跳下橫濱黃金橋而被警方帶走的女性，即是東京紡績的女工，自陳「無法忍受（公司的）工作和朋友一起逃走，但因為沒有路費走上絕路」（《讀賣新聞》一九〇一年八月十五日）。一九一五年十二月，警察帶走了數名正在路上徘徊、來自宮城縣十六歲至二十二歲的女工，她們是本所區押上東京瓦斯紡績會社的女工，因「不堪過度密集的勞動」而從工廠逃出（《讀賣新聞》一九〇五年十二月十二日）。

這些事例中可以看到幾個共通點。首先，女工們是四、五名同鄉一起逃亡，單獨逃走的例子並不多。其次，年齡大多集中在十幾至二十歲左右。此外，在大部分事例中，她們並非是有地方可去才逃走，而是一心只想著要擺脫現狀，除了身上的衣服外什麼都沒帶，就這樣展開逃亡，因此幾天後便落得身無分文，回不了家鄉在街頭遊蕩的境地。

關於女工性的描述

另一方面，從橫山源之助的《日本之下層社會》到細井和喜藏的《女工哀史》，作者都反覆描述了女工的性問題。當時大多數女工都是十幾到二十幾歲的年輕女性，她們以數百、數千為單位在紡紗工廠裡工作，因此這些年輕女性的性慾也成為社會關心的議題。例如在《職工事情》中是如此描述女工的「風紀」：

> 關於紡紗女工「風紀」的資料並不少，但因實在過於下流，讓人猶豫是否應化為文字。地方出身的女工風紀混亂，這應是社會普遍認同之事。不僅是紡紗工人如此，織布工人等的風紀也因地區不同相當敗壞。出生在地方貧窮家庭中，未曾接受過什麼教育、缺乏倫理感的女孩子，一旦來到父母無法管束的外地，在工廠宿舍或是工人寄宿屋中和數百人一起過著團體生活，幾乎無法期待她們能夠控制自己的想法，或是抵擋外來誘惑。因此適當地監督，維持她們的風紀，是工廠經營者必須負起的責任和義務。然而工廠經營者中也有雖然注意管束風紀，卻因無法張弛有度，失去她們的歡心導致下台的例子。風紀的管理，並非易事。[12]

這裡描述的是離開雙親、從地方出來的年輕女性，在宿舍等場所過著團體生活時出現風紀亂象，工廠經營者雖然對此有所管束，但要是管得太過就會被討厭。雖然出現在這段文字裡的是年輕女工和工廠經營者，不過理所當然地，女工和工人、工廠外面的年輕男性，還有和工廠上司之間的性關係都在這個主題之內。《職工事情》中有記敘如下：

> 若問（女工們）不分晝夜不停工作所得的金錢用在哪裡，首先是花在零食和表演參觀上，其次就是男女關係。據說在風紀混亂的工廠裡，甚至有工人為男女工穿針引線，藉此收取禮金。工廠附近還有表面上販賣著點心或是煮魚等，實際上是供男女密會的場所「待

合」，在大阪稱之為「盆屋」。也有男女在寄宿屋或出租的房間中相會，在宿舍內發生淫猥行為的例子聽說非常少。[13]

《職工事情》裡也記載了從女工聽來的發言，她們說：「工廠裡年輕男女聚集在一起，所以這也是沒辦法的事。有些工女的所得稍稍高出男性，其中也有人被甜言蜜語所惑，把錢花在男人身上。這些甜蜜的男人大多都來自外地，就算宿舍在管理上已相當嚴格，這種事似乎還是難以遏止，目前就有三、四名工女懷孕。工女到了十八、九歲就很容易不檢點，不過也有從十三、四歲這種袖子長度都還沒放完的年紀開始就傳出緋聞的。工廠裡男女工之間有關係這種事並不少，不過一旦發生關係又會馬上移情別戀。工女和幹部之間有男女關係的不多，玩弄工女的主要還是附近的年輕人。」[14]

照這段文字所言，女工和上司之間少有男女關係，但實際情況是否如此則不得而知。不過，若是男工和女工發生關係致使女方懷孕，工廠為了留住勞動力，似乎會準備其他房舍供他們結婚生活。

如同上述，當時女工被認為風紀混亂，實際上也確實是這樣。然而，把幾百名年輕女性關在宿舍裡，有工廠外的年輕男性跑來搭訕勾搭也不奇怪，工廠裡也有年輕男性，會發生男女關係亦是自然。由於女工數量遠遠超過男性工人，大概也會不時因男性工人發生爭執。這些狀況應該貫穿了明治到大正的紡紗工廠，而正是在這樣的背景下，才形成了女工們的慣習（habitus）。

從「逃走」到「抗爭」

起初，女工在無法忍受過於嚴苛的勞動環境時會選擇集體逃走，不過自一九一〇年代左右出現了變化，逐漸轉向以勞工運動對抗雇主。她們舉行罷工要求改善待遇，開始和公司協商。

一個非常早期的例子，是大阪天滿紡績會社在一八八九年因女工罷工所展開的團體協商。該社女工從過去便商議要求提高工資，到了該年九月，約三百名女工在休息時間聚集食堂，「就今日提出調漲薪資之請求進行商議」，到該上班的時候也無人回到工廠。感到可疑的幹部四處查看，發現女工們正在召開集會，五、六名女工突然間包圍了那名幹部，強烈要求提高薪資。

類似事例在進入一九一〇年代後頻繁出現。例如一九一四至一五年間，日清紡績內部出現紛爭，受到女工信賴的管理人員不得不辭職下台，女工們心生不滿，與那位管理者「分離的悲傷哀痛一口氣爆發，二、三十名工女竟無意識地趁夜色打破玻璃窗等，做出女子不應有的暴行」（《讀賣新聞》一九一五年八月三十一日）。而一九一九年五月四日的《讀賣新聞》則報導了各地「紡紗女工要求公司將目前支付的糧食補助及臨時津貼納入本薪」的示威運動。

女工的抗爭活動在一九二〇年代更加活躍，「以其纖纖素手支撐國家產業的勞工婦女人數年年上升，根據去年統計，目前加入工會組織者占三十萬八千九百名勞工中的一萬二千〇一十名，據稱全國尚未加入工會的勞工婦女人數超過一百五十萬人。尤其是紡紗、製絲、織物以及染色加工等產業，從業人員有八成為女性」，當然，女性的勞工運動也更加蓬勃，新聞報導「近年婦女意識覺醒，經營低迷，勞動抗爭引人注目」（《讀賣新聞》一九二九年五月十四日）。

女工們已非默默遵從管理者的少女，也不是遇上困難就從職場消失的少女，她們已能集體對抗男性管理人員，提出質問並要求答覆。在一九二〇年代末，淺倉製絲的女工向雇主要求「提升相當的薪資、外出的自由以及每日公開薪資」。她們反對「資本家以保護為藉口監禁女工」，因此要求「外出的自由」。至於「每日公開薪資」則是為了遏止「經營者決定發放的薪資每日不定，到了月末擅自以今日多少來計算並支付薪水」（出處同前）。

她們面對公司的蠻橫，有時甚至會採取暴力手段。如一九二七年七月二十六日的《讀賣新聞》報導如下：「府下小名木川的富士紡將宿舍女工強行塞入三輛車中，送往川崎工廠，引發軒然大波的爭議。在二十五日中午左右，公司催促部分被要求返鄉的女工及早準備，紡織部女工以未給予任何津貼就讓她們返鄉是不當行為為由，大聲要求支付津貼以及儲備積金，集體破壞工廠圍牆後，高聲呼喝襲擊辛島廠長宅邸，恰好辛島廠長不在家中，這隊人馬又轉往襲擊事務所，但被剛好在場的警察制止並驅散，一時之間相當混亂。」

富士紡績的爭議持續到翌年，女工們在如往常夏日「跳著盆踊的同時」計畫著「二千名女工的大型示威運動」的消息傳到了公司那邊，局面焦灼。根據報導，「在有煽動分子的情況下，抗爭仍然呈現混亂狀態。由於亦有傳聞顯示，在本次十五日晚間全體女工二千人依慣例於工廠內廣場盆踊，展現各地稱頌鄉土的民謠拍子、發揮地方特色趣味時，將以巧妙的方式舉行示威活動，公司方面與川崎署共同展開高度警戒」（《讀賣新聞》一九二八年七月十六日）。由此可以看出公司方面無法預測女工們的行動，害怕她們團結一致。

在一九二〇年代，類似的勞資衝突也頻繁發生在其他紡紗工廠中。一九二七年，大日本紡績的南千住工廠發生大規模罷工，廠內所有機器停止運轉。四百五十名從業員召開集會，決議向經營者提出八項要求。對此，大日本紡績不改強硬態度，表示「待遇改善問題關係到全國十六座工廠，因此不可能就單一工廠來解決，並且不承認工會，被解僱者無法復職」。此外，公司方面為了不讓女工參與集會，而將「數十名女工關在倉庫中」一事曝光，讓抗爭團發出對「蹂躪人權的抗議」。

糾紛升級，抗爭團「在當日（七月三日）正午左右開始示威遠足，從公司前方出發，過白鬚橋經鐘紡前至荒川排水渠堤防，約有三千人參加」，也就是舉行抗議遊行。而在同年七月十五日，抗爭團總部前面聚集了約四百名的男女工人，領導者接連不斷地發表譴責公司的演說時，遭到唯恐失控的南千住署警部下令解散，之後演變成勞動者們「包圍警官隊並將之毆打，巡查疑似被丟進水溝的事件，支援的巡查從接到緊急通知的南、北千住署、坂本、上野以及象潟日本堤署等處緊急前往現場，直到晚上十點半，共有一百四十名勞工被帶回各警署，其中有八名是女工」

（《讀賣新聞》一九二七年七月十六日）。

從「抗爭」到「排球」

面對愈演愈烈的勞動爭議，紡紗企業也開始改變對待工人的方式。首先做出改變的是武藤山治領導下的鐘淵紡績。武藤山治出生於一八六七年，是愛知縣富裕農家的長男，慶應義塾畢業後赴美，一邊在香菸工廠當學徒工、洗盤子、當園丁，一邊努力苦讀，回國不久即於八七年成為武藤家養子。在《日本公報》（*The Japan Gazette*）報社工作後，九三年進入三井銀行。隔年被提拔為三井旗下鐘淵紡績兵庫工廠的負責人，一展身手。他提出了勞資協商路線，由資方率先改善勞動者待遇，設立健康休閒福利設施。這些改革提升了業績，鐘淵紡績的企業規模也逐漸擴大。

音樂人兼散文作家寺尾紗穗寫道，在武藤山治提出的勞資協商路線背後，蘊含著基督教式的思考[15]。確實，武藤山治在美國留學時從事過多種工作，過程中應該也曾接觸美國工廠工人的生活，大概實際體會過基督教深入生活的程度。若從他的角度來看，或許會認為在當時勞工運動愈見激烈的日本，只有基督教的博愛足以與之對抗。武藤山治認為改善工人待遇才是最好的投資，成為實踐溫情主義的時代先驅。

雖然較晚於武藤山治走在時代尖端的經營，一九一〇年代，面對女工的集體主體性行動，各地的紡紗工廠致力於改善女工宿舍以及勞動條件，開始採取各種對策馴化年輕的女性勞動者，其中又著重在給予女工「安全的安撫」。例如在前述一九一四到一五年間的日清紡績內部紛爭中，新經營階層對於工人會擴大騷動，「發生暴動感到擔憂，在十九日時讓全體工人放假，邀請淺草阪東勝美劇團至公司內的娛樂場演出，供二千五百名男女工觀賞，以盡力籠絡」（《讀賣新聞》一九一四年七月二十日）。

就這樣到了大正中期，在各地的紡紗工廠「女工等不僅皆過著如女校宿舍之類健康規律的和諧團體生活，在地方局長官的認可下，給予未自尋常小學校畢業者教育和娛樂時間。因此有目光長遠的女工堅持了兩年三年，連嫁妝都攢下了才離開，還有些年紀較長的，後來各自當上了監督並住在公司」這種例子逐漸增加（《讀賣新聞》一九一九年一月二十四日）。

而自一九三〇年代起，排球成為紡紗工廠女性員工休閒活動中特別受到重視的項目。企業對社內運動的關注在大正中期之後上升，尤其是纖維產業，紛紛在全國成立排球隊，結果即是在三〇年代後半，纖維產業的職場中出現了許多強隊。

實際上，直到一九三〇年代前半，在女子排球比賽中擁有壓倒性強大實力的，是高等女子學校的校隊。排球原是發源自美國的運動競技，在這類比賽中具備優勢的是既擁有設備，又有教練的校隊。不必多言，只有出身富裕家庭，才能就讀高等女子學校。然而從三〇年代後半開始，進入全國大賽的紡紗工廠女子隊伍，卻屢次打敗了高等女子學校的強隊。前者與後者的出身明顯不同，因此這也是一種文化性的階級鬥爭。

過去根本無法與之相比、由中產階級子女組成的高等女子學校隊伍，現在卻遭到紡紗工廠隊伍壓制。在此狀況下，即使無法加入工廠代表隊，大多數在同一間工廠工作的女性員工也會為自家隊伍瘋狂加油，代表性的工廠強隊則是愈來愈強。這個過程在戰後依然持續，最後在一九六四年的東京奧運中，大日本紡績貝塚工廠代表隊正如其「東洋魔女」之名贏得了金牌，稱霸世界。

換言之，「東洋魔女」並非偶然產物，而是自一九三〇年代左右起，紡紗工廠女工和中產階級子女的文化階級鬥爭最終結果；同時也是排球之於雇主，是在管理女工上使她們不會投入工會運動的有效文化裝置的結果。一九六四年讓眾多日本人陷入狂熱的「東洋魔女」，應該也可以說是日本的紡紗女工最終抵達的目的地。然而，這也留下了一個疑問——奪得金牌後，她們大部分的發言皆被媒體熱烈報導，但這些聲音正是如同字面般的「勝者之聲」。那麼，屬於她們過去的「敗者之聲」，在東京奧運後的日本又占據了什麼樣的位置？

3. 女工之聲

是誰在講述《女工哀史》？

在女工敘事的討論最後，我想再回到細井和喜藏的《女工哀史》上。因為，若從性別的角度重新檢視，書中關於女工的諸多不同聲音反射著對立的迴響。

另一方面，細井和喜藏在該書中竭盡心力，以社會學的方式全面性地描述女工之處境。僅就全書十九章的構成來看，第一章到第六章為當時女工勞動的整體概況，章名依序為〈提要〉、〈工廠組織和從業員階級〉、〈女工招募之表裡〉、〈僱傭契約制度〉、〈勞動條件〉、〈工廠的女工壓榨〉。而自第七章起，則是將貼近女工人生毫無保留的記述依主題整理，章名依序為〈束縛她們的雙重桎梏〉、〈勞動者的住居及食物〉、〈工廠設備暨作業狀態〉、〈所謂的福利促進設施〉、〈病患、死者之慘狀〉、〈通勤工〉、〈工廠管理、監督、習慣〉、〈紡織工的教育問題〉、〈娛樂的問題〉、〈女工心理〉、〈生理以及病理性諸現象〉、〈紡織工的思想〉。

例如，第十六章〈女工心理〉中便介紹了許多「女工特有的表情動作」，其中幾個例子包括「她們神色非常陰沉」、「身體緊緊縮著。呈現出在做事情上拖泥帶水、遲滯難行的**特質**」、「為了微不足道的事情生氣時，眼神看上去比普通人還要讓人厭惡數倍」、「會對沒什麼好笑的事嘎嘎笑得東倒西歪」等[16]。描述雖然鮮明生動，但這些文字都出自於男性工人細井和喜藏筆下，這也成為應該深究的要點。

一般會將「站在女工的立場上揭發『壓迫性的工廠制度』」視為《女工哀史》的特徵，並且認為「這和作者本身自十四歲起長達十五年的紡紗工廠下級工人經歷，以及本書為基於當時體驗寫成之事，並非毫無關係」（《世界大百科事典》，平凡社）。因此《女工哀史》雖然是以站在女工立場的書寫獲得正面評價，但細井和喜藏本身卻是男性工人，前面提到的〈女工心理〉描述，也套上了一層厚重的男性凝視。

然而這件事並非如此單純。實際上，《女工哀史》並非由細井和喜藏獨自寫下。他和高井敏緒*具有事實婚姻關係，高井敏緒將自身的女工經驗告訴細井和喜藏，協助後者寫作。她出生於岐阜縣的貧窮家庭，連小學也只上過三個月，十歲成為紡紗工人開始工作，收入在扣除生活費後幾乎無沒有剩餘。一九二〇年參加罷工，注意到主張勞工團結、提升生活品質的傳單，於是下定決心賣掉手邊的東西湊出交通費，前往東京，進入東京的平紋細布龜戶工廠。

該工廠是當時紡紗業的勞工運動據點之一。隔年（一九二一年），高井敏緒因罷工活動與細井和喜藏相遇，開始同居生活。此時細井和喜藏已經開始著手撰寫《女工哀史》，但因身體病弱失去工作，由高井敏緒照顧他的生活，對他講述女性才能進入的宿舍中所發生之軼事，協助他的寫作。

由於細井和喜藏過去也是工人，當然也了解那裡的環境背景還有工廠的組織運作，但他無法進入女性生活的宿舍中，無法得知女工未經修飾的聲音以及感覺。在這種狀況下，高井敏緒可以說是發揮了關鍵性線人（informant）的功能。由於充滿所獲得的各種資訊，細井和喜藏的《女工

＊　譯註：原名「堀としを」，一九二七年和高井信太郎結婚後改夫姓高井，後多以「高井としを」稱之。

哀史》與橫山源之助或農商務省的文本不同，成為滿載著前二者中缺席當事者發言的作品，因此在一九二五年出版後便引發巨大的迴響浪潮。

然而細井和喜藏在完成《女工哀史》後不久便過世。若曾登記結婚，高井敏緒應該還能獲得鉅額版稅，但由於兩人只是事實上的夫妻，她連一錢都未曾得到。兩人之間曾有過一子，但亦夭折。留在高井敏緒身上的只剩下「《女工哀史》作者之妻」的名氣。

然而，這樣的名聲在一九三〇年代法西斯主義下的日本無法發揮正面作用，反而會被當成是危險思想分子，在求職上也相當坎坷。高井敏緒不久後再婚，但丈夫也在戰敗次年一九四六年過世，她獨自撫養五名孩子，即便如此仍持續參與女性勞工運動，並於一九八三年長眠。

考慮到上述背景，重讀《女工哀史》時，便能察覺到字裡行間對於「是誰在講述女工」的問題，留下不少非常敏感且強烈的訊息。事實上，書中多次對行政機關及工廠管理者實施的各項調查，明確表現出強烈的不信任感。例如下面引用的這一段記述：

> 女工——「由於沒有任何高尚的精神慰藉滿足她們空虛的靈魂，她們便在醜陋卑劣的世俗愛情中，為自己無從排解的苦悶靈魂尋找避難所。故而當務之急是建立高尚的娛樂方式，以拯救其於肉體墮落深淵之中，以培養藝術興趣為佳。」有名政客如此表示。然而他們口中的「高尚的精神慰藉」、「醜陋卑劣的愛情」，或是「墮落」，裡頭有幾分倫理根據以及能作

為比較的依據則令人懷疑。／如果愛情是醜陋的，那麼不僅是女工的愛情，所有愛情都必然是醜陋的。事實上一切都是醜陋的。為什麼在醜陋的人類社會裡，只有她們必須維持純淨無垢？社會沒有如此要求她們的權利。[17]

書中還有其他對敘述女工的主體提出反駁的記述，而這一點也是橫山源之助、農商務省等進行的過往調查中所缺少的。

而其極致的展現，則是細井和喜藏據說在高井敏緒協助下採集的「女工小唄」，收集了當時女工在工作中唱的歌。閱讀「女工小唄」，可以看見透過隱喻方式巧妙展現的女工心情，從屬的女性藉此方式發出了聲音。當然，這並非直接的發言，但透過高井敏緒這位中間人，這些聲音一次又一次地被編寫進《女工哀史》中。

某種程度上，我們應該也能在天田愚庵和清水次郎長的關係中，還有在調查東京貧民窟的櫻田文吾和其於木賃宿遇到的「八十多歲乞食翁」之間，發現這種敘述結構。相同的結構在細井和喜藏和他的伴侶高井敏緒之間也同樣成立。高井敏緒向細井和喜藏講述自己身為女工所體驗到的世界，細井將之編寫入書中，留下了女工發言的痕跡。

這裡的重點不僅在於當事者（線人／infotmant）和敘事者（ethnographer）這兩種角色的緊密相連。確實，目前為止我們討論到的賭徒等外於戶籍、浪跡天涯的道上兄弟、東京的貧民，以及在殖產興業下被聚集在東京的女工之聲，他們的聲音能以現在我們所閱讀的形式留存下來，是因為有天田愚庵、櫻田文吾、松原岩五郎，以及細井和喜藏這些敘事者的存在。然而天田愚庵和櫻田文吾同樣是戊辰戰爭敗者，細井和喜藏則是一名死時一貧如洗的工人。

換言之，按本書目前為止所討論的脈絡，這是敘事者從「敗者」的目光講述明治維新、東京，以及近代產業的陰影。於是在這裡，當事者和敘事者的關係本身，在近代日本以及東京的內側層層相疊。敘述「作為敗者的東京」的都市拓撲學（topology），其存在貫穿了整個明治大正時期。

女工在說話

在第II部的最後，我希望先申明以下觀點：在這樣敘事的多層性拓撲學中，無論是女工，或是貧民、賭徒，的確都發出了聲音。關於女工的發聲，就此提出出色證明的是法國日本史研究者，耗費心力完成《重探《女工哀史》》的桑德拉・夏爾（Sandra Schaal）。她批判直到一九七〇年代左右，女工研究的關注過度集中在釐清纖維女工出身地的農村貧困和資本主義之間的關係，因此焦點容易集中在女工身為「被迫陷入悲慘命運的弱者」面向，並未充分地從內在的角度，捕捉她們本自身的生活世界[18]。

一九八〇年代以來，隨著性別研究的興起，過去以社會經濟史為中心的女工研究也逐漸受到解構，不過起初大多仍帶有「聚焦在強化父權社會結構的手段，將女性勞動者，甚至是女性普遍視為被害者的觀點再生產」傾向。但也是自八〇年代起，各種對「女工＝被害者」既有認知架構的重組開始發展。

例如有些人試圖「指出女工不只是以受害者之身獻身於悲慘命運，『不反抗』的被動存在」，又有其他人嘗試表示「女工經歷裡並非只有痛苦的一面，也確實存在著積極的部分」[19]。簡言之，前者注重凸顯出女工的「主體性」，後者討論農村女性透過「女工」經驗如何獲得「近代性」。

相對於上述日本的研究發展，夏爾則從年鑑學派的社會史，尤其是以皮耶・諾哈「記憶所繫之處」為首討論中所發展的觀點出發，強調將女工之聲視為圍繞著歷史敘事的微觀文化政治學問題的重要性。也就是說，「由於既存史料以及歷史文本所記載的資訊，大多出自權威人士或菁英的敘述，因此受特權階級壓迫者、庶民、貧民的『無聲』弱者之觀點往往遭到排除。因此，『無聲』的弱者所展現的形象，經常被弱者自身力量無法控制的權威人士或菁英掌握，並受到他們的『觀看』大幅影響」[20]。若就從前章開始的討論而言，這正是史碧華克提出的從屬者發言可能性的問題。

在此，夏爾則致力於「透過仔細聆聽女工訴說自身經驗的聲音，再現出比過往外部敘述更加細緻豐滿，應該也會是更為正面的、她們自己的生活世界」[21]。夏爾的研究對象是女工在職場吟唱的「取絲歌」。前面曾提到，最早在《日本之下層社會》時，橫山源之助已注意到女工的歌聲，這些歌曲又被細井和喜藏和高井敏緒採集，收錄在《女工哀史》的「女工小唄」中。正如夏爾所特別指出，近年來派翠西亞・鶴見（E. Patricia Tsurumi）以及玉井真理子（Mariko Tamanoi）＊等人，在一九八〇年代以來北美日本研究潮流中展露頭角的批判研究中，這些女工歌被視為抵抗的敘事而受到關注[22]。

若要再行補充，那麼在北美日本研究的脈絡下，這些關注女工之聲的研究，和我尊敬的故友米莉亞・席維伯格（Miriam Silverberg）同時期聚焦於大都市咖啡廳女侍的敘事的研究，亦有共通之處[23]。承繼上述一九八〇年代至九〇年代的北美研究，夏爾在更為長遠的歷史脈絡下，將女工的歌聲歸類在「取絲歌」中，採取包括現代文本分析以及論述分析方法，探討「歌唱中的記憶」也就是弱者的敘事問題。

如夏爾在研究中的分析，取絲歌是製絲女工在工作時所唱的歌，產生於女工的社群之中。在該產生的內在性上，其歌詞和旋律可以看成是活在過去某特定時間的人們，直接且處於某情境下的情感之凍結。夏爾由此指出，研究者應或許可以透過取絲歌釐清「女性勞動者如何意識到工業化對她們的生活和自我意識產生的影響，以及藉由什麼樣戰略去適應／抵抗」[24]。

夏爾這裡使用的「戰略」一詞，在米歇爾・賽托（Michel de Certeau）一派的表述中，應該稱為「戰術」。賽托的戰術指「在不知對手地盤全貌也無法拉開距離的情況下，輕巧潛入其中」

的手法。因此，由於「弱者必須不斷利用異己的（étranger）力量」，當他們「看到良好機會，立即以各種方式結合不同的元素」。而這樣的戰術「隨著區域穩定性逐漸崩壞而增加，該狀態不會侷限於一定的共同體中，而是宛如脫離軌道般四處徘徊」[25]。賽托討論對象雖非女性勞動者，但他所說的「戰術」亦恰與取絲歌吻合。

更進一步而言，夏爾在此的切入角度，明顯正是位於過去鶴見俊輔所提出限界藝術論（Marginal Art）範疇的延長線上。如同終章會再提到的，本書的敗者論核心也包含了鶴見俊輔的觀點，「改編歌」是他舉出的「限界藝術」重要例子。製絲女工歌中有些是改編自農村保母的歌，而理所當然地，製絲女工和紡紗女工的歌中有許多重複之處。夏爾也表示，許多「取絲歌」實際上都是該時代流行歌曲的改編歌。例如，昭和初期的流行歌曲《啊，儘管如此》（ああそれなのに，星野貞志作詞，古賀政男作曲），或是大正末年電影《Sutoton》[†]主題曲《Sutoton節》（添田五月作詞作曲），還是大正末年的熱門歌曲《籠中鳥》（千野果步留作詞，鳥取春陽作曲）等，女工們則唱著它們改編而來的歌[26]。換言之，女工一直到相當後來的時期，依然以哼唱共同節奏、旋律，以及諧音的雙關語文化，維持著未被麥克魯漢（Marshall McLuhan）理論中的印刷

---

* 譯註：漢字寫法並未公開，此為暫譯之寫法。

† 譯註：ストトン，囃子詞的一種，本身並無意義，主要出現在唱詞的中間或最後，用以增添歌謠的節奏或氣氛。

——也就是視覺革命——所回收的聽覺的言語生成迴路。

嚴格來說，「敗者」並不等於「弱者」。「敗者」是遭到外來征服者占領，被迫附屬其下，或遭到放逐的人們。另一方面，這裡的「弱者」是指在近代資本主義發展過程中遭到剝奪乃至於壓榨的都市底層或女性勞動者。在日本，兩者之間的差異非常明顯，但若是在南北美洲大陸或非洲這些歐洲殖民主義強烈作用的地區，種族、族裔（ethnicity）和階級結構彼此緊密交纏，「敗者」與「弱者」形成高度相關。因此，「敗者」和「弱者」並非毫無關聯性，甚至可以說是有著鬆散的連結。雖然兩者並非總是吻合，但卻有著結構性的附帶，敗者在某種程度上類似於弱者，弱者在某種程度上類似於敗者，「敗者／弱者」的敘事就是在這附帶當中產生出來。

至此，第II部已從回顧東京第二次占領的敗者是誰、敗者的記憶如何遭到抹除、替換以及被再記起出發，概觀式地爬梳賭徒及無宿人之聲、貧民之聲、女工之聲，三種類型的敗者／弱者敘事及其附加意涵。並且參照史碧華克論點，在前章探討了「貧民窟的居民可以發言嗎？」，本章中則探討「女工可以發言嗎？」的問題，而答案基本上是肯定的。個別的貧民窟居民或紡紗工場宿舍中的女工，他們可以發言到什麼程度仍然是問題，但本書認為，在明治大正時期的東京，能讓他們發出聲音的媒體地緣政治性的附加意涵確實存在，而「作為敗者的東京」則將此結構性的附加意涵導入了更深的方向。

第III部

最後的占領與家族史——近景

第7章

紐約、首爾、東京銀座

——母親的軌跡

第三次占領與歷史的透視

城市的歷史即是占領與征服的歷史。民族B征服民族A所形成的城市，擴張領土，隨後這座城市又再次被民族C征服。通常新的征服者會徹底抹除城市過去的記憶。例如十六世紀科爾特斯率領西班牙人占領阿茲特克帝國首都時，他們將這座「都市」破壞殆盡，在斷垣殘壁上興建以基督教會為中心的西班牙帝國殖民都市。

大江健三郎曾在這座位於墨西哥的城市裡，聽到來自東德的流亡者指著市區中央的某座教堂說：「那是用隨著西班牙征服者到來的『牧師大人』所運來的、未完成的金字塔石塊所建成，散發著自然的怨念。」[1]「原本民族的莊嚴建築，被拆解碎裂成征服者都市的材料。那時還在冷戰時期，或許這位流亡者的腦海中，存有德國城市遭到盟軍轟炸化為灰燼，之後被史達林主義統治的苦悶回憶。

另一方面，在日本的城市中，被征服者的痕跡仍以各種形式留存下來。尤其是東京，雖然曾經歷過三次的占領，包括一五九〇年德川占領、一八六八年薩長占領、一九四五年美軍占領，但過去敗者們的記憶和東京起伏的地形結合形成地層，也成為這座都市最大的魅力。

在此，我想強調的一點是，敗者未必是弱者。例如東京第二次被占領時，幕府陣營的彰義隊雖然遭到殲滅，但無論是清水次郎長還是都市中的貧民、女工，即便他們在近代化的過程中被邊緣化，但那頑強的性格和軌跡，依然透過天田愚庵、櫻田文吾、松原岩五郎、橫山源之助以及細井和喜藏等人被敘述出來。

站在這份強韌不折的延長線上，讓我們得以將目光望向第三次的占領，也就是美軍對東京的占領上。在這次占領中，赤坂、六本木以及青山等地的日軍設施被接收為美軍設施，軍都東京變成駐日美軍的據點，而這些美軍設施所在的地區，最後成為美國文化的發信地。接下來，東京奧運在一九六四年舉行，位於都心的美軍設施因此歸還日本，成為奧運城市東京的中樞。

然而，在以宏觀層次驗證第三次占領如何有效改變了東京戰後風景，以及戰後的東京如何將占領者美國深入地內在化之外，意識到在占領者的注視下，人們如何表現出強韌的敗者之姿，這一點也相當重要。而這也可以說是從宏觀角度切入時難以捕捉，只會在各別的個人史或事件之中顯露的部分。

在這裡，我想引入歷史的透視法。本書在第I部中回到繩文與彌生時代，論及列島文化因渡來人而發展的過程，以及渡來人和原住民結合而成的克里奧性質秩序，被源賴朝至德川家康的武家政權所征服的過程，這些是所謂歷史的遠景。在這樣的遠景中，無法看到各別的個人特徵。在德川的占領中也是如此，雖然能了解到家康、天海、某些武士和商人，但被征服的當地人的人生，或是聚集在江戶的雜業民人生，卻是不得而知。

到了第II部討論的第二次占領時，終於多少能夠了解到如彰義隊的陣亡者，如清水次郎長這樣的道上兄弟人生。然而若是談到這個時代的女工和貧民，匿名性便大幅度提升。由於橫山源之助到細井和喜藏等人的採訪，出自其口的發言總算得以留下隻字片語，我們可以想像這些貧困者的生活樣貌和情感變化。若以歷史的透視法而言，這屬於中景。

第三次的占領則是我們自己的當代史，就透視而言屬於近景。個別的人生或事件輪廓清晰，但從另一個角度來說，只要稍稍改變視角，所見景色便完全不同，因而存在著無限且多重的歷史。因此在這個近景的歷史之中，由誰從何種角度敘述會呈現出相當不同的情景，或曰敘事者的位置（positionality）和被敘述對象之間的關係，是決定性的關鍵。

換言之，關於當代的敘述有一半必然是地方性的，它根源於當事者的發言，也就是口述歷史。大部分親身經歷過第三次占領的人至今仍然健在，但微妙之處在於，如今已離世者也不在少數。不過，後者的情況，藉由戶籍謄本或檔案資料，仍有可能在某種程度上追溯並復原家人或是熟識者的人生。

因此，在這第III部中，我決定試著講述我的家人以及親族的第三次東京占領史。這也是某種家庭史的嘗試，具體會提到我的母親以及外祖父母、表舅和外曾祖父等人的故事。

在紐約出生的母親

我的母親在二〇〇二年去世，享壽七十二。她在一九三〇年二月出生於紐約，上面還有一名大她兩歲的兄長，同樣也是在紐約出生。戶籍上記載著「因保留出生國亞米利加合眾國籍故喪失國籍」，回國後提出文件通過而「恢復（日本）國籍」。為什麼他們會在紐約出生？理由是他們的雙親，也就是我的外祖父母一九二五年三月結婚後，在一九二六到二七年時懷著要到某處創業的念頭，出發前往美國。

我的外祖父聽說是山口縣德山釀酒廠的三少爺，而外祖母則是在淀橋區東大久保長大。他們實際計畫在美國做些什麼已不得而知，不過因為外祖父老家是酒廠，或許是想做酒類交易有關的生意。但若真是如此，這個創業計畫便不可能順利，因為美國在一九二〇年實施禁酒令，禁止釀造、販賣和運輸酒精飲料，直到一九三三年才廢止。除此之外，美國在一九二四年通過的移民法案*，增強了對日本人的迫害，外祖父卻在該法案通過後不久，嘗試在這片土地上創業，想來是個相當不服輸的人。然而時機太差，他們撞上始於一九二九年十月二十四日禮拜四的大蕭條，失去了一切。

雖然是小時候的記憶，但印象中我曾看過年輕的外祖母在大船的甲板上，抱著還是嬰兒的母親的照片。照片裡外祖母戴著大大的帽子，摩登女郎風格的打扮讓人印象深刻，因此才留在了記

---

* 譯註：*The Immigration Act of 1924*，又名 *Johnson-Reed Act*。該法案按國家別限制每年接納的移民數量，並且完全排除亞洲人移民美國，對日本移民影響巨大。日本稱為《排日移民法》。

憶裡。不過，外祖母的遺物早在很久以前就遺失，這張照片也弄丟了。

外祖母在我年輕時便已過世，外祖父則如後面提到的只見過一次，如今我對他們在美國經歷過什麼，怎麼回到日本國內的一概不知。當時美國的華裔移民約七萬五千人，日裔移民約十四萬人，菲律賓裔移民約五萬六千人，換句話說，日本人在當時亞洲移民的數量上是絕對多數。再加上日本人之中，似乎有不少是以企業家的身分活動，因此對美國白人社會而言，日本人是最大的威脅。

當時大部分亞洲移民集中在舊金山、西雅圖、洛杉磯和紐約這四座城市。大恐慌對這些都市移民造成了直接衝擊。例如紐約華裔移民很多是開洗衣店的，在大恐慌後，他們的收入幾乎只剩一半。當時整個美國社會充斥著失業人士，亞洲移民成為宣洩憤恨不滿的出口，遭受到各種暴力和歧視發言的對待。

此事讓這些移民被迫面臨是要返回母國，還是留下來當美國人的抉擇。我的外祖父母因為抵達美國的時間僅數年，又失去所有財產，早早下定決心回國。但也有很多比他們更早就在美國生活的日本人，決定留在這個國家。然而等待著這些人的，卻是更加嚴苛的未來，他們最後在日美戰爭開打後被送往拘留營，失去了大半的財產。

外祖父母的離婚與首爾的女校時期

外祖父母回到日本後，在母親四歲時離婚。彼時是一九三四年，不過戶籍上的紀錄卻是一九三八年協議離婚，兩者相差四年。雙親離婚後，母親首先和兄長一起被送往山口縣德山的父親老家，但在那裡似乎沒有得到妥善照顧，過得很不好。後來母親曾經提到，她尿床時會被帶到洗浴間用水管沖水，手腳上長凍瘡也沒人處理，皮膚裂開，是附近的伯伯看不下去才帶她去看醫生，但依舊留了很長一段時間的疤。童年在德山渡過的那段日子，對母親來說是相當痛苦的時光。

大約一年後，母親五、六歲時，兄妹二人被送到外祖母在東京東大久保的娘家。已經升上小學的母親，進入位於現在歌舞伎町後方的大久保小學讀書。當時外祖母的工作包住宿，每個月僅有一次休假，外祖母會在休假日的中午回到家裡，到了晚上和母親、母親的哥哥三人把被窩並排在一起入睡。然而半夜醒來時外祖母已經離開，母親經常在被子裡哭泣。

在母親讀小學二年級的夏天，這次由外祖父照顧兄妹二人，帶著他們前往首爾。外祖父在首爾的日本街經營洋酒生意，從日本進貨桶裝酒，分裝成小瓶銷售至酒吧等處。他的店開在首爾中心地區的櫻井町（現在的仁峴洞），該地區當時也被稱為明治町，和現在的主要商圈明洞東側隔著一個街區，位於東西走向的黃金町大通南側。

此時外祖父再婚，根據母親的回憶，這位繼母非常溫柔，戰後卻因人工流產失敗去世，之後外祖父又與其他女性再婚。從戶籍謄本上來看，外祖父在和外祖母分手後又有過四段婚姻，和母親口中那位「非常溫柔的繼母」是死別，之後的再婚對象則是不到一年便離婚，和接下來的女性則是約兩年離婚，然後又與另一名女性結婚。從常理上看，讓人不禁覺得外祖父本身也有不小的

圖7-1　「京城市街　南大門通」

出處：《朝鮮總督府編朝鮮鉄道旅行便覧》（朝鮮總督府，1924年）（國立國會圖書館藏）。

問題。實際上，我和外祖父後來也只見過一面。在我念小學的時候，母親瞞著外祖母，帶著我和兩個妹妹到中華料理店，和希望能看看孫子的外祖父見面。不知為何腦海中的這段記憶至今仍然有些模糊。

無論如何，直到戰爭末期，母親都是從外祖父經營的店裡前往首爾的小學，以及京城公立第三高等女校念書（這所高等女校在戰後成為昌德女子高等學校）。當時約有十七萬名日本人住在首爾，全朝鮮半島則約有七十七萬名（北韓二十七萬人，南韓五十萬人）。他們的本籍多為中國和九州地方，外祖父的本籍也在山口縣*，他也是當時從日本列島渡海前往朝鮮半島的典型日本人之一。隨後，在母親就讀高等女校三年級的夏天，戰爭結束了。

思考日本人少女在朝鮮殖民地的通學問題時，我會想到比母親年長三歲的森崎和江，她在京城更南，靠近釜山的大邱出生成長。森崎和江在自傳性作品《慶州是母親的呼喚》回顧自己的學生時代。在朝鮮殖民地，日本人和朝鮮人就讀的學校，直到中等教育為止都是分開的，因此即使住在同一個城市，朝鮮人和日本人的孩子應該也少有機會接觸。

森崎和江少女時期的性格似乎相當活潑，從還在讀小學的時候，她便開始不斷向外擴展上下學的路線，看來是想盡量繞遠路，好和朋友一路玩耍著回家。她在班級裡也很關心其他不同的孩子，書裡寫著有名來自內地、膚色白皙而內向的轉學生無法融入班級，於是她一有機會便出聲招呼對方[2]。我的母親也是轉學生，而且個性還相當地認真不懂變通，在我的想像裡，要是班上有像森崎和江這樣的同學，她一定會被出聲搭話吧。

雖然在母親生前，我和她有時間好好地聊過，卻意外地沒能聽到母親對首爾生活的回憶。只是當母親去世後，我從出於必要而找來的親戚戶籍資料中，發現了她在首爾時的確切住址。從前參加國際會議前往首爾時，我曾漫步尋找他們兄妹過去生活的地方。街頭面貌已經完全不同，舊

＊譯註：屬於中國地方。

建築也不復存在，但街道布局卻令人驚訝地維持著殖民地時期的規劃。

逃離首爾，遣返日本本土

一九四五年八月十五日，大日本帝國瓦解，殖民地瀰漫著令人不安的氣氛。直到該年五月左右，外祖母仍在銀座經營著一家小旅館，母親和兄長也與外祖母有書信往來，知道她住在哪裡。也是在這一年的十月下旬，母親的兄長決定離家去找住在東京的外祖母。某天晚上，他對妹妹說「妳也一起走吧」，力勸睡在隔壁被窩中的母親同行。決心出發前往東京的前一晚，兩人約好天亮後別讓外祖父發現偷偷出門，在京城站的隔壁一站會合。母親離家時除了身上的衣物，什麼也沒帶。

深夜約定後的隔天清晨，在天亮前尚無人跡的寂靜中，十五歲的母親望著位於左手方向，也就是首爾南方略有高度的南山西北側、占地遼闊的官幣大社朝鮮神宮那長又陡峭的階梯，在通往比京城站更南一站的龍山站的路上匆匆前行。她按照和兄長的約定，拋下繼母和繼兄弟悄悄從父親的店中出走。母親後來曾說：「繼母很溫柔，我要是能一直留在那個家裡或許也不錯。」但這場離家出走是出於兄長「想見親生母親」的強烈意志，但也因為這份純真，他才在後來體驗到了絕望。

母親要靠雙腳走到龍山站，有一條路線是首先向南前進，沿著東西向的本町通朝西走，經過中央郵局和朝鮮銀行所在的圓環走到南大門通，再沿著鐵軌南下。這種走法得繞過南山西北，而在本町通南側一帶聚集著憲兵隊司令部、警務總監部、舊朝鮮總督府遺址、總督官邸和陸軍宿舍等設施。更靠近山側那邊，則是由一九二〇年代朝鮮神宮興建前，便搬到京城的日本人所建造的京城神社，接下來若是越過朝鮮神宮再朝南去，前方就是軍方在戰爭時於龍山興建的京城護國神社。也就是說，占領者的「民」、「官」、「軍」三方神明，彼此緊鄰成列，鎮座在南山的山麓上[3]。

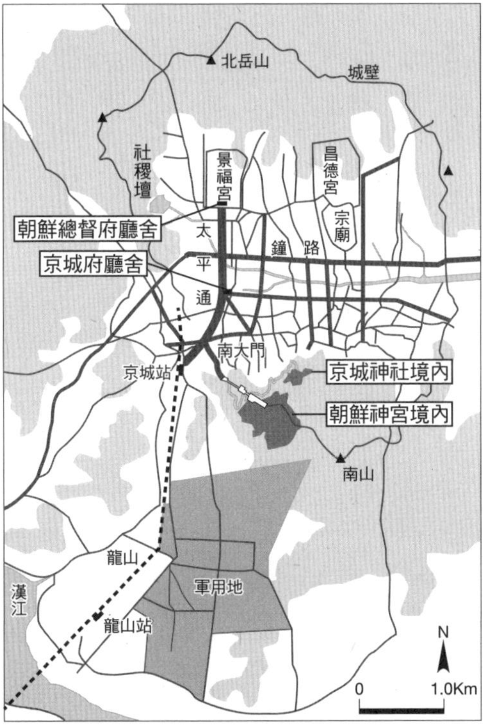

圖7-2 1920年代末的京城

出處：青井哲人《植民地神社と帝国日本》（吉川弘文館，2005年）。

而龍山站前，位於南山和鐵路之間的大片設施，則是京城最大的日本陸軍軍營。這塊軍營營地，原本是日俄戰爭時所設置的日軍設施，在併吞韓國後成為遼闊的軍用地。戰後，這片面積廣大的軍用地被美軍接收，駐韓美軍司令部便設置於此，是東亞最大的基地之一。基地前方是後來成為韓國熱門電視連續劇舞台的商圈梨泰院，若以戰後的東京來比喻，那裡感覺上就像是結合了六本木和橫田。

從櫻井町到京城站距離大約兩公里，相較於龍山站要近上很多，然而兄長害怕被家人發現並帶回，因此要走到距離三倍之遠的龍山站，搭乘開往釜山的列車。小小年紀的兩人分別離開家門到隔壁車站碰頭，在早晨從龍山站搭乘往釜山的遣返列車。戰敗以來兩個月，列車擠滿了要返回日本的人們，顯得十分混亂，有沒帶證件就要買車票的，也有中途上車的，乘客各式各樣，因此離家出走的母親和舅舅，也成功地搭上列車。根據母親的記憶，車站和列車上都滿是背著大件行李的遣返乘客，他們就蹲在堆滿了那些行李的貨車裡。

列車速度緩慢，需要三天才會抵達釜山。母親說途中外祖父似乎曾向警方報案請求協尋，二人只好縮成一團躲在貨車的角落。由於他們都還未成年，引起了列車長的注意，幸好偶然搭乘同班列車的年輕女性伸出援手，才總算成功到達釜山。但是，從釜山出發的渡輪不知何時才會開船，他們在釜山港附近的寺院內露宿了十天左右。這樣充滿危險的狀況，自然而然地激發出了同伴意識，露宿在外的遣返日人撿石頭架起灶，拿黑市買來的米煮飯，用鹽味飯糰充飢。多年後，母親滿是感激地說：「當時能活下來，真的是多虧了大家。」

從許多證言中，可以知道當時釜山港四周滿是遣返日人的詳細情景。例如，《朝日新聞》讀者投稿專區〈聲〉中，名為〈告訴下一代的戰爭〉專欄裡，便刊登過下面這則關於當時離開朝鮮半島，返回日本國內的回憶：

戰敗後，一批又一批的撤離民眾向遣返港聚集而來。在這片混亂裡，父親為了讓病床上的母親和我們三個孩子搭上船而四處奔走。獲准乘船時是昭和二〇年十月。讓十二歲的弟弟和十歲的妹妹背上背包，牽著母親的手向港口出發。鐘以及鋼筆被美國士兵沒收，手邊留下來的只有手繪地圖和一千元。搭上超載的興安丸，讓母親坐在船底安全的地方，我獨自擠進甲板上的人牆裡。黃昏的碼頭上擠滿了人，看不到前來送行的父親的身影。／再見了，釜山——甲板上響起歌聲。大人們的臉上布滿淚水，女人揮著雙手，哭得不能自已。鑼聲響起。興安丸靜靜地離開釜山港，航向浮著水雷的黑暗大海。（《朝日新聞》大阪日報，二〇一八年一月二十六日）

這則投稿中提到了一九四五年十月，正好是母親他們搭上遣返船的時期。母親一定也看到了這篇文章裡所描寫的情景。

母親他們在餐風露宿十天之後，搭上了從釜山到日本的渡輪。推測渡輪抵達的停靠港應該是山口縣長門市的仙崎港，或是福岡縣的博多港。當時仙崎是從釜山出發的遣返者抵達的主要港口，約有四十一萬四千名遣返日人在此上岸。另一方面，也有相當多人從博多港上岸，包括從滿洲遣返回日者，多達一百三十九萬人。此外，在一九四五年八月十八日至二十四日間，有二十七艘載著來自朝鮮的遣返日人船隻進入博多港。不過，考慮到母親在上岸後似乎只搭乘過火車，再加上當時有從仙崎開往日本各地的遣返列車，推測他們二人應該是搭乘諸如興安丸的遣返船從釜山出發，抵達仙崎港後，再從那裡搭遣返列車，才終於到達東京。

前面引用的《朝日新聞》投稿專區〈聲〉的〈告訴下一代的戰爭〉專欄系列文中，便出現了從仙崎港上岸，搭乘遣返列車的回憶：

> 港口擠滿了遣返者。每個人臉上表情都像是鬆了一口氣，懷裡抱著行李，就這麼坐在地上。／這時出現了穿著白衣的人員，胸前抱著像是打氣筒的噴霧器，毫不客氣地將純白的DDT粉末從頭上灑落。大家都像是只有眼珠子滴溜溜睜圓的怪物，我看著這模樣笑了出來。／為了搭乘遣返列車，大家排起長長的隊伍。載滿煤炭，沒有頂蓋的車輛停了下來，大人們把行李丟到煤炭上爬了上去。下一班靠站的列車是運送牛馬的貨車。車廂裡暗得什麼也看不見，但因為有屋頂，不必擔心被甩下去，只是如果坐在牛馬之中，就會有糞尿淅淅瀝瀝地從頭頂澆下來。（《朝日新聞》大阪日報，二〇一八年八月十五日）

在日本上岸後，母親搭上的是沒有車頂的貨運列車。從首爾外祖父開的店裡離家出走，直到抵達東京，大約需要三個禮拜的時間。即便到了東京，當時的東京也已是一片大火後的廢墟。他們循著外祖母的住址來到了銀座，向派出所詢問如何前往該地，但警官的回答卻是「那一帶已經被燒得一乾二淨，沒有留下任何房子」。即使如此，二人還是不肯放棄到處探詢，好不容易找到外祖母住址所在地，結果發現外祖母的「旅館」逃過祝融之災。美軍對東京的空襲相當徹底，轟炸目標區域幾乎燒毀殆盡，只有很少數的建築物逃過一劫，外祖母的旅館正好位在沒有被燒毀的區域。

化為廢墟的東京與木挽町的「旅館」

話說從戰爭中期到戰後期間，「旅館」和「料亭」之間的區別相當模糊。個人看法是，具備某些講究或傳統的屬於「料亭」，新興的「類料亭」大概算是「旅館」一類。因此，我推測外祖母的「旅館」與其說是提供住宿的飯店，大概更接近於提供酒和餐點的「料理屋」。

外祖母的「旅館」位於在舊京橋區木挽町二丁目，也就是現在的中央區銀座二丁目，至今該地前方不遠處仍有一條南北向的「木挽町仲通」，就位在昭和通以東。那裡是歌舞伎座所在的東銀座再稍稍往北一些的地方，今天它也算是「銀座」的一部分，不過原本在昭和通和舊築地川之間南北延伸的地帶，原本名為「木挽町」。

小時候我曾聽說，在靠近旅館的地方有一座名為三吉橋的三叉橋，是當地的地標。現在首都

圖7-3　京橋圖書館屋頂所見銀座街景（1957年）中央區立京橋圖書館藏。

高速公路地下化，將市區分隔開來，不過當時這裡有築地川流經，這條河宛如三叉路般，河水自三吉橋處呈直角向東流去，向北的支流名為楓川。如今此處仍有一座三叉橋，抬眼便能看到中央區役所。現在，若是在這附近漫步，在稍稍離開銀座中心區的範圍裡，可以發現許多讓人忍不住想進去探索品嘗的餐廳以及小餐館。即使位於銀座周邊，這裡也有著相當的時尚感。

然而，在我要討論的戰敗後不久這段時期，當時木挽町除了二丁目到四丁目的一部分，還有六丁目的一部分外，幾乎都因美軍空襲而焚毀。在一片焦土上，只有外祖母「旅館」所在的街區奇蹟般地躲過大火，留了下來。於是母親和舅舅住進了「旅館」，舅舅就讀東大經濟學系，母親則是大妻高等女學校。

這幾年我在大妻女子大學的熱心協助下，拿到了母親的成績單，其上所載的性格描述是「對待事物謹慎確實。朋友雖然不多，但人際關係良好，具備理解能力。行事有責任心」，讓我深切感受到人的性格果然是不會變的。而母親的兄長，也就是我的舅舅念東大時，正逢學校從舊制的帝國大學轉型為新制大學。當時總長（校長）是南原繁，主張以文化和博雅教育（liberal arts）為核心重建大學。戰爭期間遭到驅逐的左派教授們，應該也回到了經濟學院中。

在如此背景下，舅舅向外祖母表示希望能夠繼續就讀研究所，但外祖母完全無法接受，認為不肯去工作的人才會說出想留在大學這種話，利用經營旅館所培養出的財經界人脈，讓舅舅靠關係進入專賣公社工作。雖然我多少能夠理解外祖母對於「大學」的輕蔑性偏見，但更好奇舅舅當時想在東大經濟學院攻讀哪種專業，可惜沒有任何相關紀錄留下，根本無從想像。

無論如何，性格軟弱的舅舅大概也很難反抗強勢的外祖母。但在遵從外祖母安排進入公社工作半年後，他還是在厭惡之下辭去工作，去了靜岡的高中教書，並在我出生前一年，結束了自己的生命。

對於這位舅舅，我的母親說他是個非常純粹、溫柔，但軟弱的人。從他們兄妹自首爾離家出走的始末中，也多少能夠感受到這一點。據母親所言，舅舅曾經喃喃自語，說要是自己的「父母是其他人就好了」。外祖父性格自我、任性而為，外祖母也秉持著極為實際的價值觀，恐怕舅舅對誰都沒有抱持期待——而即使這世上沒有輪迴轉世，外祖母會將在舅舅自殺一年後出生的我，看成是他的轉世投胎，也沒有什麼不可思議的了。

兩種文化間的縫隙

依稀記得在我小時候，當母親不在而外祖母出於某些原因在家時，她就會想瞞著母親，帶我出門吃像是天婦羅或鰻魚等好吃的東西。因為顧忌著一板一眼的母親，印象裡大多時候我都會找個理由拒絕。外祖父母該說是性格強硬還是什麼，那種創業家的人生風格，和踏實且具有強烈責任感的母親的生活方式，有著截然不同之處。

這種不同或許也能用性格差異來解釋。但隨著年齡增長，我愈加清晰地感覺到，那是由於在明治大正期間影響外祖父母的文化，和母親在經歷昭和艱困時期的同時所吸收的文化，二者的差異所造成。

提到外祖母年輕時受到影響的文化，我腦中浮現的是永井荷風的《梅雨前後》，這篇小說的舞台應該是銀座一、二丁目一帶。話雖如此，我不認為外祖母像小說主角君江那樣放縱性慾，應該也沒當過咖啡廳女侍。外祖母有著和母親不同意義上的踏實性格，運用當時的環境為自己打造出立足之地。然而，我覺得外祖母過著的生活，是如永井荷風在這篇小說中所細緻描述的，震災後東京的都會消費文化。永井荷風實在將昭和初期銀座的小巷描寫得相當出色：

在松屋吳服店往京橋過去二、三棟房子的地方，寬四間*的正面中央是寬大的弧形出入口，圍繞著砂漿塗成的浮雕，相依偎著的裸女捧起DONJUAN幾個西洋字母，一到晚上，這些字母便會亮起紅色燈光。這裡就是君江通勤的咖啡店。但放眼望去，這片幾乎都是像這樣的咖啡店，一不留意便容易分不清哪間是哪間地走過頭，更糟的是還有可能進錯門，因此已在這裡工作一年左右的君江，如今仍然是先找到前面的眼鏡店和五金行，再從中間的小巷走進去。小巷分明窄得只容一個人走過，還併排放著大型垃圾桶，就算在最冷的一月也有綠頭蒼蠅環繞，大白天裡也能看見跟鼬一樣的老鼠出沒，要是有人經過，那長長的尾巴就會濺起水坑裡的水。君江壓著袖子踮腳走了十步，終於能分辨出走在後街上的行人面孔。悄聲通過湧出廉價油撲人惡臭的門，就是處處都能看見一隻隻灶馬徘徊的廚房。廚房似乎是後來才加蓋的，和朝著銀座通的正門不同，就像震災那時的小屋那樣，不管屋頂還是牆壁都是用一片鐵皮浪板圍起便了事。[4]

我的母親和外祖母都已離開人世，因此也無從確認。但在我的想像中，外祖母在昭和初期，大概是在都心某個較為高級的料亭旅館之類的地方工作，並且也住在那裡。不過，她為了和丈夫

＊　譯註：間為日本尺貫法計算土地和建築長度的單位，四間約為7.3公尺。

在美國攜手創業而前往紐約，卻遭逢經濟大恐慌失去一切，於母親尚在襁褓中時回到日本，不久便與外祖父離婚，因此這時的外祖母應該接近身無分文。無計可施下只能先回東大久保的娘家，將母親和她的兄長託付給外曾祖父母，自己則去某個提供住宿的地方工作。

但到了一九四〇年代，她在銀座二丁目開了間小旅館，成為那裡的經營者。然而無論如何勤勉地工作，都不可能只耗費十年時間就賺取那麼多的錢。能夠推測的是，外祖母包住宿的工作地點聚集了財政界等領域的有力人士，外祖母在那裡找到了自己的贊助者或強力人脈。外祖母應該相當重視這種關係連結。

這樣想來，在一九三〇年代至四〇年代間，我的外祖父母雖然離了婚，但仍活在同樣的時代潮流中。外祖父實際上是趁著日本對朝鮮半島進行帝國主義侵略之時，銷售洋酒給身在首爾的日本軍人和企業家。另一方面，外祖母則是以說不定在邁向戰爭的軍事體制中撈過油水的軍部、財經界人士為對象經營人脈，甚至足以開一間雖然不大，但位於銀座的「旅館」。我的外祖父以及外祖母，他們很可能都是日本對外侵略和戰爭經濟的受惠者。

就在外祖父母人生的縫隙中，母親和她的兄長往返於首爾、東京，還有山口之間。就我而言，母親應該是由於小時候的艱辛經歷，獲得了堅定的意志和理解事物的能力，而我則是在對此抱持著強烈信任感的環境中成長。因此，我並不屬於影響外祖父母的那個文化範疇中。我的父母在戰後郊外文化中撫養我長大，但要說起來，就像第10章中提到的，我始終對於該文化抱有反彈。

第8章

學生黑道與戰後黑市

——安藤昇與戰後東京

1. 東大久保的不良少年

阿惠她那兒真不錯

我已經記不太清楚是還在讀小學，還是更大一點的時候聽到這句話。有天母親非常憤怒地這樣說：

> 你外婆竟然說：「阿惠她那兒真不錯啊，要買什麼Noboru先生都能幫忙。」這是什麼話！我們家是上班族，又有什麼辦法！

母親顯然完全無法贊同外祖母的說法。我也不太記得是否曾經親耳聽見外祖母說過這樣的話，只是有種感覺，如果是外祖母，還真有可能說過類似的話。

只不過當時我並不知道「阿惠」是誰，更遑論誰是「Noboru先生」。那個人既然不是上班族，那會不會是哪家成功企業的老闆？（就某方面來說，這是事實）或者說是知名藝人？（這也是事實）……還有，為什麼母親會對外祖母說的話那麼生氣？當時好像沒人跟我具體說過「阿惠」或「Noboru先生」的事（這是理所當然）。然而奇怪的是，儘管如此，我不知為何仍將外祖母的這些話記了很久。或許是在其中感覺到了什麼可疑之處吧？

外祖母口氣親密地說起「阿惠」，是因為對方是她的妹妹。外祖母的父親名為山田興松，母親是鶴（カク），兩人育有年紀相差不算大的三個女兒。長女是我的外祖母八重，次女花枝，三女智惠。或許是她們的父親帶著半分玩興取了都是以「e」結尾的「Yae」、「Hanae」、「Chie」，再配上不同的字，並以「八」、「花」、「智」為首排列。姐妹三人的感情看起來很好，回想起來，童年時經常能從外祖母口中聽到她兩個妹妹的名字。附帶一提，目前出版的書中皆將「Chie」寫成「千惠」，但其實應該是「智惠」。我不知道是在哪裡讓「智」變成了「千」（或許是「Noboru先生」搞錯了？），但若以外曾祖父的玩心來推測，「花」接下來選擇「智」而非「千」會更加自然。

總之，外祖母的妹妹山田智惠是在一九二五年時，和外祖母一家同樣住在東大久保的安藤鈴吉的養子榮次郎結婚。安藤榮次郎是一名在橫濱橡膠上班的普通上班族。兩人在一九二六年生下一名男孩，由安藤鈴吉命名為「昇」。這就是「Noboru先生」，也就是安藤昇的誕生。

年紀稍長的讀者，應該很少人沒聽過「安藤昇」這個名字。他是席捲戰後黑市時代東京的安藤組組長，後來成為黑道電影演員，演出許多作品。換言之，安藤昇是戰後日本黑道史，或者說是都市暴力歷史中的「傳說」。在此必須先說的是，我從來沒有見過安藤昇。就我而言，他應該算是我的表舅，但即使外祖母和「阿惠」一直保持來往，我感覺母親卻和這些親戚維持著距離。

再者，就安藤昇而言，外祖母八重不過是眾多（智惠有七名兄弟姐妹）舅舅阿姨之一。自從進入黑道後，除了雙親智惠和榮次郎，還有後面提到的舅舅以外，安藤昇幾乎沒有和與暴力團等勢力無關的普通人親戚有所接觸。

說到這裡，也就很清楚母親為何會因外祖母的發言氣憤不已。然而母親並非出於擁護「上班族」家庭的價值而對「黑道」心生憤慨，她是對完全分不清二者差異的外祖母感到憤怒。反過來說，外祖母確實可能不太在意二者的不同。對外祖母而言，不管是「黑道」還是「普通人」，擁有金錢、擁有權力的就是大人物，沒有的就是小人物。

我在意的是雙方價值觀念上的差距。我想，母親和外祖母是在不同的歷史經驗中，獲得了不同的價值觀念。在今日的我們眼中，外祖母生活的文化背景是異質的；但另一方面，它也可能與安藤昇他們所處的文化背景有共通之處。在本章，我希望能嘗試從安藤昇的人生角度來探討這個問題。

安藤昇「以死為背景的暴力」

自過去以來，安藤昇經常獲得各種神話般的評價。也可以說，安藤昇透過那大量的著作和電影演出，還有以橫井英樹襲擊事件為首的暴力鬥爭，有意識地塑造出那樣的神話。我認為他的神話無論是對於大眾意識，還是作為媒體再現都具有相當的吸引力，安藤昇所埋下的種子，受到許多大眾媒體反覆增強，尤其是在將戰後黑道史視為合用素材的週刊雜誌或仁俠題材的電影中。例如近年，石原慎太郎便利用這個大眾神話，將安藤描繪成一個在他以強辯去捍衛的父權暴力主義中，活到了最後的人。

石原慎太郎在晚年最後所寫的《黑幫生涯——安藤昇傳》中，透過與自身政治意識形態重合的手法，將安藤昇偶像化。這本書的正文內容，是把過去描述安藤昇人生的大量出版品剪剪貼貼，坦白說不值一讀。但值得注意的是，石原慎太郎在題為〈漫長後記〉的書末，率直地表明身為這本書的作者，為什麼會對安藤昇感到興趣。

> 對肉體派的我來說，以死為背景的暴力是無法逃避的人生主題。人生過程中要準備面對各式各樣的戰鬥，但要克服這些困難，有時必須動用不講理的力量。那是只有超越理性範疇的行為才能達成，人們將其視為毫無道理的行為，稱之為暴行，然而只能靠這種行為才能完成的事情，充斥在這個世間。[1]

正因如此，石原慎太郎才會繼續寫下，「從安藤昇這個男人以暴力為後盾、染上暴力色彩的生存方式裡，不可能感受不到在人生中，對人類而言的暴力，是不管任何人都擁有的潛在愛好，是無法否定的極致人類特性的意義」[2]。換言之，安藤昇所體現的是「以死為背景的暴力」。也就是說，石原慎太郎年輕時寄託於其弟石原裕次郎的暴力本質形象，在此也浮現在安藤昇這個人物之中。最鮮明深刻地表現出「裕次郎＝安藤昇」所象徵化的男性主義式暴力本質的，除了電影《瘋狂的果實》（狂った果実，一九五六年）外應該再無其他。電影的最後一幕，飾演弟弟的津川雅彥乘著快艇駛向海中，於飾演哥哥的石原裕次郎和兄弟二人所爭奪對象的北原三枝乘坐的遊艇四周繞行、不斷接近，在最後的瞬間一口氣直衝向遊艇，三枝被撕裂，遊艇嚴重破損，而快艇則疾速駛向海的遠方。場面非常震撼，只要看過便會印象深刻。這個時期的石原慎太郎作品以年輕人的暴力為描寫對象，並銳利地將其所伴隨著的「美國陰影」寫入其中（加藤典洋語）。對於這一點，過去我曾在拙作中指出：

在電影《太陽的季節》前半段，出現夾雜流利英語和日語快速交談，由英語會話學校歸來、身穿泳裝的女孩。她們都有英文暱稱，行為也像「外國人」。在《瘋狂的果實》裡，由北原三枝飾演的女主角，被設定為美軍軍官的「專寵」，而裕次郎則從占領軍手中奪得女子。從電影的設定看來，湘南確實是美軍的土地，並且可看透當地大步行走的女性背後的「美國」。／因此，石原裕次郎能在其中獲得特殊的地位，確實是因他本身外表的外國人特性——迥異於日本人的修長雙腿與五官，以及洋派的舉止，起了極大的作用。可以說，裕次郎透過暴力、性與肉體，如鏡像般體現了湘南殖民地化的自己，和作為占領者「美國」分身的自己。*3

就算把這段文字中的「石原裕次郎」置換成「安藤昇」，某種程度上也能成立。換句話說，和石原慎太郎自從政後，所實行的意識形態上的單純化不同，「暴力」在《太陽的季節》（太陽の季節，一九五六年）或是《瘋狂的果實》中被放置的位置（location）是更加複雜且多層次的。無論是這裡描述的石原裕次郎的暴力，還是安藤昇以堪稱過剩的自我戲劇化形式所體現的暴力，皆將戰後籠罩日本的「美國陰影」，和將「美國」化為肉身的同時，邁向爆發的年輕人肉體相連結。這將石原裕次郎以及安藤昇偶像化，並且應該無法再讓他們的形象回歸個人化。

此外，就歷史脈絡而言，這些暴力特質亦包含了類似於索黑爾（Georges Sorel）論述中革命工團主義（Syndicalism）的直接暴力。其中最美而危險的表現，恐怕是卡繆筆下《異鄉人》（*L'Étranger*）主角莫梭突發性的暴力。實際上，莫梭那不合乎道理的暴力，亦類似於津川雅彥在前述《瘋狂的果實》最後一幕中突然爆發的暴力（莫梭和暴力的友人雷蒙之間的關係，也與津川雅彥所飾演的弟弟和石原裕次郎所飾演的暴力性的哥哥之間的關係相近）。薩依德（Edward W. Said）將此視為殖民地主義同化的主體性，這以他而言實在過於馬虎的單純化[4]，不管是法國的帝國主義也好，美國的帝國主義也罷，此處確實顯露出了將那些和帝國主義霸權在表面連結的同

---

* 譯註：譯文節自吉見俊哉著，邱振瑞譯，李衣雲、李衣晴校譯，《親美與反美：戰後日本的政治無意識》（台北市：群學出版，二〇一三年），頁一三八—一三九。

時，又撕裂開來的暴力特質。

名為東大久保之地——從不良少年到愚連隊

安藤昇是在舊淀區的東大久保這片土地上出生並成長。他在自傳中多次強調，自己是生在東大久保西向天神的崖下之家，而他就在西向天神本祭前的前夜祭黃昏時出生。自己誕生在當地無人不期待著翌日祭典的時刻，這是安藤昇的自我認知。事實上，安藤的老家每年在前夜祭這天都有「煮赤飯、燉煮物，備齊酒菜，招待前來參拜（天神）家族親戚的習慣」。正當前夜祭時，母親開始陣痛，安藤昇在全家一片忙亂之中出生[5]。在他的人生中，東大久保天神下是意義重大的地方。

由於父親工作的關係，安藤昇還在讀小學時，一家人便搬到了橫濱鶴見。他在自傳中寫道，在小學時代，「三年級時和六年級的老大打架，統領全校，依舊十分調皮，但從一年級到六年級時皆擔任班長」，可說是文武雙全，在學習上的表現也相當優秀[6]。後來升上神奈川縣內秀才匯聚的升學學校縣立川崎中學校。附帶一提，當時的中學仍是舊制的五年制，僅有較富裕家庭的優秀學生，才會進入這所中學就讀。

一九三〇年代，鶴見和川崎都是象徵東京現代性的空間。以川崎為例，自一九一二年日本鋼管設立川崎鋼鐵廠那時起，川崎便正式朝工業都市邁進，陸續蓋起近代大型工廠，如一九一四年興建的是後來的味之素，一九一七年則是淺野水泥設立工廠。進入一九二〇年代，京濱電氣鐵道開始將土地變更為住宅用地，一九二七年川崎站前的小美屋公寓落成，東京外圍的農村地帶成為完全不同面貌的現代都市。當時的川崎、鶴見眾多工廠相鄰而立，不僅是員工，還有許多中間管理者居住於此。安藤昇就是在這樣的都市景色中，於身為大企業員工的雙親膝下渡過小學時代，此時的他身上，還找不到什麼和後來的「黑道」人生有關的聯繫。安藤昇仍然只是一名頭腦聰明也很會打架的少年。

因此，安藤昇真正成為不良少年，是在就讀中學以後。在他即將讀完中學一年級時，父親榮次郎要調職到奉天的分公司。當時已是滿洲事變（九一八事變）發生後數年，日本企業不斷向中國大陸拓展。然而，或許因為川崎中學是菁英學校，安藤昇的雙親將他交由東大久保的外祖母，也就是我的外曾祖母山田鶴照顧，選擇讓他繼續通勤就讀川崎中學。在出發前往奉天時，由於「母親仍然有些不安」，安藤昇不斷地強調「就算媽媽你們不在，外婆也會寫信告訴你們狀況，所以我會好好聽話，認真念書」[7]。

但根據安藤昇的敘述，「當我回到東大久保老家，身邊突然聚集起冒著青春痘的惡童」，他開始過著「蹺課，跟一堆人窩在新宿的牛奶廳*或喫茶店裡，裝作不良少年模樣」的日子[8]。

* 譯註：milk hall，提供牛奶、咖啡以及麵包或餅乾等小點心的輕食店，流行於明治末期至昭和初期。

然而「也因為當時的川崎中學是縣立名校，在磨練身為不良少年技巧時，就順水推舟地遠離了學校」[9]。

從安藤昇外祖母山田鶴的角度來看，一九三七、三八年左右時長女八重離婚，我的母親和舅舅交由她照顧；當他們被自己的父親帶去首爾後不久，這次輪到三女智惠夫婦要搬去奉天，於是她又從一九三九年開始照料安藤昇。這兩件事一前一後，恐怕照顧過我母親和舅舅的山田鶴，也沒有想到幫忙照料安藤昇這件事竟如此艱難。

不僅如此，她的丈夫山田興松還在一九四一年十二月七日，也就是偷襲珍珠港的前一天去世。當時安藤昇升上中學三年級，這時候他的「不良」程度也令人感到愈來愈棘手。中學二年級的秋天，他因遭「誣告」竊盜而入獄。「外祖母用盡方法好讓我在滿洲的父母不會得知此事，幸好後來我也被釋放，但回想起來，我踏上黑道的徵兆就在那時破土而出」，安藤昇如此回顧[10]。不過，在安藤昇的自述中，山田興松已在稍早之前「因腦溢血倒下，就這樣過世了」。山田興松的死亡日期一九四一年十二月七日是戶籍上的紀錄，實際上也有可能如安藤昇所述，早已在不久之前即去世。無論如何，山田興松去世後「再也沒人能管得住我」，安藤昇如此表示[11]。

結果，在苦惱之後，山田鶴仍將實際狀況告知了安藤昇在奉天的雙親。他們將安藤昇叫到奉天，讓他進入當地的中學名校就讀，可不過短短七個月，就因嫖娼被發現而退學。至此身邊已沒有其他對策，安藤昇回到東京，被送到智惠的弟弟，住在中野區鍋屋橫丁的舅舅那裡。舅舅安排他就讀京王商業學校（現專修大學附屬高中），但同樣三個月便遭到退學。「我這一群十三個人同時退學的退學、停學的停學，被打下創校以來最惡劣學生的烙印」[12]。這實在讓人感到無計可施，負責照顧他的舅舅應該也是焦頭爛額。安藤昇在下一間就讀的智山中學裡也引發了暴力事件，於是他被送進多摩少年院中。

離開少年院後，安藤昇以海軍飛行預科練習生（預科練）為志願入伍。當時日美戰爭已瀕臨戰敗，窮途末路的日軍必須盡可能將更多士兵，特別是像安藤昇這樣逞兇好鬥的分子安排為攻擊人員。安藤昇以特攻為志願，被分配到潛水對敵艦進行自爆攻擊的「伏龍隊」內。他似乎從預科練志願時期，便抱持著「我會死去，然後洗刷至今為止的污名」的想法[13]。

2. 愚連隊的東京——名為黑道的人格（ēthos）

東京黑市與極道的美國主義（Americanism）

然而，戰爭在安藤昇出擊前便已結束，他失去了赴死的機會。戰後復員，他暫時和家人一起在藤澤郊外生活，但因為懷念都市的氣氛，不顧母親反對又回到新宿。安藤昇寫道，在新宿，「我的雙腳，不知何時停在了我出生的那棟屋子前」：

它已化為灰燼。／只留下庭園燈籠、假山石頭的些許痕跡。後面天神大人的森林鬱鬱蒼蒼地覆蓋過來，樹梢在初秋的寒冷夜風中漫無目的地搖晃。我踩著飛行靴邁開步伐，用力踏上又黑又長的石階往上爬。／祝賀出生、祝賀七五三、出征前發誓滅私奉公、祈願武運長久的氏神社殿被燒毀，搭起了簡陋的臨時屋舍。向下望去，臨時棚屋的昏暗燈光四散各處，直到遠處的代代木一帶都能看見。[14]

之後安藤昇在新宿的黑市與過去同伴相會，愚連隊逐漸在他們之間成形。此時新宿站周邊已有數處尾津組、安田組、和田組所掌管的黑市。根據安藤昇的說法，「新宿站西口到青梅街道屬於安田組，是做慶典廟會攤販的的屋，他們就在燒掉的地方開了叫做『幸運街』的市場，建立起勢力。東口也是的屋的尾津組和野原組，他們各有各的市場。武藏野館後面是有一百五、六十名組員的和田組。新宿二丁目附近是博勞會的河野一家，大概有五十個人吧。還有分家前田組啦，賭徒小金井一家……。此外還有極東組。……因為這些黑幫裡還混進了愚連隊、不良少年，再加上興新的外國人團體，是黑道的戰國時代」[15]。

安藤昇這群人以新宿為據點擴展勢力範圍，觸及銀座、澀谷，然而此時勢力得以擴大的關鍵在於美軍人脈。當時橫行於夜市的黑道以賭徒、的屋之流為大宗，各有其維持生計的傳統「生意」，然而像安藤一夥這樣的新興勢力便缺乏這類「生意」。反過來說，這也形成了什麼都做的安那其（anarchy）狀態，而透過盜賣美軍物資則獲利最多。偶然認識的第二代日裔移民亨利山田在其中扮演著重要角色，安藤昇敘述如下：

（亨利山田）從PX*買來食品、酒、香菸或衣服等物品，再以兩倍、三倍價格販售，銷路十分旺盛。這是因為亨利在PX工作。……亨利找了五、六個第二代日僑GI（美國軍人），三崎和野田負責購買，茂、藤原、西山他們負責兜售。……五、六個小弟向澀谷、新宿、銀座的賣春婦管理人、酒吧、三輪車行收集購買商品用的軍票美金，每天忙得團團轉。[16]

盜賣生意似乎非常賺錢，「最初因為本金不多，大概就能賺個兩、三百美金，但沒過多久就翻倍似地一千、兩千、四千地賺取。因為運貨需要車子，於是買了全新的雪佛蘭。以亨利的名義購買，便不需要支付進口關稅和貨物稅，就連汽油，只要拿軍票購買便僅需市價的十分之一。而且以占領軍名義購入的車子，不會受到警察盤查」[17]。

但美軍的刑事調查司令部（CID，Criminal Investigation Command）不久就注意到了安藤

＊ 譯註：Post Exchange，美軍基地中提供軍人購物的食品雜貨商店，屬於軍人福利。台灣過去俗稱為「美軍福利社」。

等人的盜賣，亨利遭逮捕歸國，安藤等人被科以高額罰金，物資沒收。然而，會因此放棄這般財源滾滾的收入就不是安藤昇了。他們在銀座三丁目開了一間名為「好萊塢」的舶來品店作為掩飾，繼續盜賣美軍物資，甚至還以賺得的資金向美軍購買武器。安藤昇表示，「先籠絡了那些不良第二代的軍屬。一聽說有『掛牌』的，連御殿場的美軍基地那裡都跑過，但唯獨手槍統一只拿美軍專用的四十五口徑，同一型的話不管是彈匣還是子彈都能替換。……在那個時代，應該沒有組織能這樣子武裝了吧」[18]，他如此描述。

如同上述，安藤組能在戰後混亂中脫穎而出的助力源自於美軍，安藤昇還吸收了其他各式各樣的「美國」，例如他很早便開始經營撲克賭博。讓他有了從傳統博弈轉向撲克的發想，是由於「（從夏威夷出身的第二代日僑史丹利．有田）聽到這些事的時候，腦中閃過一個想法，要是做撲克賭博應該會很有趣。戰後日本不管什麼都是美國萬歲。洋裝也好，音樂也罷，一切都要模仿美國。……總而言之就是這樣的時代，我認為撲克絕對會受歡迎」[19]。

安藤昇將賭場徹底地美國化，理由是「因為是撲克，有美國味這點非常重要，所以在道具上下足了工夫。撲克賭桌是特別訂做的，以櫻木製成並鋪上青色羅紗，籌碼也是特地從摩納哥賭場送來。……房間裡的燈具也都找了美國的東西。那是當時在日本幾乎沒有的氛圍，所以很受歡迎。此外，還把有田在夏威夷的父親找來日本，讓他當發牌員，當然，他說的也是英文。前面提過，有田的父親是名徹頭徹尾的賭徒，動作非常有氣氛，十足地美國」[20]。換句話說，安藤組是橫行於戰後黑市的黑幫裡面，最為美國的一群人。這種黑道的美國主義，讓安藤昇在占領時期的混亂東京中，化為「帥氣」的象徵。

安藤昇黑市美國主義的下一步，是和日本企業同樣的商業化以及國際化。在占領時期的混亂中累積財富後，他們在澀谷設立了安藤組，也就是東興業的事務所。那裡「在氣氛上比起黑幫的事務所，稍微更接近於辦公室。……（社長室）地板鋪滿綠色厚地毯。背靠著玻璃窗，社長桌和書架是櫻木做的。待客區的沙發組皮革是柔和的淡綠色，木頭部分則是櫻木。痛快地買了價格不錯的。……公司章程上記載的營業項目是不動產和藝文。考慮到戰後復興，我確信接下來一定會迎來土地熱潮」[21]。

至於在藝文演出方面，「表面的生意是歌謠秀，實則地下經營歌舞廳、夜總會的保鑣工作」，然而這項表面生意策劃了許多音樂活動，以威脅手段讓受歡迎的歌手或演員登台演出。其中最受安藤昇重視的活動，包括羅伊・詹姆斯（Roy James）、森繁久彌、榎本健一、脫線三重奏等一百三十八位當紅明星演出的「歌唱明星櫻花祭」（一九六五年），以及乘著一九五〇年代後半的鄉村搖滾風潮、匯集平尾昌晃、小坂一也、山下敬二郎等令年輕人癡狂的巨星齊聚一堂的「鄉村搖滾樂大會」（一九五八年）[22]。簡言之，在戰後大眾文化占有核心地位的音樂文化美國主義，亦與安藤等人的感覺相當接近。

名為黑道的人格——丸山眞男的卓見

宮崎學在堪稱黑道社會學總論的《黑道和日本——近代的無賴》一書開頭，提醒讀者應注意丸山眞男在其著作《現代政治思想和行動》中，曾提出有關「無法者」的理念型[23]。這段文字出現在他的著名論文〈軍國支配者的精神形態〉補註中。我在學生時代讀過這篇論文的內容，但當時竟然跳過了那部分。在宮崎學的提醒下重新讀過補註，不愧是丸山真男，其中有許多值得深思之處。

丸山真男在補註中指出，「『無法者』具有是特定社會中反叛者的**同時**也是寄生者的二重性格，一方面因其成長環境或文化不同，而各有不同特性的生活態度或行動模式，然而另一方面又呈現出超越不同特性的顯著共通性」，凝縮出八點構成「無法者」的人格要素。

(1) 欠缺**持續**從事一定職業的意願與能力——即對市民生活的日常活動承受能力**顯著**不足。
(2) 比起專注於**物**（sache）更偏向於關心人際關係。
(3) 上述兩點的背後，是對非日常性冒險、破天荒「工作」的不斷追求。
(4) 並且相較於該「工作」的目的或意義，對其過程中所引發的紛爭和波折**本身**更感到興奮和興趣。

(5)生活上公私不分。尤其欠缺公眾的（或說是客觀的〔sachlich〕）責任意識，取而代之（！）是私人的，或說是特定對象的義務感（**仁義**）異常發達。

(6)對藉由規律勞動獲得定期收入毫無關心或者感到輕蔑。相反地，有藉由收取保護費、恐嚇、不當抽成等**超**經濟管道獲取的不定期收入，或是毒品走私等不正常交易活動維持生計的習慣。

(7)對非常或極度惡劣局面的思考模式或道義，成為判斷所有事物的日常性準則。

(8)性生活的放縱。[24]

丸山真男整理「無法者」的人格要點，並同時指出，雖然「無法者原則上不適合成為**專家**」（徹底的情境論〔Situationism〕！），但硬要說的話，他們是「拉斯威爾（Harold D. Lasswell）所謂的『暴力專家』」。丸山真男未曾在其主要論文中，更進一步探討補註中提出的、值得多加注意的卓越見解，實在相當可惜。

後來苅部直告訴我，丸山真男的舅舅是《日本及日本人》的負責人井上龜六，住家與愛住町的丸山家頗近，他自幼便見到右翼的無法者們在那裡頻繁出入。事實上，丸山真男對於無法者鮮明的深入觀察，絕非僅從書籍或資料中便可獲得，而是具備曾經近距離接觸無法者日常行為的經驗，才可能獲得的洞見。他應該比一般觀念中認為的還要更加深入，並在實際經驗上了解右翼、黑道的慣習以及心理[25]。

丸山真男的著作於一九六〇年代初翻譯成英文，在國際上亦具有相當影響力，其論述與本章提到的「暴力專家」之間有何種關係，也受到學者討論。最近亦有英子．丸子．施奈華（Eiko Maruko Sinawer）討論近代日本政治和無法者關係的著作《日本暴力政治》出版。施奈華指出，幕末至一九六〇年代間，在整個近代日本之中，這些無法者的暴力行為和政治關係密切，「顯示暴力並非是單一事件，而是一種系統性的，而且是近代日本政治風貌根深柢固的元素」[26]*。施奈華指出的這點相當正確，但並未將注意力放在丸山真男已在相當早期便對此有所察覺一事上。

施奈華亦將黑道視為「暴力專家」並討論其政治機能，但她將該詞彙和社會學者查爾斯．蒂利（Charles Tilly）所提出的用語連結，未明確其與丸山真男提過的、政治學者拉斯威爾討論的「暴力專家」之間的關係。並且，施奈華雖提及丸山真男的《現代政治思想和行動》，卻認為他的日本法西斯主義論「幾乎沒有從正面關注暴力問題」。然而丸山真男實際上就在該書中，精彩地道破了黑道的本質。關於該如何看待這一點，實在是需要深入思考的問題。

話雖如此，我同意施奈華對於整個近代日本的歷史是與暴力折疊重合、結為一體過程的認識。戰後近代化論者大致上為了強調戰前日本的近代性、民主主義的一面，而將暴力的面向擱置一旁。另一方面，與其處於對抗位置的馬克思主義，基本上皆將暴力問題和階級鬥爭並陳而論。然而在一九七〇年代以後，不僅是社會史和民眾史，包括殖民地統治研究和有關軍事、監視的研究，亦開始關注歷史與暴力的關係。自然而然，從黑道到軍隊這些「暴力專家」也成為重要的研究對象。

正如前面曾指出的，明治的東京始於薩長軍對江戶的軍事占領，以及和軍事占領有關的暴力過程中，而非勝海舟所斡旋的和平權力移轉。東京是遭到暴力征服的首都，同時也在接下來成為侵略亞洲各地、征服多個民族的帝都。我以三次的「占領」來捕捉這種多層的暴力性，以及仍然潛藏於其中的記憶和想像力的維度。在此巨大的展開圖上，可以清楚掌握到近代性與暴力性的密不可分。我認為，丸山真男很可能早已悄然地察覺到近代與暴力的關係。

萬年東一與安藤昇——敘述愚連隊的方法其之一

宮崎學指出，前述丸山真男的理念型，相當符合戰爭期間到戰後的愚連隊首領萬年東一，我認為亦和安藤昇吻合。這樣的一致性恐怕並非偶然，萬年東一以及安藤昇在黑道中被稱為「愚連隊」，是和過去傳統的「賭徒」、「的屋」完全不同的一群。

這是因為相對於賭徒以經營賭場、的屋以慶典廟會等活動的攤販管理為「生意」基礎，愚連

＊譯註：譯文節自英子・丸子・施奈華著，游淑峰譯，《日本暴力政治：流氓、極道、國家主義者，影響近代日本百年發展的關鍵因素》（台北市：麥田出版，二〇二一年），頁一三。

隊則是由沒有任何上述傳統基礎的街頭不良分子或學生所構成的「暴力專家」，由於沒有任何傳統約束的束縛，具有只要受到委託，就會以各種形式的暴力施展攻擊的傾向。此外，安藤昇相當敬愛萬年東一，正如安藤組＝「東興業」的「東」來自萬年東一之名，他將後者當成自己人生的模仿對象。

讓萬年東一聲名大噪的，是安部磯雄襲擊事件。安部磯雄是戰前日本代表性的基督教社會主義領導者，也和早期的生活協同組合運動、早期的女性主義以及非戰論等關係匪淺，在一九三〇年代成為社會大眾黨的黨魁。一九三八年，萬年東一令其部下襲擊安部磯雄。這場襲擊與其說是出自萬年東一的右翼思想，看起來更像是接受右翼團體委託、宣傳性質強烈的作秀，就連特地選在議會會期中執行這點也是如此。

萬年東一這場襲擊事件，是施奈華討論的暴力政治典型事例。襲擊的目的與其說是殺死安部磯雄，更偏向於讓他負傷並獲得媒體大幅報導，藉此煽動議會對右翼暴力襲擊的恐懼。當然，政府會被追究讓這些暴徒橫行街頭的責任，萬年東一遭到逮捕並接受審判，但最後只被判處緩刑。這全部都在計算之中。

萬年東一出生於山形縣小學教頭*家中，之後父親前往東京，成為法庭書記官。他們一家人住在京王線沿線，萬年東一就讀於神田三崎町的東洋商業學校（今東洋高等學校），之後進入東京高等工商學校（今芝浦工業大學），後來又進入明治大學。然而他從青春期開始，便時常和新宿附近的不良分子打架，這讓他在那個圈子裡也相當有名。在學校隸屬於拳擊社的他，在校外也和不良同伴們開設拳擊館，該處也是愚連隊成形的溫床。不過在一九三〇年代，對娛樂場所的色情活動管理愈加嚴格，愚連隊聚集出沒的麻將館、酒吧或是咖啡廳被逼入困境。而在此時，由於父親借錢開設的計程車公司因員工捲款逃跑而破產，萬年東一開始向黑道之路的深處邁進。

在此先跳過昭和初期和萬年東一有關的許多暴力事件。一九三九年前後，他以上海特務機關成員的身分前往上海，並接觸了兒玉譽士夫。隔年，一九四〇年秋天回到東京，以新宿和銀座為據點繼續愚連隊的活動，不過在一九四三年時因徵兵被派往中國大陸山西省，安藤昇則在新宿目送他出征。兩年後戰爭結束，萬年東一才又返回東京。

戰後，他再次率領愚連隊，於一九四六年七月時引發澀谷事件，和暴力團†落合一家、武田組，以及甚至與澀谷警察聯手的在日華僑集團混戰。此外亦於一九四七年的東寶爭議‡中協助施壓工會，在罷工活動中鬧事。前面第II部中曾討論過，戰前公司經營階層向女工推廣「排球」，作為對抗當時興起的勞工運動的「糖果」，與之相對的「鞭子」則是把「黑道」送入抗爭現場。這兩種手段延續至戰後，前者帶來了「東洋魔女」的金牌佳績，至於「鞭子」到了後來，則出現

---

* 譯註：教師的首席，地位相當於副校長。

† 譯註：日本對黑道組織的正式稱呼。

‡ 譯註：一九四六至四八年間東寶株式會社發生的一連串勞資爭議。

三井三池煤礦等抗爭中，為擊潰工會組織而動員黑道的事件。愚連隊也是此類方便好用的「暴力專家」。

宮崎學在小說《萬年東一》中，將萬年東一戰爭期間到戰後的事蹟，加工渲染為異想天開的冒險故事。從左翼到右翼的眾多歷史人物都在書中登場，故事則在虛實交錯中展開，亦有不少令人感到難以置信的場景。然而由此可見，宮崎學描述的重點放在萬年東一如何被安藤昇等後輩所想像，也就是作為偶像的萬年東一之上。

在這個冒險故事中，宮崎學將兒玉譽士夫描繪成與萬年東一完全相反的存在。兒玉譽士夫在戰爭中受海軍航空本部委託，在上海設置「兒玉機關」，負責物資籌措以及宣撫工作。此時大量運用黑道或「暴力專家」的可能性很高，萬年東一或許也是因此和他搭上關係。兒玉譽士夫雖在戰後被指定為甲級戰犯，卻私下保存了戰爭期間所累積的軍方地下資金，獲釋後便將這些資金提供給鳩山一郎的自由黨，成為政壇保守派的幕後黑手。之後他也背地裡活躍於數件冤案背後，一九六〇年代末，他以美國洛克希德公司（Lockheed Corporation）秘密代理人的身分，暗中操作空中巴士的選定，因此引發首相田中角榮下台的洛克希德事件。

在宮崎學的小說中，萬年東一被描寫為無法忍受兒玉譽士夫，出於直覺地始終對其懷抱敵意的角色。兒玉譽士夫是從赤貧中向上爬，透過金錢的力量結合權力，在戰爭期間與日軍，戰後則與美國軍方建立起秘密關係。萬年東一非常厭惡這樣的兒玉譽士夫，一有機會便要阻撓他的發展，將他弄個半死。這是積極附著於權力不放的掮客（fixer）和完全不在乎這些事情的愚連隊的對立。

正如丸山真男所指出的，萬年東一的性生活放縱，他欠缺「持續從事一定職業的意願與能力」，並且「不斷追求非日常性冒險、破天荒的工作」。然而他並不吝嗇，會當場將所得盡數用掉，那是一瞬即全部的動物性感受。因此，他「相較於工作的目的或意義，對其過程中所引發的紛爭和波折本身更感到興奮和興趣」。

對以萬年東一為榜樣，性生活也很放縱的安藤昇而言，占據類似兒玉譽士夫位置的人，則是橫井英樹。他也是從赤貧向上攀升，在戰爭末期打通與海軍的關係，成為軍需產業的承包商而獲得暴利；戰後占領期間亦迎逢美軍，進入不動產業界，搜購沒落皇族的土地，再以此賺取巨大利潤。趨承日軍又攀附美軍，即使面對舊皇族，也抓住對方弱點砍價收購，這類如此殘酷無情的企業家，在體制崩潰期間十分囂張。橫井英樹對最底層的熟悉度，讓他不甚在乎自身的殘忍。他運用這筆資金，在東急集團總帥五島慶太的支持下，策劃奪取老牌百貨白木屋的經營權。

偏偏萬年東一竟還曾一度受橫井英樹請求，協助爭奪白木屋經營權，簡單說來即是思考和行動缺乏一貫性。日後，橫井英樹雖因和五島慶太性格不合，從爭奪戰中抽手，但在舊財經界人士與五島慶太陣營正面衝突的白木屋事件中，雙方都動員了黑道，股東大會成為黑道大打出手的現場。附帶一提，安藤昇在此次事件中則受到白木屋所動員而參加抗爭。戰後日本的資本主義，只

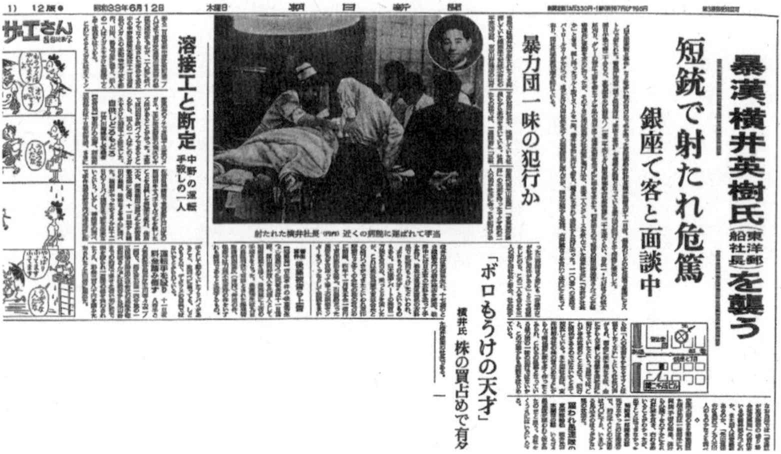
暴漢、横井英樹氏（東洋郵船社長）を襲う
短銃で射たれ危篤
銀座て客と面談中
暴力団一味の犯行か
射たれた横井社長　近くの病院に運ばれて手当
「ボロもうけの天才」
横井氏　株の買占めで育ち
溶接工と断定　中野の運転手殺しの一人

圖8-1　橫井英樹襲擊事件的報紙報導
（1958年6月12日《朝日新聞》）。

差一步之遙便可說是在暴力之下發展起來的。事件的結果是，白木屋經營權落入東急手中，老牌百貨變成了東急百貨公司，但未能被消費者所接受而歇業，現在這裡已經成為「COREDO日本橋」。

安藤昇後來因開槍射擊橫井英樹而入獄。但正如萬年東一曾經一度協助橫井英樹那般，安藤昇＝萬年東一，他們的生活方式缺乏一貫性，視狀況不同，甚至也能和兒玉譽士夫或橫井英樹聯手，而有時又會試圖殺死那些人。因此他們是「愚連隊」，他們就是隨風搖擺的暴力性。

花形敬與安藤昇——敘述愚連隊的方法其之二

討論安藤昇時還有一位無法避開的人物，那便是他的小弟花形敬。花形敬在打架上異常強悍，無人能與之抗衡，且具有打亂周遭人士預期和設想的特質，是讓其他小弟感到棘手的存在。另外，萬年東一和安藤昇皆非來自貧困階級，前者的父親是法庭書記官，後者的父親是大企業白領，皆出身於經濟狀況良好的家庭，在這一點上，花形敬亦是如此。

花形敬出身於持有東京市谷田區船橋大片土地的舊家中，雙親則旅居西雅圖直到一九二〇年代中葉，他們回國後在經堂興建的房子也是美式風格。花形敬是六人兄弟的老么，在這個充滿「現代」（modern）氣息的家中長大。美國出生的長兄在戰後成為美國市民，二姐則和第二代日裔移民結婚移居洛杉磯。在這彼此會自然以英語交談的國際化家庭中，花形敬即使在混黑道之後，仍維持著贈送母親銀湯匙作為生日禮物的習慣。雖然與普遍的黑道形象相去甚遠，但若將他與萬年東一和安藤昇並列，則沒有什麼不同。附帶一提，就像前面提過的，安藤昇後來似乎也贈送了其母智惠許多禮物。

花形敬受到千歲中學、國士館中學實質的退學處分，日後進入明治大學預科，在黑市時代的澀谷遊蕩，壓倒眾多打架對手。雖然他很早就在不良分子之間聲名大噪，不過是在從國士館以來便有來往的石井福造介紹之下，成為安藤昇的小弟。

然而，相對於安藤昇甚早便對經營抱持著強烈意圖，花形敬對這類事務毫無興致。安藤昇用賺來的錢買下澀谷宇田川町的店面，開始經營酒吧，他又和圓山町旅館老闆娘相好，也在實質上插手該旅館的經營。另一方面，花形敬對安藤昇的事業不感興趣，帶著少數手下不斷在街頭鬥毆。最後，在安藤昇仍服刑中的一九六三年，花形敬在與暴力團的衝突中遭到刺殺。

一九七四年由中島貞夫執導，拍攝了以花形敬為主角，同時也是東映任俠電影真人真事改編之先河的《安藤組外傳　斬人小弟》（安藤組外伝　人斬り舎弟）。原作是安藤昇，而他也以安藤組組長身分在電影中登場。片中名為「日向謙」的花形敬一角由菅原文太擔綱演出，而和他發生命運衝突的石井福造（片中名為「野田進二」）則由梅宮辰夫飾演。導演中島貞夫曾在七年前拍攝異色特攻隊電影《嗚呼，同期之櫻》（あゝ同期の桜），又在一九七二年的《冬風紋次郎》（木枯し紋次郎）中描寫道上兄弟的孤獨。他應該也和深作欣二同樣，對蘊含在戰爭期間和戰後日本暴力中的絕望相當地敏感。

圖8-2　《安藤組外傳　斬人小弟》
（中島貞夫導演，東映，1974年）DVD。

然而，電影中安藤昇及花形敬的描寫方式過於日本化。由於是菅原文太出演，片中經常出現充滿威嚇的暴力。但花形敬身上所帶有的、或可稱為其弱點的困頓掙扎之感，以及與之形成表裡的溫柔，岌岌可危地共存著，大概是中島貞夫導演和菅原文太才能表現出這種微妙的動搖。不僅如此，我認為相較於日本黑道分子，花形敬更接近美國黑幫電影（gangster）中的亡命之徒，比起日本的任俠片，安藤組更適合出現在黑色電影（film noir）中。

另一方面，本田靖春的非虛構作品《疵》，深入挖掘了中島貞夫片中所隱含的花形敬的孤獨。他以中學母校大自己兩屆的學長花形敬為線索，聚焦於兄長和花形敬的相似之處。本田靖春的父親任職於日本軍需公司的京城分公司，日本宣告投降時本田一家人在首爾，他們在一九四五年九月遣返，和我的母親一樣搭乘火車抵達釜山，從那裡乘坐興安丸到達仙崎，暫居於九州。

之後一家人前往東京，在京王線沿線落腳，兄弟進入了花形敬就讀的千歲中學。也是在此時期，本田靖春的兄長開始流連於新宿和田組黑市中的麻將館，不久後便離家住進了和田組黑市二樓的天花板上。邀請他兄長賭麻將的朋友，在那之後踏進了黑道的世界，而他的兄長最後從大學畢業，「連逮捕紀錄都沒有，從事正當工作」，但那位友人和兄長的人生，不過只「差一扇紙門」，本田靖春如此寫道[27]。

關於這一點，以前在某本雜誌的本田靖春追悼特集上，我曾在和作家佐野眞一的對談中如此敘述：

> 那個時代，就算不是花形敬，那一帶到處都是不良少年。走上花形敬那樣道路的人，和進入大報社或電視台、算是獲得一份『正經工作』並建立起社會地位的人之間，其實只有些

微距離，最多一．五公分。……即便這個距離原本純屬偶然，後來卻在歷史中出現了差距，或者說是巨大差異的意識開始蔓延開來。[28]

另一方面，本田靖春將注意力集中於花形敬所象徵的安藤組，在戰後黑道世界中的特殊性上。他在書中寫道，「安藤組否定黑道世界的秩序，是亡命之徒中的亡命之徒。其中花形敬宛如局外人般的表現相當醒目，他甚至連身為安藤組一員的意識都很稀薄，就以『花形敬』之名闖蕩於世」[29]。花形敬比安藤昇更加實踐了愚連隊的人格。這與丸山真男就日本的「無法者」人格所凝縮出的理念型重疊的同時，又有些許不同。花形敬的行為幾乎是難以控制的兇殘，按照本田靖春書中所述，他「鬥毆時不使用任何武器，別說手槍甚至是刀械，總是赤手空拳。就是這點吸引我的注意」[30]。

安藤昇的性格中有以萬年東一為範本，以自身作為「暴力」和「性」實踐者所演出的一面，但花形敬本身就是更加直接的暴力。他的臉上有許多傷疤，其中也有自己切割的傷痕，也就是自殘。換言之，若說對安藤昇而言暴力屬於傾奇者*，那麼對花形敬而言，暴力可說是會朝向他人也會朝向自己的實際存在。安藤昇敏銳地察覺到這一點，曾表示因為花形敬鬥毆「很厲害，所以拿他沒辦法。雖然也會做點惡作劇程度的壞事，但行事不卑劣，正義感強烈。／他啊，字很纖細，跟體格一點也不搭。仔細又正確，像印刷出來的一樣好看。大概也有神經纖細的部分吧。／

神經粗獷和纖細交錯，有時會無法維持平衡」[31]。安藤昇大概是因為這般能夠觀察周遭的銳利眼光，才得以在黑市中率領著擴大規模的組織，之後又華麗地轉行為電影演員。

從清水次郎長開始的反覆與錯位

那麼，接下來讓我們回顧幕末維新時期，在江戶——也就是東京周遭，賭徒勢力在無宿人增加的基礎上急速擴大。以東海道沿線地區的清水次郎長、甲州街道沿線地區的黑駒勝藏為首，這些老大恣意橫行在連結江戶的幹道上，無論幕府還是薩長軍皆計畫要拉攏他們的支持。維新以後亦如是，正如秩父事件田代榮助之例，賭徒中的大勢力是敢於對薩長政權發起武裝叛亂的。簡言之，過去人們心中不可動搖的體制急速邁向崩壞的幕末維新時期，是賭徒蓬勃發展的繁盛時期。

另一方面，自中日戰爭正式展開的一九三〇年代後半到戰敗，經過占領到五〇年代為止的近代日本崩壞期，也是萬年東一、安藤昇以及花形敬大搖大擺走過街頭鬧市的黑道全盛期。在背後掌控以新宿為首，銀座、新橋、澀谷等東京繁華地區的，是的屋、賭徒及愚連隊，再加上戰後在日朝鮮人及中國人等相互對抗的暴力集團。

很明顯地，這兩個全盛期的出現並非偶然。無論是哪次的「繁盛」，皆與都市的「占領」

＊ 譯註：原為表演藝術歌舞伎中的一種角色形象，亦可用來指稱脫離常軌的特立獨行者。

（以及被占領）相互關聯。幕末維新時的賭徒集團，是在黑船事件以來、德川幕藩體制的穩固統治急遽崩潰之中，仰賴自身的暴力和瞬間的機智解放出巨大能量，以此為背景擴大勢力。戰爭期間到後占領時期的黑道，也正如萬年東一、安藤昇所展現的，以自身的暴力和瞬間的機智向上成長。雖然不同於在維新動盪中仍未曾喪失冷靜的清水次郎長，但安藤昇也在一九六〇年代初期預見黑道全盛時代的終結，俐落地解散了安藤組。

最初黑道便是誕生自戰國時代至德川幕府之間，第一次江戶占領時期的「傾奇者」，不過都市占領是如文字所示的暴力行為，可以想見，在占領發生的周邊會捲起無數的暴力漩渦。而這些迴旋轉動的暴力，也不會隨著占領者的到來而立刻平息。體制的崩壞，解放過去遭到邊緣化的民間能量，這個解放在化為文字之前，往往纏繞著草根的暴力形態。而當占領即將進入完成期，這些暴力也會受到鎮壓和管理。賭徒以及愚連隊的盛衰，亦象徵性地展現出此一過程。

理所當然，清水次郎長這樣的賭徒和安藤昇等人的愚連隊間，也存在著決定性的斷層。根據多次對黑道歷史做出通史性探討的豬野健治所言，在正面挑戰政府的秩父事件、群馬事件後，賭徒遭到「大規模追捕」，賭徒的存在方式也在此過程中發生變質[32]。和日本的經濟發展相對應，賭徒的勢力雖然在日清（甲午）和日俄戰爭期間復甦，但至此時期，在面貌上已和幕末維新時期有著根本性的不同。他們的收入來源已非以過去的賭博為中心，而是結合花柳、表演娛樂、土木建築、煤礦等行業，在花柳業界經營遊廓或擔任保鑣，監視遊女的逃亡；在表演娛樂業裡則從占地盤到收取「保護費」，或是規畫演出；在土木建築工地或是煤礦場，則是提供勞力、監視逃亡、負責管理現場或經營工地食堂等，十分多樣化。

而在能夠巧妙地運作這些多元業務的老大之中，出現了吉田磯吉這樣可稱之為近代黑道始祖的領頭老大。這是從賭徒到黑道的轉變。

就這樣，戰時和戰後期間的黑道，再也無法逃離產業性的資本主義架構。即便如此，宛如一匹狼的萬年東一或是花形敬，幾乎未曾對企業性質的活動展現興趣，經常從事個人或是小規模的鬥毆。另一方面，安藤昇則是積極策劃成為企業家。正因如此，在某種意義上，分明應該最為冷靜的他，卻因無法忍受貪婪企業家橫井英樹而引發槍擊事件，最後不得不解散安藤組。

不過，安藤昇的企業家精神，或許與其原初風景不無關聯。萬年東一和花形敬都是在東京西側郊區長大，各自從那中產階級的風景裡脫逃而出。包括安藤昇在內，他們的相似之處在於皆是以新宿和澀谷作為「不良化」的舞台。然而，前面提過，安藤昇出生成長的地方，是我外曾祖父一家所在的淀橋區東大久保。那個家的一家之主，安藤昇的外祖父，也就是我的外曾祖父山田興松，其實是位驚人的發明家，也是一名企業家。不難想像，那裡縈繞著的與其說是上班族文化，不如說是濃厚的幕末創業家文化。或許，那種文化不僅在我的外祖母身上，也在安藤昇身上發揮了某種的影響吧？

第9章

「人造花」女子學校與水中花之謎

——山田興松與前進美國

我的外曾祖父山田興松是誰？

除了前一章開頭提到的「阿惠」和「Noboru先生」，還有一句也是我自幼年起便聽過無數次的話：

你媽媽的祖父啊，他發明了水中花，到處去販售。

原來如此，外曾祖父是「瘋癲阿寅*」啊，這是我聽到後在心裡留下的印象。當瘋癲阿寅的外曾外孫感覺還挺有趣的，因此我很喜歡這個話題。雖然我知道什麼是「水中花」，但一時之間難以相信那是自己外曾祖父的發明，以為那大概是指他的生意也包括了經手這類商品。浮現在我腦海中的，是慶典節日時露台上水中花成列的景象。

所幸國立國會圖書館的「近代數位館藏」（Digital Library from the Meiji Era，目前已和其他數位化資料整合為「國立國會圖書館數位館藏」〔NDL Digital Collection〕）讓我察覺到自己的想像大錯特錯，外祖母和母親說的可能是事實。母親去世後，我在申請戶籍謄本時自然得知「媽媽的祖父」的本名，不經意地在國會圖書館檢索系統中輸入了外曾祖父之名，結果驚訝地在裡頭找到了兩本他在明治年間撰寫的書籍，而且兩本都是與水中花密切相關的書。外曾祖父竟然是代表明治日本人造花技術和精細工藝的專家，這讓母親及外祖母的話可信度大幅提升。

我的外曾祖父名為山田興松。他的兩本著作，都是由明治的大型知名出版社博文館出版，第一本《實用造花術指南》出版於明治三十七年（一九〇四年）。他在開頭便直言陳述，「人造花技術如今仍未有固定模式／此因該技術畢竟尚未充分且完全地發展／本書中所載，即為本人十數年來實驗所得之方法」[1]。換言之，他主張人造花作為「技術」仍在發展階段，而他花費十幾年的時間，在該領域反覆實驗、開發技術。此外，過去有關人造花技術的記載，由於技術擁有者和介紹者並非同一個人，因此「理論不符合實際／經常帶給讀者隔靴搔癢之感」，但本書作者即是技術開發者，可免去這類疑慮[2]。

在正文中，山田興松也不斷強調人造花是「技術＝美術」。植物的花是「自然地長出花苞開花」，人造花則是「模擬這種自然的技術」，正如大自然具備複雜的要素，這種人工的自然「當然也是複雜且富有趣味」。即使是一枝花，也由於「有花莖有分枝，有葉子有花蕾還有花」而極為複雜，是故「若欲仰賴手工藝的智慧和能力製作出百花千草，其複雜多端不可計測」[3]。也就是說，山田興松認為人造花是製作人工自然（**artificial nature**）的技術，如同大自然無窮複雜，該

＊　譯註：山田洋次執導，渥美清主演的《男人真命苦》（男はつらいよ）系列主角車寅次郎綽號。他四處漂泊，以祭典廟會的攤商為業，始終無法安定下來。該系列故事大致講述阿寅思鄉並返鄉探望，卻因其成事不足敗事有餘，所引發一連串騷動的喜劇故事，最後通常以阿寅傷心失意後再度提起皮箱，前往外地巡迴擺攤作結。起初電視劇版本收視率不佳，但因結局受到觀眾抗議而改拍電影，最終意外爆紅，成為超級大長篇的國民喜劇作品。

技術也就成為一門異常複雜的技術。

在此人工自然的製作上，山田興松最重視的是「自然的寫實」，這個觀點貫穿了他整個造花論。他提問，街頭上用油漆繪製的廣告看板能稱為「美術」嗎？他對此加以否定，並且也拒絕將「沒有蕊也沒有萼，毫無意義的紙花」或「葬禮用的蓮花瓣葉」列入「人造花」中，當然這並不是說只要「具備花萼、花蕊、花冠等各種花葉構造」的就能稱之為「人造花」。人造花技術「若無法努力去細緻鑽研，達到讓人一見之下難辨真假的精妙，就不能稱之為技術出色」，這只能通過徹底的「寫生研究」去實現。因為「實物是真正的良師／能和實物在真偽上互別苗頭，才算表現出人造花之妙」[4]。

就山田興松的角度來看，「人造花」並不符合後來鶴見俊輔所提出的「限界藝術」，或石子順造討論的「媚俗」（kitsch）是「藝術」還是「美術」，它不過是「美術」及「技術」，也就是應該被放在近代性規範的這一邊。

相對於前作的核心概念，山田興松在第二本書《手揑花指南》中，思索女性的精細手工技術，要如何在近代市場上拓展銷售管道。這本書在明治四十二年（一九〇九年）出版，與第一本書相距五年。期間發生日俄戰爭，日本在戰後走上亞洲殖民帝國的道路。以此為背景，山田興松將自己的人造花技術和女性職業範疇連結，摸索邁向大眾化的方法。「手揑花」原本便是興盛於江戶時代的手工藝，將小布片揑折黏合，做成各種顏色的簪、櫛裝飾，他希望能將這種細工重新發展成以當時女性為製作者的產業。

他在《手捏花指南》開頭便批評道，這種日本傳統的「高尚又富有趣味的手工藝」之所以「一直以來」未能「引起世人的注意」，是因為「大抵使用了姑息的方法，再加上這種細工未能更加廣泛地應用於多方面」。此處山田興松所認定的「姑息的方法」，是指手捏花業者會「隱藏各自工藝的精要之處」[5]。在印刷革命以前，技藝是家傳的不傳之秘，然而這種方式已不適用於近代社會。如今知識會受到公開，向更多人普及、加以改良。

另一方面，他說該工藝「未能廣泛地應用於多方面」，是對過去手捏花的用途侷限於簪、櫛等傳統小型飾品一事，因此產生「難得的細工困於部分專業人士之手，未能跟上時代潮流」的批判[6]。他批評傳統業者的封閉性，並企圖為此技術發展新市場和培育新型態的生產者。

從上述觀點出發，山田興松指出手捏花具有相當大的潛力。這項技術可應用於平面，也可應用在立體上，色彩鮮明亮麗，符合時代潮流。最重要的是，手捏花技術在「無須耗費長久時間學習，便可抵達熟練程度」之外，「亦無需準備太多的工具，僅以些許材料，就能做出精緻且高價的成品」，因此入門門檻很低。並且能應用在許多日常用品上，包括「簪、兩差、根懸、相框、花櫛、針打*，以及其他不同種類各式各樣的裝飾品，可應用之處實在難以計數」。所以他認

* 譯註：此處的兩差、根懸和針打皆為女子髮飾。根懸也寫成「根掛け」，是髮髻尾端的裝飾品，常與簪成一組。

為，手捏花作為缺乏資金也可能開始的「女性工作，反而比人造花還要適合」[7]。

女子教育與作為手工藝的「人造花」

山田興松所出版的兩本著作，有一個明顯的共通點：這兩本書都是亦可用於自學的學習教科書。這些書的讀者是欲掌握人造花或手捏花技術的學習者，書中亦處處可見有助於學習的參考書設計。

實際上，山田興松也直言，這些書是作為「初入門者自學用書」而出版。他在《手捏花指南》開頭便聲明「作為初學指南，本書依照實際的技藝順序和各種應用方式為前提，揭示入門所需之準備，並按初學者需求，自易而難依序解析，即便是未曾接觸這項技術的新手，也能夠輕鬆理解。從製作方法到工具的手持方式等皆有圖片說明，實物之範本一一描摹自成品樣貌，正確無誤」[8]。

撰寫學習人造花及手捏花技術的標準教科書——山田興松的熱情從何而來？答案就寫在《實用造花術指南》開頭例言的最後。他以「如有任何問題，歡迎洽詢『東京市神田區西小川町二丁目二番地造花技術校』」為例言劃下句點。書籍出版時所刊登的報紙廣告上，亦強調他的人造花技術「十分純熟，目前成立學校教授學生，同時編寫本書以為授課教科書」（《讀賣新聞》一九〇四年四月七日）。廣告上記載的作者頭銜是「造花技術校長」，他是位於神田小川町造花技術校的校長。

我的外曾祖父竟然不是「瘋癲阿寅」，他不僅出版過書籍、是位發明家，而且還是教育工作者，也是學校經營者！母親和外祖母從未告訴過我這些，只說外曾祖父發明了水中花，並且到處兜售，這讓我腦中的想像和實際在國會圖書館、報社數位資料庫中檢索後所浮現的外曾祖父樣貌，相差了十萬八千里。而外曾祖父專攻的「人造花」，與明治年間的女子職業密切相關。換言之，他站在指導的立場所涉及的活動，與在第六章探討過圍繞在女工勞動的一系列問題重疊在一起。

外曾祖父是個什麼樣的人？要在明治東京的脈絡下深入探討這個問題，必須先確認「人造花」當時所處的位置，而那和現在有著明顯差異。從性別角度切入，研究日本近代美術史的山崎明子，曾就「手工藝」這個類別如何在明治國家的權力—性別構造中浮現做了檢討，指出當時的「手工藝」概念與現在截然不同，還包括重要性和「裁縫」及「編織」相當的「造花」和「織布」。她注意到明治年間出版了許多手工藝書籍，對多達八百二十冊以上的文本進行量化分析。

根據分析，有關「手工藝」的出版品「自一八七〇年代晚期逐漸增加，在明治四〇年代達到高峰」，而在數量最多的「一九〇八年間，甚至有二十六本手工藝文本出版」。占全體六成以上的是「裁縫」文本，接下來數量最多的是「造花」、「織布」、「編織」，特徵是「可能用來維持生活」，也就是和「並非做為家庭內的興趣，而是收入來源的手段，尤其是家庭手工」有關。實

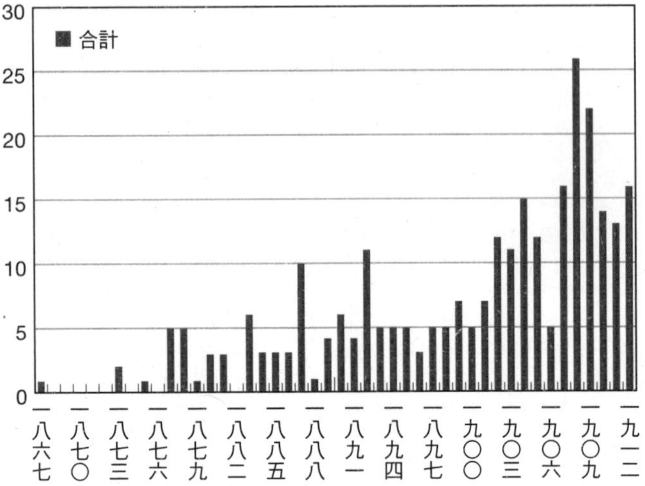

圖9-1　明治年間手工藝書籍出版數量變化

山崎明子《近代日本の「手芸」とジェンダー》（世織書房，2005年）。

際上，一九〇〇年代中葉以後「造花」類的文本急遽增加，在此時期「手工藝」並非單純的女性手工工作總稱，而是建立在被納入資本主義經濟的女性勞動即家庭手工上的「手工藝」，而「造花」即是其中核心[9]。山田興松的兩本著作，也是在這股手工藝風潮之下出版。

山田興松的日本美術女學校

這也是為何山田興松在《手捏花指南》中會滿懷信心地表示，以造花為首的手工藝「近年來，各地學校設置別科*進行教學，因為這門技藝的必要性逐漸為世人所知」。或許是出於這般積極自信的認知，後來他將造花技術校改名為「日本美術女學校」。

這實在是種相當浮誇的自吹自擂。一八

八九年，岡倉天心創立東京藝術大學的前身東京美術學校，後來因內部紛爭辭職，在上野谷中開設日本美術院。以「日本美術女學校」為校名，宛如宣言挑戰岡倉天心而創立的女性版，無論如何，山田興松這話說得也太不切實際了。當時橫井玉子（橫井小楠之媳）等人在本鄉設立了「女子美術學校」也就是後來的女子美術大學，「東京女子手工藝學校」亦於本鄉開設，刮起了美術和技藝類型的女子學校建校熱潮。在這種背景下，山田興松可能是在試著讓他的學校看起來更為高級。

正如池田稔在關於山崎明子研究的討論中所言，「手工藝」於此時期作為促進「女性國民化」的傳柯式的近代化身體技術，包含自中產階級以上子女的初等教育，到更下階層女性的職業教育，其範疇被迅速地擴展。而我的外曾祖父早早地察覺到時代潮流變化，企圖抓住機會，於是在媒體上宣傳他經營的「日本美術女學校」的價值所在[10]。

然而名實不一定能相符。經過檢索，就能在明治時期的報紙中，找到數則關於山田興松的日本美術女學校報導。特別是一九〇六年四月十三日《讀賣新聞》上刊載的報導，尤為詳細地描述了這所學校。這則內容頗為尖銳的報導，將重點放在私立學校聚集的神田和本鄉一帶，表面標榜

＊譯註：指相對於原有科系課程，針對技術訓練所開設的課程，歷史可追溯至明治時期。今日各大學針對留學生開設的語言課程即屬於別科。

「教育」實際卻以「營利」為目的的女子學校上，並舉出山田興松的日本美術女學校作為「營利」目的之例。

這所學校的課程中，學習科目僅有「讀書」、「修身」、「作文」、「習字」，大部分時間都安排在「裁縫」、「造花」、「袋物」、「刺繡」、「編織」和「瓶細工」等課程上，意即實際上只教授實用技能。雖然原本便存在教育品質上的問題，但學生也僅有三十二名。報導中詳細計算校長全家，包括「校長山田興松（三十七歲）和其妻鶴子（三十歲），併二人所育二男三女，長男侚三（十三歲）、次男統（三歲）、長女墨（すみ，十三歲）、次女八重（六歲）和三女花（五歲），以及老人山田氏之父里治（六十七歲），共八名成員」（正確來說，墨為里治之女，八重才是長女），僅仰賴學費收入是否足以生活。計算結果，推測是應該「難以維持八名家庭成員吃穿」（《讀賣新聞》一九〇六年四月十三日）。

令我驚訝的是，在這則報導中竟能看到外祖母的幼年生活情景。女學校是由全家共同經營。安藤昇的母親，也就是興松的三女智惠，她和長女八重相差六歲，在這則報導刊出時應該尚未出生，或者才剛出生不久。報導中被稱為「鶴子」的外曾祖母鶴，此時已有四、五個小孩，所有的心力恐怕都耗費在育兒上。可以想像，最後女學校應該是由個人特質強烈的外曾祖父獨自經營。

而這篇報導之所以如此深入地揭露該校經營內幕，是為了證明女學校實際上是靠學費以外的收入來運作。根據報導指出，「有五名女學生免費寄宿在校內，專門從事編織、造花、刺繡及其他手工藝製作／除將成品於市內商店販售以謀取實際利益外／還每月開設短期講習會招收學生／並且又向地方女學生進行函授教學／有時會在短期內接到商店大量的工藝品訂單，而能逐漸彌補前文所提之不足」（同前）。山田興松其實是在類似於人造花製造工坊的設施上，套上了名為「美術女學校」的外衣。

然而，這個由外曾外孫（即筆者）所下的結論，對他來說或許太過苛刻。事實上，讓學生製作作品在城中的商店販售、減免學費等，採取這類措施的並非只有日本美術女學校。在當時，即便是橫井玉子等人的女子美術學校，也僅有二十五名學生，對學生也採取「學校給予材料，若製作成品經售出後有盈餘，將再減免或全額免除學費」的措施（《讀賣新聞》一九〇一年十月十五日）。同樣是以女子職業教育為起點，後來成為高等教育機構，獲得大幅成長的共立女子職業學校（今共立女子大學），也一樣會進行學生製品的訂製販賣。

另一方面，山田興松的女學校招聘了數位著名的講師。例如，他似乎也和由吳服店逐步轉型成百貨公司的三越吳服合作，恰好就在日比翁助率領該店提出「百貨公司宣言」後不久的一九〇五年，邀請原本的裁縫主任加藤嘉兵衛教授「實用裁縫及造花刺繡」等（《讀賣新聞》一九〇五年九月二日）。他相當敏銳地察覺到了時代潮流。

而這所學校，也接連出現了數名具備才能的人造花製作者。例如其中一位登上報導，「福島縣出生的畢業生池田德子（池田とく子）於舊臘中（去年十二月）赴美國桑港（San Francisco），於該市凱利街四百二十四號開設獨立商店，同時向美國少女們傳授日本式造花術，獲僑居當地日本人大力協助，共同為推廣日本人造花之無窮妙趣而努力」（《讀賣新聞》一九〇五年一月二十五日）。若用今天的話來說，那就是在山田興松門下，培育出了活躍於國際的女性創業家。

因此，如果他能再多堅持一點，專注在女子職業教育上，或許他的學校能以技職類的私立女子大學繼續發展。附帶一提，該校設有函授部，很早便施行「本校特有函授教育」。專門學校的函授教育早在一八八〇年代便始於法律類別的私立學校，而在手工藝專門學校方面，我想山田興松的學校或許是最早的。戰後，發展函授大學教育的則是慶應義塾大學和法政大學，毫無疑問，山田興松的眼光非常超前。

進入美國與「人造花」出口產業

讓我知道並連繫起山田興松多樣化才能和野心，以及水中花之間失落環節線索的，是上一章提到的表舅安藤昇。對他而言，山田興松是他的外祖父，他曾在書中多次提及這位外祖父：

母親那邊姓山田，出身信州上諏訪。外曾祖父和上諏訪遊廓的獨生女私奔到東京，生下外祖父興松。／興松和澀澤榮一是寺子屋同窗，喜歡學問，發明創造各式各樣的東西。我想大家都知道放在裝滿水玻璃杯中的「水中花」，那便是興松的發明，它成為暢銷商品，獲利豐厚，甚至還把分店開到了紐約。／但外祖父也相當風流放蕩，據說在神樂坂、四谷荒木町一帶的花柳界中頗具聲名。[11]

安藤昇在自傳裡寫的，幾乎和我小時候經常聽到的事一模一樣！而且從他的敘述中，還能看見一條連繫了山田興松和外祖母一家人生的輔助線。不過，安藤昇記敘中關於山田興松幼年曾和澀澤榮一同窗學習的說法，基於山田興松生於一八七〇年，澀澤榮一生於一八四〇年，比他大上三十歲，因此不可能成立，單純是安藤昇的認知誤差。另一方面，從發明的才能以及對女子教育的熱情來看，山田興松相當喜愛讀書這件事應該無誤。不過安藤昇對他身為教育者的一面不感興趣，完全沒有提及，反而提到他「相當風流放蕩，據說在神樂坂、四谷荒木町一帶的花柳界中頗具聲名」，強調和自己雷同之處。這暗示著在安藤昇的心中，對外祖父山田興松不僅沒有負面情感，似乎還帶著敬愛之情。

安藤昇這段回憶中讓我不禁訝異的，是他肯定地表示水中花是「興松的發明，它成為暢銷商品，獲利豐厚，甚至還把分店開到了紐約」。不知大家是否還記得，我的母親出生在一九三〇年二月經濟大蕭條中的紐約。因為我的外祖父母，山田興松的長女八重夫婦幾年前在紐約創業，卻不知道他們創業的內容。從外祖父後來在首爾開店販賣酒類來看，他在性格上頗為投機冒險，我推測這或許是為了要大賺一筆，才和外祖母在新婚不久便前往美國。若是山田興松的水中花銷售「甚至還把分店開到了紐約」，那麼我的外祖父母為經營分店而赴美的可能性就大了。也就是說，外祖父是受到岳父山田興松的要求，為了販售水中花而往美國去，外祖母身為長女，或許也是帶著對此的期盼而和外祖父結婚。

那麼，外曾祖父是如何發明了水中花，並將這項事業發展到足以在紐約設立分店？這個過程要詳細驗證頗有難度，不過首先有一點必須確認的是，水中花並不是從江戶時期流傳下來，經常被混淆為「水中花」的「酒中花」。酒中花是將細小木片施以色彩，壓縮而成的細工物，若是浮在酒杯上會一邊冒出泡泡，化為花鳥或人形飄在水面。「花」不過是其中一種模樣，雖然也有水中二字，但卻是浮在水面等，在特徵上和水中花不同。它源自中國，自十七世紀末左右起作為宴席上的遊戲流行於日本，據說井原西鶴也在作品中寫到過「酒中花」。

相對地，水中花便如字面所述，花莖直立於水中並綻放花朵，也沒有魚、鳥或人的造型，屬於人造花的一種，有別於來自中國宴席遊戲的衍生之物。不過，「相當風流放蕩，據說在神樂坂、四谷荒木町一代的花柳界中頗具聲名」的山田興松，很有可能曾在宴席上玩賞過酒中花。由於他腦中總是想著「人造花」，大概也會想到要把「酒中花」的構想應用在「人造花」上吧。對他來說，這應該是值得挑戰的課題。

要實現這個構想還需要技術，山田興松應當對化學藥品相當熟悉。實際上，他在一九〇五年左右便開發出「無論是牽牛花還是蓮花或者其他任何種類的花材，都能自由地維持原本花朵葉片顏色不變」的植物乾燥法，並獲得專利（《讀賣新聞》一九〇五年七月三十日）。雖然不清楚這項技術是否應用在水中花的製造上，或是如何運用，但至少能確定，他做過各種藥劑實驗以精進造花技術，並為此在「豐多摩郡東大久保村百五十六番地設立造花技術研究所，苦心投入技術改良」（同前，一九〇八年二月十九日）。換言之，我們可以推測，我的母親和舅舅在外祖父母離婚後曾暫住過數年、之後安藤昇也被託付於此，卻未能遏止他走上不良少年之路的東大久保山田家，實際上就是這間「造花技術研究所」，或就在它的隔壁。

發明了水中花的山田興松，他的目標與其說是在日本國內，不如說是放在美國市場。早在二十世紀初期開始，美國市場上便出現了類似前述酒中花玩具的派對道具。例如華盛頓《華盛頓晚星報》（*The Evening Star*）一九〇一年十一月二十三日的報導中，便以落在水面上會一口氣綻放浮現出花或其他模樣的「日本水中花」（Japanese Water Flowers）為話題。一九一二年四月十九日，堪薩斯的《托彼卡州報》（*Topeka State Journal*）也介紹了在水面形成花或其他形狀的彩色木片玩具「水中花」。從文章內容來看，這些很可能都是從前傳統的酒中花。

然而，出現在一九一六年四月十七日《華盛頓時報》（*Washington Times*）上的「水中花」則有些許不同，文中介紹的是一盒售價五分，放在小盒子中的水中花，「放進水中便會膨脹，展現出美麗模樣」的花，可以在每天洗澡時用來轉換心情。從報導內容便可推測出，這或許是在過去的派對玩具「水中花」上，於某方面加入了人造花的技術。

圖9-2　戰後初期，美國市面所販售Made in Occupied Japan的水中花廣告

出處：Worth Pint網站。

間隔著日本製品難以銷售的戰爭期間，戰後許多「Made in Occupied Japan」的水中花販售至美國，這些水中花是戰前山田興松他們在紐約設立分店，試圖推廣的人造花風格的水中花。山田興松此時已經過世，無法主張自身擁有專利申請權。這麼說來，他的挑戰比索尼（Sony）盛田昭夫等人帶著電晶體收音機在美國市場上銷售，還要早上一些。

但就整體而言，山田興松的各種創新挑戰，卻皆未能流傳至後世。雖然他在年輕時便成為有兩冊博文館刊行作品的作者，身為人造花專家也具有某種程度的知名度，但他的著作最後卻受世人遺忘。而應該在他年輕時全力投入的神田造花女學校，也沒有以像是共立女子大學或女子美術大學的方式，發展成正式的女子高等教育機構。他很有可能發明了水中花，並且成功外銷美國市場，甚至在紐約開設分店，但他的事業卻在大蕭條和邁向日美戰爭的時代變化中失敗，結果到了戰後，連誰是發明人一事都被完全遺忘。而水中花給人的印象，也違背了早已離世的山田興松的期盼，淪為Made in Occupied Japan的粗劣次級品。

至於他本人，最終連他的外曾外孫也完全不記得他曾經的嘗試，還認為他一定就是那些在節日慶典中擺攤，四處販售水中花等玩具的「瘋癲阿寅」之一。

第10章

原初風景的另一側

——再探《都市戲劇論》

再次回顧都市戲劇論（dramaturgy）

母親過世後，我開始對自身家族史產生興趣。在申請戶籍謄本的契機下，我知道了外曾祖父的名字，在國立國會圖書館以及報社的數位資料庫裡有了驚訝的發現，過程中也對表舅安藤昇有了比過去更加深入的了解。我親身體驗到孩提時代從母親、外祖母那裡聽來的事，逐步被檔案資料證實的過程。這種經驗直至一九九〇年代仍不可能發生，二〇〇〇年代以後，由於數位檔案的發展才得以實現。同樣的體驗，應該也會發生在本書的讀者身上。

在為第III部劃上句點之前，我想將這些發現，和我作為社會學者的原點連結起來。我的處女作是一九八七年由弘文堂出版的《都市戲劇論》，如今尚可購得河出文庫版。在這本八〇年代中葉出版的書中，我試圖比較分析戰前的淺草和銀座，以及戰後的新宿和澀谷，這四個東京代表性的「鬧區」。為什麼我會那麼想要去分析鬧區，尤其是新宿和澀谷？

我在田園調布町出生長大。該町自戰前便以受到中產階級文化所純粹化的地區而知名。一九六四年，東京奧運在我就讀小學一年級時舉辦。當時的東京正處在以奧運為契機的大改造最熱烈的時期，駒澤奧林匹克公園是此時興建的設施之一，小時候我常去這座公園玩。而對那時的我來說，興建中的環狀八號線則是另一個遊樂場，工地上放著大水泥管之類的東西，我也經常在那裡玩耍。同一時期，地下鐵日比谷線的工程也在十萬火急地進行，於一九六四年八月全線通車；同年十月，連結世田谷區上野毛和橫濱市保土谷的第三京濱高速公路也通車了。東京的高速化在六〇年代前半急速推進。以東京奧運為契機，東京大幅發展，中產階級價值觀也傳播到整個東京。對於東京的這種變化，身為大學生的我心懷疑問。我將這些疑惑，整合並化為《都市戲劇論》。在這本書的〈後記〉中，年僅二十幾歲的我率直地寫下自己是如何看待東京這座都市：

昭和三十二年，我出生並居住在東京山手*的一般上班族家庭中。／這件事大概具有二重意義的重要性。第一，伴我渡過孩提時代的山手住宅區，早已失去小巷、空地這些原初風景的空間，記憶中的童年遊樂場是附近的公園、朋友家的院子，或是施工中的環狀八號線柏油路面，以及它的建材放置場，此外別無其他。第二，在七〇年代中葉邁向青年階段的我所面對的，是從「黑市」經過「安保」到「抗爭」的廣義「戰後事物」消失的時代景況，從前的世代無論是否願意，都曾體驗過那激烈多變的時代，我們這些身處這個世代的已無法與他們共有。無論是就上述哪一重意義而言，我是在欠缺原初風景的狀態下，渡過了二十幾年的人生。[1]

* 譯註：東京二十三區西側台地地區，江戶時代為武士宅邸，今日則為東京區部的中心和高級住宅區。

在這段文字中，我指出從戰敗後不久出現的「黑市」到六八年的大學學運，這些「戰後事物」消失於七〇年代初，我在這種什麼都消失無蹤的時代景況下邁入青年階段，並將之定位為自己的原點。〈後記〉後半則是討論以此為出發點所要提出的問題：

這僅是個出發點。作為世代，能夠留下某些原初風景的人們，和並未擁有這些的人們之間，確實是有著巨大的差距。即便如此，原初風景的缺席，無法成為將我們這個世代的表現正當化的根據，就如同對安保世代或全共鬥世代而言，他們的鬥爭經驗本身無法正當化其表現。……／需要的既不是訴說自己在時代中的無力感，亦非以「學術性」話語將對自身的提問去意義化，或是在與時代表層的遊戲中忘卻「我」存在的不確定性，而是找出這份無力的由來，在超越單純的「時代」或「世代」關係深處，構思我們生存的根據。為此，首先必須再次針對塑造出現在的「我」的歷史過程，以及其周邊延伸開來的各種現象，做出學術性的檢視驗證。「我」，應不僅只是在高度成長中育成，也是明治以來日本近代化的一個結果。……都市，不正是成了以這種交互肉身性（intercorporéité）存在方式的重組為媒介的主要媒體嗎——。[2]

這是我超過三十五年前的文章。並非感嘆自身原初風景的不在，而是宣言要在歷史中不斷探問不在本身。然而經過三十五年以上的現在，重新站在這個原點上望去，我腦中浮現一個單純的疑問：「原初風景」真的消失了嗎？我存在於「此時．此地」的背後，不管能否稱之為「原初風景」，是否也存在過當時的我所看不見的另一側地景？為了思考這個問題，我一路追溯自己的家族史，直到今日。

作為澀谷後街的神泉．圓山町

寫《都市戲劇論》那陣子我還在念研究所，租了間澀谷神泉．圓山町愛情賓館街邊上的破舊公寓，並在那裡生活。附近古怪建築各式各樣，夜裡那些霓虹燈把我的房間映成粉紅色或黃色，色彩實在鮮豔豐富，隔壁還有日蓮宗的寺院，每天傍晚都能聽見太鼓的鼓聲，我挺中意這個花街的邊緣。走下坡道就是澀谷站，爬上坡道就是東大的駒場校區，十分便利。過去住的那一帶現在被稱為「裏澀谷」，是頗為時尚的地區，但當時並沒有那麼光鮮亮麗，那裡尚存藝者見番*，有時還會和身著和服前往宴席的藝者擦身而過。

然而，早在我住在那裡的三十年前，安藤組席捲了四處仍殘留著黑市的澀谷。一九五二年，

* 譯註：負責介紹以及派遣藝者等事宜的事務所。「見番」是下面提到的三業，也就是必須在特定地區營業的特種行業組合的事務所通稱。

安藤昇他們將東興業的事務所開在澀谷的宇田川町，如今那一帶被稱為「奧澀谷」，「裏」和「奧」總結來說都是指澀谷的外圍。根據他的《昭和風雲錄》，事務所大概就位在東急手創館附近。現在的NHK所在地，在當時仍是美軍眷居住區華盛頓高地（Washington Heights），從事務所走到那裡約五分鐘，距離很近。另一方面，澀谷站也在十分鐘之內的距離內，看來安藤昇是將事務所設在澀谷的黑市和美軍基地的中間。

從宇田川町穿過現在的東急本店通（文化村通）爬上坡道，就是圓山町。走出賓館街窄小的道路，就會來到貫穿神泉的「三業通」（現在叫做「裏澀谷通」）。「三業」指的是藝伎、待合和料理店，這些行業只能在規定的地區內營業。最初的「三業」據說是由遊廓的貸座敷、引手茶屋和娼妓屋組成，後來遊廓和花柳界分開，花柳界的營業區域便開始被稱作「三業地」。在戰前，神泉・圓山町作為「三業地」熱鬧非凡，貫穿其邊界的細長道路是「三業通」，就連一九八〇年代，這條路在道玄坂的入口處，也毫不遮掩地掛著「三業通」的招牌。我租的公寓就在這條街不遠處的小巷裡。

到了戰後，花柳界在高度成長期衰退，待合逐漸改建為愛情賓館。過去的花街氣氛雖然已經不再，但若沿著小路漫步，會突然發現立在路旁的古老地藏，有石碑、頗具格調的小料理店，是能好好窺探歷史地層樣貌的街區。當時還是學生的我，沒有能踏進那種小料理屋的財力，但我發現這一帶有許多稱不上是道路的捷徑，時常漫步在這樣的小路上。

安藤組席捲澀谷之時，高度成長期尚未到來，因此那時候的神泉・圓山町花街應該也尚未完全衰敗，以安藤昇對花柳界的喜愛，宇田川町的事務所不僅靠近美軍基地及黑市，也和花街距離相近，有其意義。換言之，若是考慮到在東京奧林匹克大興土木之前的澀谷，我所居住的神泉・圓山町和安藤昇事務所所在的宇田川町、美軍基地的代代木、過去曾是陸軍遼闊演習場的駒場等，這些區域之間具有與今日澀谷不同的聯繫。

這個聯繫的核心是什麼？我認為是軍隊。大正時期以來，神泉・圓山町花街的榮景也好，澀谷一帶學校數量之多也好，還有後來成為NHK以及代代木公園的美軍華盛頓高地，以及黑市時代安藤組勢頭之強勁，這些全都和過去澀谷是軍都有關。關於戰前澀谷所處的布局，吉田津人指出，「東京的軍事設施相對較集中於東京市西郊地區，恰好位於大山街道山谷的澀谷，過去便受許多軍事設施圍繞」[3]。如同拙作《親美與反美》中曾詳細討論過的，戰後，也就是在第三次的占領後，這座「軍都東京」轉變為「美國都市東京」，最終「基地之街」變身成「年輕人之街」。

過去澀谷北側明治神宮前方不遠處，是代代木練兵場，附近的宇田川町則有東京衛戍監獄。西邊駒場以及駒澤集中設置了騎兵以及砲兵營，向南則零星分布著目黑火藥製造所以及白金彈藥庫、軍需工廠或倉庫。在東側，是青山練兵場、陸軍大學校、第一師團司令部、近衛兵營以及步兵營等陸軍中樞。是故，被這些設施包圍的澀谷，正如同吉田津人引用文字的描述，是「軍人日夜行經此處，繼而休憩宴飲，送迎和往來者眾多」（東京近郊名所図会）的狀態[4]。澀谷市街最大的特徵，是它在成為私鐵轉乘站前，首先是作為軍都而興盛。

從這個角度來看，神泉．圓山町、宇田川町、原宿和青山等地的聯繫所顯現出的樣貌，和以私鐵轉乘站的澀谷站為中心來思考時不同。戰前，澀谷、原宿一帶作為軍都和隨之而來的教育與娛樂場所而擴張，在戰後則成為美軍之街、大學之街、轉乘站和百貨商店街以及奧林匹克之街。而自一九七〇年代以後，澀谷便如我曾在拙作《都市戲劇論》中指出，成為「PARCO」和季節文化*之街。然而這些是表面樣貌的變化，都市中還存在著由不同歷史時期折疊重合發揮作用的多層性拓撲。

例如當我就讀東大大學部的時期，也曾與安藤昇錯身而過。當時我熱衷戲劇，大部分時間都在駒場宿舍後面如同倉庫的「劇場」裡渡過。那裡距離東大駒場校區的山手通後門很近，出了後門的左手邊，有間像是貼在東大邊上名為「三叉路」的喫茶店，由於方便且店內氣氛親切，我時常在這裡吃午餐。不過，當時我不知道這間店的老闆以前是安藤昇的小弟。他的事蹟其實相當有名，本人似乎也不曾掩藏自己的過去。

之後我住在神泉．圓山町，從那裡越過山手通到後門毋需花多少時間。若把駒場東大前站和

* 譯註：指由堤清二率領的季節集團（Saison Group）所引領的消費文化。

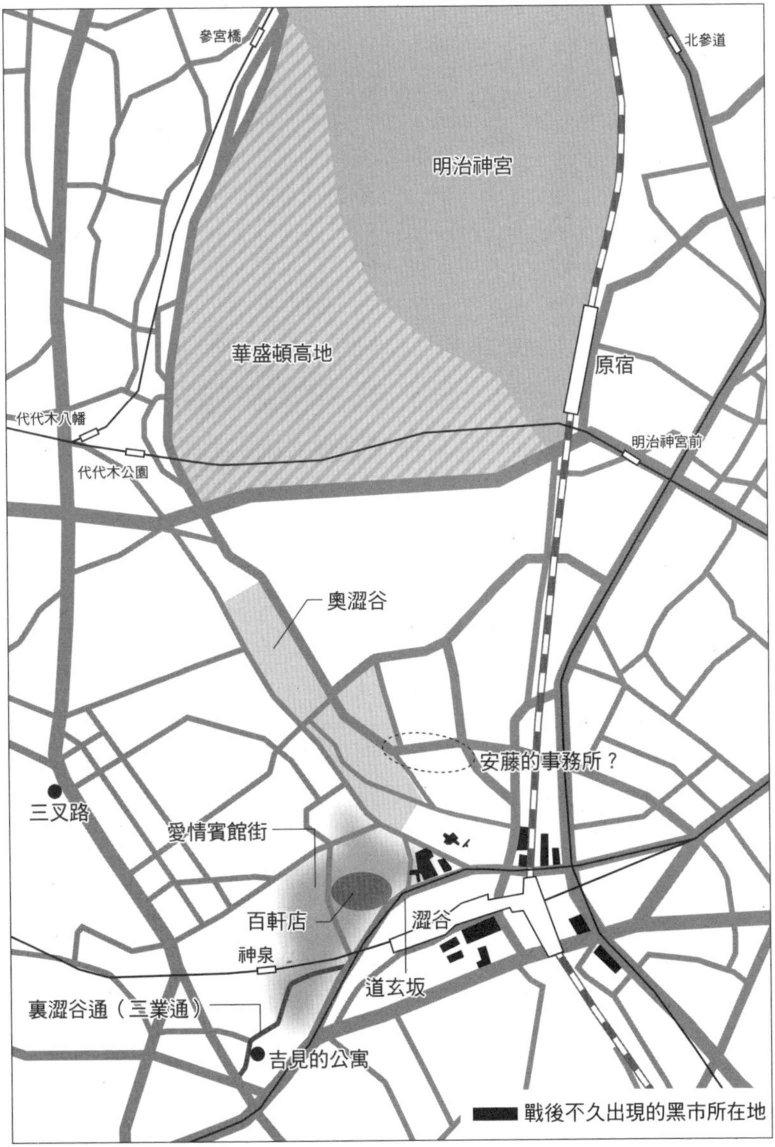

圖10-1　澀谷地圖

戰後不久出現的黑市分布。參考橋本健二、初田香成編著《盛り場はヤミ市から生まれた》（青弓社，2013年）一書繪製。

大學正門當成「表」，那一片則全都位於「裏」側。另一方面，若是將從澀谷站到公園通、東急本店通為止的地區視為「表」，則神泉・圓山町及宇田川町亦為「裏」。在無論是就澀谷還是駒場而言該當為「裏」的大片範圍中，「表」的變化所無法完全覆蓋的歷史，在人們行為舉止和設施的枝微末節中層層堆積。

簡言之，都市的本質包含著多面性和多層性，過去不會被未來所塗抹覆蓋。都市過去的拓撲即使經歷切斷、更替或機能轉換依舊會持續殘留，並繼續影響未來我們在這座都市中的行動。有人稱之為「地域精神」（genius loci），我認為那是更具歷史因素之物。戰後，安藤昇為何將事務所設在宇田川町，我為何會住在神泉・圓山町的公寓，雖然皆是各自依據當時情況的判斷，但都市作為我們做出決定的舞台，它以各個歷史時期以空間堆疊而成的多層地景，持續發揮著作用。

作為新宿後街的東大久保

回到家族史的話題上，屢次在我的母親、外祖母、表舅還有外曾祖父的故事中出現的舊淀橋區的東大久保，現在是新宿區的新宿五丁目和六丁目，其中心地帶經過大規模都市更新，成為大型複合式高層建築「新宿東側廣場」。在一九六〇年代末，該地區原本是讀賣新聞社的所有人，正力松太郎計畫興建高五百五十公尺「正力塔」的地點。正力松太郎對興建東京鐵塔的大阪新聞王前田久吉（產經新聞創辦人）抱有強烈的競爭意識，因此日本電視台不加入由東京鐵塔發射的電波，而欲以東大久保五百五十公尺高的正力塔，對抗位於芝公園三百三十公尺高的東京鐵塔。

該計畫雖經歷波折未能實現，但在副都心線通車後，便以此為契機展開大規模都更。這座東側廣場旁便是新宿文化中心，緊鄰其側的是新宿區立天神小學和新宿中學。

不過這些都發生在戰後。山田興松以及我那身為其長女的外祖母、三女智惠和其子安藤昇，還有我的母親及舅舅住在這一帶時，該地區的地標是數次出現在安藤昇自傳中，現在也仍然是座略高小丘的西向天神社。它興建於十三世紀，江戶時代被稱為大久保天滿宮，其規模和湯島天神、龜戶天神同樣躋身江戶七天神之列。大久保村便以這座天滿宮為中心延展開來。

大久保村的範圍不僅止於東大久保，還包括現在的歌舞伎町、西大久保（現在的大久保）以及在山手線西側的百人町。直到明治年間，這裡都是江戶近郊的一座村莊。大久保的「久保」最初應該是「窪」，大久保意指「大片低地」，在江戶的微地形中這一帶是面積遼闊的窪地，而集落逐漸在此成形。由於該村正好位於甲州街道最早的宿場町內藤新宿之北，亦具備江戶邊界的各種機能，因此雖說是村，卻非完全的農村，居住在百人町的則是組成德川軍鐵砲隊的下級武士。推測村中有下級武士和農民，以及受宿場町影響而出現的賭徒等。

大久保村是在甲武鐵路（現在的總武線）通車後，轉變為近代東京近郊市街的樣貌。甲武鐵路連結立川和新宿，一八九五年時也在大久保設置了車站。同一時期，位於大久保北側占地廣大的舊尾張藩下宅邸成為陸軍戶山學校，西側一帶也成為陸軍省用地，新宿也染上了軍都的色彩。

不久後這附近也興建了治療和隔離霍亂患者的醫院，以及淨水場等防疫設施。

在這些公共基礎建設整備的過程中，大久保成為明治東京最早的近郊住宅區。根據稻葉佳子的研究，從明治到大正年間，住在大久保一帶的知識分子有小泉八雲、德田秋聲、國木田獨步、戶川秋骨、正宗得三郎、幸德秋水、堺利彥、管野須賀（管野すが）、山川均、荒畑寒村、大杉榮、內村鑑三等人[5]。其中不少是社會主義者或基督徒，也就是說，在明治末期至大正年間，比起農村的傳統主義，大久保村呈現出的是與都會自由主義的連結。百人町中則有許多外國人，據說流亡中的孫文在一九一三年起的三年間，也住在大久保的百人町內。粗略而言，新宿大久保也是和現代中國革命有著密切關聯之地。

在東京如此變化之中，喜愛新事物的山田興松，會在明治末期的東大久保開設造花技術的研究所，也是相當容易想像得到的。對他來說，有甲武鐵路能直通御茶水和大久保，或許這會讓他認為若從大久保出發，前往位於小川町的日本美術女學校也很方便。把學校設在繁華的小川町，住家和研究所留在大久保，這與其說是志在田園，更可能是徹底的都會主義。

即便如此，這種都會主義未必是和現代主義（Modernism）為一體。例如從安藤昇的自傳便可看出端倪，即便在戰後勾結占領軍席捲黑市，形成了相較於日本傳統黑道更接近美國幫派（gang）暴力集團，對他而言，東大久保是西向天神的氏子*町，並將自身的某部分與天神祭聯繫起來。山田興松的人造花以及水中花，也是從配合新時代，將傳統技藝和女性職業教育結合的努力之中產生。就連我的外祖母，她的生活軌跡雖然是從東大久保—紐約—東大久保—銀座—青山—田園調布，但在我記憶裡，外祖母總是穿著和服彈三味線，念誦佛經。現代與傳統、美國和日本亦非二者選一，而是好幾層重重堆疊，產生關聯。

作為馬賽克都市的新宿

至於新宿，毫無疑問地，是以混合（hybrid）且馬賽克模樣多層堆疊的東京的象徵場所。東大久保之南是過去的新宿遊廓，在戰後作為新宿紅燈區而極度繁盛，現在則是知名同志街新宿二丁目，隔著明治通以西則是鬧區歌舞伎町，西北方則是延綿不斷的新大久保韓國街。換言之，日本在性別和民族層面上最為「熱烈」的地帶，在戰後緊鄰著東大久保成形。誠然，同志街及韓國街都是較為晚近才出現的現象，然而可以推測出，這一帶應該自戰前便具備朝著此方向發展的素質。

形成新宿市街基底的，是宿場町時期的遊女屋，範圍自四谷大木戶至新宿追分，也就是說，在新宿御苑北側的東端至西端發展出了細長的妓樓街。現在的伊勢丹百貨原本是名為大美濃、池美濃的遊女屋，遷移拆除後所興建的百貨公司，因此，新宿整體而言不能說不是性文化之街。後

---

* 譯註：即信眾。

來這些妓樓在大正中期被圈入二丁目的新宿遊廓中，並於戰後成為紅燈區。

新宿遊廓位置雖較東大久保更南，但在靠近新宿站的地區，發展出興盛的咖啡廳、酒吧和舞廳等摩登文化。為新宿二丁目男同志文化寫下厚實人類學記述的砂川秀樹指出，在新宿的咖啡廳文化背後，遊廓仍持續發揮其影響力。例如震災之後，「三越後方及遊廓旁的東海横町出現了咖啡廳街，讓市街更加地熱鬧，但咖啡廳的興盛和遊廓關係密切」[6]。一般咖啡廳在午夜十二點結束營業，但三越後方的店家因靠近遊廓，會營業到凌晨二點。在新宿，遊廓的存在讓摩登文化也染上和性相關的固有傾向。

這種傾向也在安藤昇成為不良分子一事上留下痕跡。畢竟，明明他和父母住在鶴見時就讀縣中最好的升學學校，離開雙親後，「回到東大久保老家，身邊突然聚集起冒著青春痘的惡童」，他開始「蹺課，跟一堆人窩在新宿的牛奶廳或喫茶店裡」，成為十足的「不良少年」。

回到山田興松的時代，那時內藤新宿細長的妓樓街仍然完好。以東大久保為中心畫圓，東南不遠處即是四谷荒木町，若是朝東北稍稍走一段路便是神樂坂，兩者皆是知名花街，南側則有妓樓街近在咫尺。雖然無法得知安藤昇口中「相當風流放蕩，據說在神樂坂、四谷荒木町一帶的花柳界中頗具聲名」的山田興松的交際狀況，但從東大久保要走到這些花街或妓樓街都相當容易。

砂川秀樹指出，新宿是從此開端出發「以交通性為基礎，長時間受到性持續影響的地區」[7]。相對於藉由街道、市營電車和甲武鐵路所維繫的交通性，都市則將性（sexuality）的地形亦囊括其中，換句話說，遊廓、花街，摩登女性昂首闊步的空間，和都市地貌（topography）是相互結合的。而在這性的地形中，花街及妓樓街、紅燈區和非法賣春在不時出現山谷、河川流過的市區邊緣形成。在安藤昇、山田興松和我外祖母的人生中，也能感受到某處有著潛藏在東京內部性的地形的回音。

寫到這裡，最後讓我們再回到「原初風景」上。年輕時，我對自己出生長大，均質且被褪去色彩的中產階級郊區風景感到反彈，住在位於花街邊緣的神泉．圓山町公寓時，開始從事城市繁華鬧區的研究。然而多年後，當我揭開自身家族史的面紗，發現外曾祖父山田興松位於花柳界和女子教育的中間點，在小川町的學校和東大久保的「研究所」之間往返。外祖母的旅館位於銀座的三古橋。當然還有我的表舅，他可是如同字面所述那般，馳騁於戰後黑市、花街，以及地下東京的人。

因此我也察覺到，自己似乎只是在模擬、重複這些親族的軌跡。原初風景缺席的另一側，並非存在著更為根本的原初風景，都市原本就是由數個文化地景歷史組成的多層構造，有好幾種在地景之間移動的模式。過去的層次，超越現在生活者的主觀而持續動作。若僅是作為消費者在都市表面描摹，別說是原初風景，就連重重堆疊的無數過去痕跡，抑或是親近之人在那裡的軌跡都無法得見，但只要能進入市街風景的各個角落，讀取各式各樣的資料，都市——例如東京，就會以懷著驚人的、多個歷史層相互串聯的方式，作為一個混合的場域聚積體而出現。

終章

何謂作為敗者的東京

——後殖民思考

1. 朝向敗者的意志——山口昌男與鶴見俊輔

「判官贔屓」與對敗者的想像力

日文中的「判官贔屓」，是指長久以來日本人對源義經悲劇性命運所抱持的同情心。源義經身為大破平家大軍、滅亡平家的最大功臣，卻依然遭到源賴朝拒絕，逃往奧州，最後被迫只能自我了結。從古至今，再沒有其他的傳說能像他的人生這般，在歷史故事中被一代代地傳頌，並博得同情。而這些不斷出現的集體情感，從室町時代起便名為「判官贔屓」。今天「判官贔屓」被擴大解釋，用以指稱對立場弱勢者毫無原則的同情。

但若要將「判官贔屓」視為日本人特有的情感結構，則必然會產生一些疑問。很明顯地，源義經的故事結構，和登上世界各地舞台，從古希臘到近代英國莎士比亞的悲劇相同。如英雄般活躍的人物由於爬得太高，或是像伊底帕斯王那般觸犯共同體禁忌，而迎來悲劇收場。古典戲劇理論已一再指出，這種對悲劇結局的同情會引發淨化（catharsis）效果。

在日本，這種悲劇的基本結構稱為「貴種流離譚」，並加入了許多民俗學考察。義經傳說毫無疑問是貴種流離譚的一種，其他還有從平將門傳說到小栗判官，自室町時代起許多貴種流離譚被故事化。因此首先必須理解的是，要說「判官贔屓」是日本人特有情感，不如說它是在此歷史脈絡中上演的敘事，以及和其連結之情感的普遍結構。

依循上述前提，我們應該注意到，日本這種敘事的特徵，是故事基調中嵌入了社會歧視（《愛宕若》等）或對身體障礙的歧視（《俊德丸》等），以及對中央地方從屬關係的認識。特別是在本書所關注的中央與地方關係上，無論是義經傳說、平將門傳說，還是小栗判官傳說，皆是以「核心＝京」對「邊緣＝東國」的從屬關係為前提，講述主人公即使身懷與核心相連的高貴血緣，卻從邊緣的奧州或關東向中央舉起反旗，最後遭到殺害，並成為神話性存在的過程。不管是源義經、平將門還是小栗判官，他們都是歷史上的敗者，為敗者添附「敗者性」條件的，是對「東國之都＝京」的從屬性。他們反抗所從屬的結構、戰鬥、失敗，因而成為傳說。

是故，判官贔屓和帶有該特性的貴種流離譚，皆是某種包含地緣政治思考的、對敗者的想像力。可以推測，特別是自室町時代之後，這種想像力主要藉由來去自如的宗教人士和藝能民在全日本列島流傳。本書也在前面的章節中指出，熊野信仰的網絡應該和這種想像力的基礎有關。

若追尋這種對敗者想像力的來歷，應可溯及古代末期，也就是奈良時代末期到平安時代間御靈信仰的蔓延。將天災以及傳染病視為死於非命者怨靈作祟，而感到恐懼敬畏，這種感覺在古代末期的日本社會中擴散。菅原道真、平將門，以及和後白河天皇對抗並落敗的崇德上皇，成為代表性的怨靈，但這些怨靈出現的時代背景，是奈良末期到平安時代間律令國家制度走向崩壞，過程中異象天災和傳染病不斷，將這些危機當作怨靈作祟的意識，在人們之間擴散。整個平安時代都在舉行鎮壓怨靈的祀典，並持續建造祇園、北野、天神、紫野、今宮神社以鎮壓怨靈。此時的日本把對敗者的畏懼，當成是維持秩序的重要元素。

雖然有些離題，不過源義經也充分具備成為怨靈的條件，但他卻幾乎沒有被當成怨靈描述。這大概是因為他的死是和源賴朝，也就是鎌倉對立的結果，卻未必是與「都＝朝廷」為敵所直接造成。在義經的悲劇中，京和東國的對立結構是扭曲的，也可說是沒有遭到「京的公家社會一定會被東國武士政權篡奪」，這種程度的對敗者的畏懼所支配。

另一方面，古代的怨靈代表是以菅原道真為首，藤原廣嗣、井上內親王、他戶親王、早良親王這些皇族或宮廷人物為典型，但在中世以後的悲劇敘事中，擔任主角的是平將門、小栗判官、源義經這樣的武將，因此同樣是對敗者的想像力＝畏懼的感覺，古代和中世以後也並非完全相同結構的連續。

無論如何，即便經歷幾個階段的結構轉變，對於死於非命敗者的集體想像力，從古代怨靈到現代的「怨靈哥吉拉」皆貫穿了歷史，持續橫亙在人們的集體意識之中。要深入探究這種想像力的成立要素，在方法上不可避免地，必須對在戰後高度成長的盡頭，完全迷失方向的現代日本之傲慢和無知提出反問，而且也已有許多學者和評論家注意到了這一點。

早在一九九〇年代初期，曾以「核心和邊緣」以及「丑角」之論，對當代發揮巨大影響的山口昌男便提出了「敗者學」。然而要說對於來自「敗者」想像力的注重，鶴見俊輔應該可說要比山口昌男更早上許多。我認為，從他的限界藝術論到漫才論的思考中，可以看到敗者論的本質。接著在二〇一〇年代，加藤典洋尤以宛如承繼鶴見俊輔敗者論的方式，透過其圍繞「戰敗」的探討，重新捕捉「敗者想像力」的問題。同一時期，中村秀之藉由電影論、長谷正人藉由電視劇論，將媒體文化中的敗者姿態化為焦點。到了二十世紀後半至二十一世紀間，就連海外的文學、人類學，以及社會學等諸多領域，亦對「敗者」的思考及想像力展開討論。

在這個終章裡，為了指出本書所謂「作為敗者的東京」的「敗者」為何，接下來將回顧現代的敗者研究概況，並以此為起點進行整合討論。

近代日本與敗者的精神史——山口昌男的敗者論

山口昌男的敗者論，匯集在一九九五年出版的《「敗者」的精神史》中，內容原為九〇年代初在雜誌《赫密士》（へるめす）上的連載，象徵性地顯示出他自八〇年代末以來的關注變化。若再加上他自一九八八年起同樣在《赫密士》上連載、作為〈「敗者」的精神史〉前哨的〈「挫折」的昭和史〉，他應該是自八〇年代中葉起開始正式關注日本近代史。

山口昌男一九七〇年代中葉出版《丑角民俗學》（道化の民俗学）和《文化的兩義性》（文化の両義性）兩本著作，是八〇年代非常活躍的時代知識搗蛋鬼（trickster）。他的丑角論和兩義性論早有許多基於人類學、民俗學和符號學等的討論，亦非本書核心主題，便不多加贅述。但對於山口昌男為何會自某時期起轉向敗者論，以及關於丑角論和敗者論關係的討論，似乎不如上述兩冊那般熱絡。

不過山口昌男是否在連載初期便有意識地瞄準「敗者」，則屬微妙。〈「挫折」的昭和史〉最初是以〈知的即興空間〉為題開始連載，後來將重心放在「昭和現代主義」的人脈上，標題才固定為〈「挫折」的昭和史〉。就連《「敗者」的精神史》開頭數章的主題，也是明治的現代主義，要從談論大槻如電、山本覺馬等戊辰戰爭敗者維新後人生的第五章開始，敗者論才終於登上舞台。因此，山口昌男應該並非一開始便標榜敗者論，而是逐漸找到「敗者」這個核心主題。

他在二〇〇〇年出版的《敗者學引薦》中，寫下自己如何開展這方面的論述。他在該書開頭表示，「在日本泡沫經濟崩壞後，再次深感重新檢視自我之必要性的今日，對敗落方的研究成了今後的課題。日本近代史在無意識中建構出以勝者為核心的典範，幾乎找不到重新檢視敗者角色的觀點」[1]。此時的山口昌男並不知道，接下來日本人會為「小泉劇場」瘋狂，甚至輕易地隨著「安倍經濟學」起舞，並且經歷「失落的三十年」。當時他已察覺到的是，二十一世紀的日本如果有什麼希望，那便是跨越「敗者」生存的創造性。

他以舊幕臣知識分子為明治時期的先例，即在明治維新中「敗者陣營的舊幕臣，可以說是抱著捨棄日本人，或曰捨棄薩長打造的日本＝日本人之類的想法而活，也就是要試圖達成『脫日本』」。因此不管他們多麼有能力，都選擇了「相較於在出人頭地的道路上攀升，更傾向寄情於山水，這種不同於明治以來日本人的普遍想法」的道路[2]。他在此察覺到了可能性。

換言之，在山口昌男的敗者論中，「敗者」是和「脫日本」相連結的。無論戰前戰後，垂直整合原則支配著日本近現代社會，在戰後以「系列」所組織的企業制度或勞工工會、中央和地方關係，以及以東大或京大為頂點的學歷金字塔，滲透到了社會中。結果造成人們侷限於各自的組織之內，適應該組織的「常識」，失去超越縱向分割、在橫向連結中思考的能力。這是左右皆同，也就是不分政治立場地，從頂端到底部的各個階層，發生在整個日本社會。而正是這種垂直整合魔咒，導致日本無法適應一九九〇年代以來以水平整合為基本原則的全球化，也注定了日本的漫長衰亡。

山口昌男所尋求的，是從這種垂直金字塔的自閉中脫離，而得以橫向跨越的自由豁達。過去他曾在理論層面以「丑角＝搗蛋鬼」找出了這種可能性，但他認為在近代日本，正是「敗者」在此方向上做過各式各樣的行動。他表示，「從明治到大正年間，有許多人將自身擁有的龐大知識，賦予名為享樂的積極意義，作為走出薩長藩閥政府所打造的金字塔的手段」[3]。

而這些「享樂者」屢屢和戊辰戰爭的「敗者」們重疊。他指出，「如關注從考古學轉移至民俗學的山中共古、國學及考古學的根岸武香、評論及小說作品亦為人所知的內田魯庵，『發掘』井原西鶴之偉大的淡島寒月等，他們的父親皆曾身為幕臣」。若要問敗者為何會成為越境知性的承載者，那是因為他們放棄了垂直方向的顯達，因此他們不太在意垂直構成的社會區隔，能夠自由地一再越境。

山口昌男描寫了許多戊辰敗者的群像，大槻如電及山本覺馬是其中代表。以大槻如電為例，他在過去身為仙台藩士的父親磐溪手下「戊辰戰爭時，在京阪負責仙台藩的武器儲備，投降後逃往京都。如電牢記新政府對其父磐溪的苛刻對待」，即使曾短暫任職於文省部，可不過三年便將家主之位讓給弟弟並隱居，之後以市井文人的身分渡過了半個世紀。

然而就山口昌男的觀點而言，隱居後的大槻如電，實際上不斷從事著創造性的工作。山口昌男寫道，他「精通和漢洋學，是早於時代的和魂洋才人物，留下《日本地誌要略》、《驛路通》、《小學日本文典》、《日本洋學年表》等，此外尤以精通日本音樂歌曲而著有《舞樂圖說》、《俗曲由來》等作品。亦參與江戶軟文學全集編輯工作，被世間視為奇人怪人，是堪稱震懾體制化明治大正學問世界的存在。當然，他不曾成為大學教授，為學術權力機構添翼」[4]。大槻如電有意識地維持敗者之身，因此能夠獲得反轉並凝視近代日本的天地。

另一方面，在綾瀨遙飾演其妹山本八重的二〇一三年NHK大河劇《八重之櫻》（八重の桜）播出後，山本覺馬的人生也較為世人所知。他身為會津藩士發揮卓越才能，在蛤御門之變中率領洋式槍砲隊大展身手，卻最終失明，在鳥羽伏見戰中遭到逮捕，幽禁於薩摩宅邸中。當時其以口述筆記所寫成的《管見》，內容包括從議會、煉鐵法、貨幣、條約、曆法，到救民、女學校、釀酒法、官醫等，預見「近兩百年之後」的「憲政民主」制度架構，是維新時期超群的先驅性未來構想。他的才能在新政府中也相當重要，受到釋放後，對京都復興及產業振興，例如設立府立醫院、圖書館和印刷廠，還有和八重及其夫新島襄共同創建同志社英學校上皆有所貢獻[5]。山本覺馬和大槻如電不同，他是帶領走向日本近代化的領袖。

大槻如電和山本覺馬雖然在方向上完全相反，卻證明了日本近代的智識廣度和深度，是由他們這些淪為敗者的佐幕派志士所引領，絕非掌握權力的薩長。新知性的創造，並不總是出於來自金字塔頂端的垂直軸，而是從打破各種縱向分割的橫越式越境中誕生。雖然這種橫越式的越境，即在自足意涵上攪亂體系或規範秩序，擾亂不同的符號並就此產出新意義的催化劑功能，正是丑角所扮演的角色，但敗者因放棄成為勝者，而發揮出這種丑角式的自由，有時是引領新秩序的自由意志。山口昌男指出，「敗者處世進退之道不同於勝者，他們形塑出對於自然、人類和文化上的另一種觀點」[6]。

山口昌男亦提到，這種越境觀點的萌芽和幕末維新時期的基督教，尤其是東正教會有關。和山本覺馬及八重共同創辦同志社英學校的新島襄，促使其赴美的契機之一，便是在函館潛藏時認識的尼古拉神父。尼古拉神父後來將活動據點從函館移至仙台，又轉移至東京，以來自俄羅斯的捐款在神田駿河台興建尼古拉教堂*。此時其與仙台藩的關係也很重要，山口昌男指出，大槻磐

＊　譯註：正式名稱為「東京復活大聖堂」。

溪對俄羅斯和東正教會抱持強烈興趣。在地緣政治上，維新時期的武士注意到了美國的新教、俄羅斯的東正教、西歐的天主教，並接納了基督教。本書也曾提到，磐城平藩士之子天田愚庵在戊辰戰爭的混亂中與雙親和妹妹失散後，進入了駿河台的尼古拉神學院，可以想像到的是，類似的例子在東北諸藩的藩士及其子弟中應是相當多見。換言之，東正教會可能發揮了「作為戊辰敗者的基督教」的功能。

鶴見俊輔對身為「敗者」的強烈意志

相較於山口昌男，鶴見俊輔更加處於戰後敗者論核心地位。貫穿他龐大知性軌跡的，是決心持續處於敗者立場，絕不成為勝者的豪壯意志。實際上，晚年的鶴見俊輔身上有一種創傷性的思考模式：不管什麼樣的話題，只要涉及到親族，最後必然導向對父親鶴見祐輔辛辣惡言。

眾所周知，鶴見俊輔之父鶴見祐輔是東京帝大法學院菁英，受教於新渡戶稻造，進入後藤新平擔任總裁的鐵道院，並進一步成為其女婿。他擔任鐵道官員之時，亦多次陪同後藤新平和新渡戶稻造前往海外視察而為世人所知，在執筆眾多著作的同時也是一名國會議員。很顯然地，鶴見俊輔討厭這樣的父親。在他晚年時，我曾在某會上對他和堂兄鶴見良行在美國立場上的差異提出問題，原以為俊輔氏會以鶴見良行究竟已（在思想實踐上）走到多遠來開啟這個話題，沒想到他立刻滔滔不絕地將話題轉向對父親的壞話上[7]。

實際上，鶴見俊輔並未受過父親苛待，他的父親看來更像是在諸多方面為他提供了保護。然而，晚年的鶴見俊輔卻露骨地表現出對父親的厭惡。由此或可提出的一種假設，也就是他在父親祐輔身上看到了勝利者的影子，他在父親身上感受到對掌權者阿諛奉承的性質，若有機會也要手握權力的企圖心。更進一步地說，我甚至覺得，或許鶴見俊輔是在開口貶抑父親的同時，注視著遙遠處的外祖父後藤新平。後藤新平無疑是大正時期握有日本核心大權的權力者，從統治台灣到復興帝都，後藤對帝國有著清晰的願景。他的外孫鶴見俊輔，終其一生都試圖走在和外祖父完全相反的道路上。

鶴見俊輔過世後，見田宗介先生和栗原彬先生加上我，三人在雜誌《思想》上舉行追悼座談。在這場座談中，十分熟悉鶴見俊輔的見田宗介先生，以具體事例談到他在思想科學研究會等場合的表現，指出貫徹其中的是「自己不成為勝者」如此堪稱強迫性的堅持，讓我留下深刻記憶[8]。身為位處日本大帝國中樞後藤新平的外孫，對鶴見俊輔而言，自己絕對不會成為後藤新平，徹底拒絕踏上那樣的「勝者」之道，應該是他的人生基本原則。或許正因如此，他才持續否定著追求後藤新平事物的父親鶴見祐輔。可能在戰後的思想家中，再沒有其他人能如鶴見俊輔這般徹底堅持要當個「敗者」。對他而言，持續身為「敗者」具有賭上人生的積極意義。

我認為有必要從這個角度，重讀鶴見俊輔眾多關於大眾文化的論述。雖然當時他本人並未將之命名為「敗者論」，但即使是限界藝術論，那不也是個關於日常想像力的問題，同時還是敗者想像力的問題嗎？實際上，加藤典洋在他逝世後所編撰的「最後自選文集」便切中核心地命名為《敗北力》[9]。我想正因為加藤典洋氏一直近距離看著鶴見俊輔如何處世，才為他選出了最適切的書名。

不過關於限界藝術論，那影響力巨大的論述重點，經常被認為是在於將藝術表現區分成「純粹藝術」、「大眾藝術」和「限界藝術」三種。論述中確實提到這三種藝術的範疇，但這並非該論述的重點。倒不如說，分裂成這三個範疇，在整個近代化或大眾化中是決定性的，鶴見俊輔將之視為問題，因此認為在現代「純粹藝術和大眾藝術急速發生的分裂，將本身處於停滯、狀態和五千年前幾乎沒有變化的限界藝術，放進全新的處境和脈絡中」[10]。

當然，對於那是否為「幾乎沒有變化的狀態」也有不同意見，但此處重點在於歷史性地、作用力性地捕捉三個類別的關係。因此他指出，「藝術」這個概念在日本「可以分成三個層面：西歐文明歷史所公認的作品體系（權威問題）、經由先進國家名人複製（模仿性和被動性問題）、在日本中心都市東京的少數文化人接收（相對於地方文化的東京中心文化問題）」，於討論中包含了對於權力結構性且複合性的問題[11]。

被鶴見俊輔舉為限界藝術實踐之例的是柳田國男、柳宗悅和宮澤賢治三人，實際上無論是他們之中的哪一位，皆與近代化或殖民主義、資本主義壓榨有著對抗關係。以柳田國男為例，鶴見俊輔認為「柳田國男沒有將限界藝術的各種類型切分成如民謠、盆踊之類，而視為一個體系去理解」，換言之，是將限界藝術視為「愉悅記號」的產生體系。若以符號學層面的角度切入，「無論是注意到哪個限界藝術類型，都能找到通往另一種形式的路徑，如同共通的地下道那般」，而這個共通地下道則是「日本人在各地、各時代中具體的團體生活模式」[12]。

鶴見俊輔接受了柳田國男該方法論的立場，所討論的則是柳宗悅的批判性定位（positioning）。他認為柳宗悅的活動原點是「聽到朝鮮首府京城的王宮光化門在日本總督府命令下遭到拆除，遂撰文哀悼光化門」這件事相當重要，換言之，即是「對日韓合併後，日本官僚破壞朝鮮文化自主性之舉措的反彈，讓柳宗悅對民俗藝術的關注萌芽」。在柳宗悅的事例中，這並非是單純朝向日本帝國主義的批判，而應該說是開啟對朝鮮半島陶工技藝的關心，將「工匠是由高度傳統支撐的無意識手工作業，而這樣的手工業遠超個人天賦成就之理念」化為結晶[13]。換句話說，在列強以擴張領土為目標的帝國主義互相衝突的十九世紀國際政治中，朝鮮半島是邊緣的敗者，然而柳宗悅在它「具體的團體生活模式」中，發現了以傳統為基礎，純熟洗練高超技藝的團體想像力。

而在宮澤賢治的例子裡，他認為限界藝術的承載者是其作品《好脾氣的火山石》（気のいい火山弾）中「沒有稜角的石頭別固」、《歐茲貝爾與象》（オッペルと象）中「賣命工作的天真白象」、《不輸給雨》（雨ニモ負ケズ）一詩中的「木偶」，以及結合了這些形象的「微塵」。被嵌入以價值不斷成長為特徵的現代資本體系之中，生命力遭受徹底壓榨的圓石、象和木偶，雖然也有被「拯救白象，革命般的大象同伴」即勞工運動或大眾性質革命救助的時候，但宮澤賢治的設想，在於形成能讓「天真的白象」本身成為限界藝術創造者的社會。換言之，「在一粒微小塵埃中，其他塵埃終究無法完全理解的獨特靈魂皺起眉頭，那獨特的靈魂背對世界，厭惡、詛咒著自己遭到世界的孤立」，宮澤賢治認為這些塵埃的自我解放是藝術[14]。

如同上述，鶴見俊輔的限界藝術論，並非只是將藝術分成「純粹藝術」、「大眾藝術」和「限界藝術」三種類別，亦非僅意在提出限界藝術這個概念，並將注意力投向內含庶民日常性實踐的創造性上。在這個概念中，內涵著在西洋和日本、東京和地方、帝國和殖民地、資本家和勞動階級（proletariat）、多數和少數，在各式各樣不平等及支配結構中絕不與勝者為伍的決心，進入了被勝者排除之人或邊緣立場者之中，強調了作為解放在其背後延展的深度、傳統和蠢蠢欲動心靈政治的限界藝術之意志。換句話說，若套用本書的分類方式，鶴見俊輔將最為廣義之下的敗者想像力視為限界藝術。

明確展現出那貫穿限界藝術論的敗者意志的，是他的漫才論。對鶴見俊輔而言，漫才小屋是「開在日本社會正中央的一個大洞，被吹過來並聚集在那裡的人們，從洞中眺望著大日本，其構造即是如此」[15]。他年輕時經常前往的京都外圍寄席，那裡的漫才師「段子都講完了，就把自己的數個過往經歷串在一起，其中出現了許多不同職業，他們說其實從前志在他方，失敗了才來當漫才師」。他們身上帶著「人生的錯誤角色，或者該說在錯誤角色中扭轉身體，從那裡看待世間」的態度[16]。這個定位相當重要，「站上淘汰者位置後，才會產生去揭示日本社會行事活動的資格」[17]。

鶴見俊輔又將《忠臣藏》和「漫才」對比為兩個日本人思考的不同端點。《忠臣藏》所展現的，是「樹立某一目的，以此為目標集體克服各種困難前行」的態度。另一方面，漫才矚目之處卻是「到達終點之前的不一致」。換言之，「《忠臣藏》著眼於一致性，無論是成員智慧還是獨創性，都不可能對團體目標產生疑問，也不允許改變目標。漫才則將同伴之間的不一致表現出來，在進展上沒什麼效率，或在終點前就坐了下去，或是笑笑就過，不把目的當一回事」[18]。漫才是背叛成為勝者理念的表演技術，然而讓這種演技成為可能的，是試圖維持敗者身分，不去勉強的漫才師的姿態。

2. 敗者的戰後——加藤典洋．中村秀之．長谷正人

戰後日本與敗者想像力——加藤典洋的敗者論

相對於山口昌男將注意力放在日本近代，特別是明治維新的敗者上，還有鶴見俊輔堅持在範圍更大的近代世界中不成為勝者的追求，加藤典洋則是對身為亞洲太平洋戰爭敗者一事不斷發出探問。

加藤典洋表示，當他打算提筆寫敗者論時，他的「腦子裡有個紡錘形的世界地圖，一端是

吉本隆明、鶴見俊輔、中野重治、江藤淳等人代表的『戰後派』思想活動——戰後思想，另一端是山口昌男、松岡正剛、片岡義男、植草甚一等人可謂『脫領域』且無重力（無力）的塊莖（rhizome）狀『知』性活動——後現代文化理論」[19]。據其所言，「敗者的想像力是指敗者可能會在持續身為敗者的過程中誕生的想像力」。因此，他試圖以「敗者想像力」的角度，在那地下水脈般的深度中，重新掌握一九四五年以來「日本作為戰敗國七十餘年經驗所培育的感性、感受能力、思考方式」[20]。

眾所周知，加藤典洋的敗者論承繼了鶴見俊輔的敗者堅持。他認為鶴見俊輔（和吉本隆明）的思想力量「與其說是在人所能見的『塔之高』（對他人的影響力），不如說是在目不可及的『井之深』（獨自苦痛的力量）處」，並進而指出形塑出他們「之深」的是「輸掉戰爭，人人反省，欲深入學習勝利者的新世界時，他們反而試圖徹底釐清身為敗者究竟為何」。加藤典洋也在討論中提到，「他們懷著成為世界奴隸的覺悟。成為奴隸，是指成為勝者的奴隸，但同時也可能是包含勝者與敗者，更廣大世界的奴隸」[21]。

若更簡要地進一步說明，那便是相較於勝者，敗者更能看到遠方的世界。加藤典洋主張，「敗者新體驗到的世界，有可能比勝者新體驗到的世界更加遼闊、深入」。然而在這種情況下，敗者「必須面對自己的『落敗』，因為有無數的方式能加以否認。而（面對）『屈辱』會將敗者繫在敗北一事上」。

在那之後，敗者「以全身活在因『落敗』而重新在其前方擴展的經驗範圍中」。換言之，敗者有必要「認清楚什麼是『不落敗』便無法獲得的經驗，培養能以身體認知的感受性」[22]。像這樣停駐在「敗者」位置，從那裡不斷感受世界，敗者就能獲得大幅超越勝者的遠大視野。

加藤典洋舉出大江健三郎早期作品，作為持續停駐於敗者意識深處的代表性例子。在這些作品中，大江健三郎「認為當代日本處於被美國壓迫，根本無法抵抗的閉塞狀態。而這次則藉由虛構文學將之**替換為**五年前的占領狀態並進行描寫」。對大多數的日本人而言，「談不上愉快」的占領期記憶已被迅速遺忘，「許多日本人默默地通過了那個地方，短暫七年的占領結束，那令人不快的記憶在戰後復興的吶喊聲下，迅速地在他們之間擴散。此時，大江健三郎為了藉由文學表現殘存且尚未消失的**附庸美國**的事實，可以說反而以虛構文學將占領一事給『廢物利用』了」[23]。

也就是說，「潛入自己就是敗者的自覺底部，然後從那裡抬頭，再次看向世界」[24]。加藤典洋在大江健三郎早期作品中，看到了「敗者想像力」的原型。

但在加藤典洋的論述中，敗者想像力並不只是一九四五年戰敗，而是從日本地緣政治位置上反覆萌芽。他寫道，「在海的另一頭有著更優越、先進的文物和思潮。廣義而言，勝負在戰前已成定局。對方具有優勢，而我們拙劣。對方優越（勝者），我們劣敗（敗者）。這樣的關係，自古代開始就持續存在於這座『極東』列島中」[25]。日本列島和朝鮮列島、印度支那半島相同，反覆累積了敗者的想像力。

在他的假設中，如此漫長的歷史經驗滲入了日本人的舉止姿態中。我們不習慣直視著人的眼睛說話。說話時正視對方是偏向於勝者的動作，敗者則是會「笑得曖昧，提起嘴角，視線稍微往下，駝背般縮起肩膀走路」。有這種舉止的國家，「大抵在歷史上都曾遭強國入侵，或背負著曾是其他先進國家殖民地的歷史」。直到近代，日本以自動置身於邊緣來面對中國的強大力量，而在明治維新中，本書提及的舊幕臣則加深了「敗者」的凝視。

加藤典洋認為，實際上相較於以歐美列強為範本的勝者普遍性，這個敗者性通向遠超前者的深層普遍性。不過此處的「勝者普遍性」，簡要而言是指近代種種價值的普遍性，但該普遍性因歷史脈絡而與殖民主義形成表裡，在此意涵下也是帝國的普遍性。而遭到這些帝國殖民的人們，在殖民化的過程中，內部隱藏著最終將顯現出後殖民批判的另一個普遍性。明治維新敗者的凝視，其實也和這些敗者普遍性相通，然而實現近代化的日本人，卻愈來愈看不見維新敗者的凝視「背後隱隱存在著連結世界上大部分人類的非勝利者視角」這一點[26]。

後占領時期電影中的敗者

山口昌男、鶴見俊輔以及加藤典洋，這些從不同視角出發剖析日本近代的思想家，他們最終都開始了對「敗者」的思索，或由此開展論述，而這並非偶然。加藤典洋的敗者論基礎固然是建立於文學之上，但除了文學以外，無論是媒體研究、電影或是電視劇研究中，也有不錯的敗者討論之作。首先在電影方面，中村秀之在《敗者的姿態》中討論亞洲太平洋戰爭的敗者再現。

中村秀之認為，大日本帝國的「前線—後方」結構在占領和後占領時期發生過多重的變形和轉換。首先，「在如復員士兵及遣返者的經驗或記憶、陣亡和留在當地的士兵與其遺族的關係中，過去的『前線—後方』宛如附體亡靈」。第二，和戰爭時身為敵軍的美國人，在生活場域中有了直接的接觸和交流，就像以美國大兵為對象賣春那般，過去的「後方」在「占領—被占領」關係中被重組。第三，正如為了供給韓戰的「朝鮮戰爭特需」以及國內和沖繩的美軍基地，日本在冷戰體制下被重新定位為美軍的「後方」。中村秀之所說的「敗者姿態」，指的是於此至少三重前提的後「前線—後方」權力關係中，在這樣的多重關係下「附屬的身體被表現在（電影）畫面上的模式」[27]。

中村秀之所關注的焦點，是敗者附屬在這多重權力關係下，茫然地表現出各種身體蠢動，但只有在電影院的黑暗之中，才會展露出它清晰的輪廓。他在此處加入歷史晝夜的分析軸：歷史白晝是指「言論、行動受到必要性或目的支配的領域」，相對地，歷史黑夜則是指「不經由言論或行動表達，從必要性或目的中解放，以此為前提的線性時間被異質的時刻充滿，各種同一性解體，幾乎無法言傳的領域」。因此，「不同於歷史白晝將人們大幅地包覆起來，牢牢緊繫，各個歷史的黑夜如同無數異質片段般出現與消失」[28]。

根據中村秀之的定義，電影是「集結歷史黑夜並體驗之的特殊手段」。電影的再現，則是以能使集體性黑暗浮現出來的技術為前提，屢屢發揮出「收集難以捕捉的歷史黑夜，創造出未知世界」的潛在力量。這也可以稱為是「歷史曙暮光」的再現，在這微弱光亮中，敗者的行為以「身負多重意味的未知思考運動」而出現[29]。

中村秀之書中依據個別電影作品，分析後占領時期電影中的「敗者的姿態」，其中明白展現出上述論點的，是對谷口千吉所執導《紅燈區基地》（赤線基地，一九五三年）的分析。這部電影的舞台靠近靜岡縣東富士演習場，該地區在一九〇六年日俄戰爭結束後被劃為舊日本陸軍實彈演習場，農民因此失去了祖傳的土地。農地雖曾在戰敗後一度歸還，但一九四六年時為了興建美軍演習場再次遭到徵收。換言之，農民遭受到舊日本軍和美軍的雙重占領。《舊金山合約》生效後，美軍演習場最終移轉成為自衛隊演習場，農地可說是受到第三次占領。

《紅燈區基地》透過三國連太郎所飾演的歸國士兵之眼，描寫因農地徵收和美軍駐紮所引起的地域解體，毒品及賣淫、農家分租給賣春婦、歡樂街毗鄰學校，這些在當時美軍占領區中隨處可見，這種情況在之後依舊長期存在於沖繩。

在壓抑的占領狀態中，被迫成為最多重層次下的敗者的，是以占領軍為對象賣淫的年輕女性，而電影則讓主角親眼目睹過去的戀人淪為賣春婦。正如中村秀之所言：「《紅燈區基地》是描述主角目睹家鄉變化的電影。然而這種變化與其說是某種同一性轉變成另一種同一性，對主角而言，大概是同一性崩壞的體驗。」[30]在此，敗者與其說是獲得了身為敗者的同一性，不如說是被剝奪了所有的同一性。

其實將近三十年前，我和《敗者的姿態》作者中村秀之曾以電影為題材，在某所社區大學共同授課。當時在他的提議下選擇了《紅燈區基地》，探討片中對戰敗的再現和數年後《哥吉拉》之間的關聯性。實際上，導演谷口千吉和製作人田中友幸在《紅燈區基地》中所發揮的電影——也就是歷史曙暮光——批判意識，藉由在方法上從直接表現改為隱喻表現的轉換，就「敗者的姿態」創造出了恐怕不僅止於戰後日本，甚至是戰後全世界最重要的符號（icon）哥吉拉。

話雖如此，對製作人田中友幸而言，《紅燈區基地》雖然是投注特別心力之作，卻因其因「反美性」問題曾在美國壓力下一度中止播映，電影雖在數月後上映，票房成績卻不如預期，帶來重大打擊。這讓他了解到，以日本戰敗為主題的電影，需要「在引發多種解讀的同時將其懸置空中的高度寓意性」。也就是說，在中村秀之的分析中，突破《紅燈區基地》票房限制的答案是《哥吉拉》，比起直視基地城鎮的賣春或地域解體的現實，戰後日本大眾渴望的是消費寓意著戰敗、寄託於不可能存在的巨大怪獸形象的虛構作品。

中村秀之在此提出探問，難道「眾多對『哥吉拉是什麼』的解釋本身」，不正是「因為對象無法同一化＝真面目不明（unidentified），而希望賦予某種同一性的欲望的產物」嗎？《紅燈區基地》的主角看到故鄉由於戰敗和占領受到無法復原的破壞，徹底喪失其同一性，中村秀之認為，哥吉拉是更加深入探究這種同一性崩壞的存在。換句話說，那是離開處於美軍占領下富士山麓村莊的歸國士兵，「在電影特有的夜晚深處轉世重生，成為破壞戰後日本國土的怪獸，再次歸來」的想象[31]。

這是中村秀之自身於電影銀幕微弱亮光中幻想所見「歸國士兵＝哥吉拉」的再生譚，然而這個再度歸來的想像，似乎也較為接近加藤典洋所討論的哥吉拉形象。

山田太一電視劇中的敗者

若說中村秀之分析電影作品的敗者論，和加藤典洋分析文學作品的敗者論相連，那麼長谷正人分析山田太一電視劇的著作《敗者們的想像力》，則更偏向與鶴見俊輔堅持敗者立場的意志相通。

長谷正人的論述指出，在山田太一一九八〇年代初期作品《不合規格的蘋果》（ふぞろいの林檎たち）中，「敗者之所以為敗者，是因為透過『勝者』觀點看待自身」，但本劇要講述的並非如此。換言之，劇中描寫的「不是『敗者』試圖成為『勝者』，而是描述什麼是身為『敗者』但仍然自豪地生活」[32]。也就是說，這齣電視劇的主題，是敗者從勝者觀點的咒縛中解放。

這種解放成為自日本近代本身之中解放的核心。一九七七年的《河岸相簿》（岸辺のアルバム）清晰地表達出這一點，劇中描述「戰後日本經濟成長和邁向個人生活化，所帶來的郊區中流家庭矛盾和崩潰」，並以質疑「迄今為止電視家庭劇中描繪的幸福家庭形象」之作，而在過去受到廣泛討論。不過長谷正人的焦點在於，本劇「不僅是講述一個家庭的崩潰，而是耗費篇幅，仔細描寫人物在家庭崩潰後，內心如何接受崩潰（敗北）的過程」。

山田太一之目光所及，不過在於維持敗者之身的可能性，而非揭露勝者的虛構性。電視劇的各位主角，「並非是在或許得以重回『勝者』行列的未來展望中，而是在接受自己是『敗者』，並可以就此獲得幸福的現在可能性中」獲得「未來」[33]。

《河岸相簿》最令人印象深刻的，是因多摩川氾濫而失去家園的主角一家，發現只有自家的屋頂被沖到了下游河岸後，他們在屋頂上安靜交談的一幕。正如長谷正人的總結，「若說戰後日本核心家庭買下獨棟房屋作為自己的城堡，並悉心購買各種家電放在那屋子裡當成幸福的證據，相信守護這些財產意味著成為人生『勝者』而汲汲營營，那麼如今他們身為『敗者』站在河畔的風中，一無所有，也就是他們從升學考試、出人頭地、獨立等追求勝利的束縛中解放，充分享受著人生最基本的自由」[34]。這就是為何主角群會在這一幕中異口同聲地說：「一掃而空了也不錯啊。」

長谷正人接著表示，這場戲的河岸景色讓人「甚至聯想到戰後的日本焦土」。過去「日本人身為敗者被拋棄」在那片廢墟上，他們應該也能從「戰時極權主義下為了『勝利』的束縛中解放，感受到身為『敗者』的自由和幸福」[35]。

換言之，我們也可以說，這意味著從高度成長中成為「勝者」的強迫中被解放的「敗者」，和被遺留在亞洲太平洋戰爭瓦礫中的「敗者」，此二「敗者」維度在山田太一的電視劇裡交會。

長谷正人也在一九七六年至八二年間播出的、山田太一的《男人們的旅途》（男たちの旅路）中，在那名「因拘泥於日本『戰敗』的過去事實，而遭社會主流驅逐的『敗者』」的警衛身上看到了後者。這位警衛由鶴田浩二飾演，過去曾是特攻隊員，他看著年輕警衛迎向暴徒而喪命，沉重地說出「真正的強悍是面對大批敵人時，承認自己的『無力』，不怕被叫做膽小鬼，坦蕩地逃走」[36]。

這與其說是「反戰」，更接近「非戰」思想。當然，面對二十一世紀初期俄羅斯的軍事侵略，烏克蘭人因保衛國家而戰屬於正義，因此，不能要求他們要在一開始便接受身為「敗者」一事，將國家交給值得譴責的俄羅斯殘酷獨裁者才是正確。然而在另一方面，無論是在世界任何地區，能坦然接受自己身為敗者，並始終意識到自身的「無力」，也是相當強韌的精神。

3. 近代與敗者的思考——西維爾布奇與瓦許特爾

敗者的反覆模式——沃夫岡．西維爾布奇的敗者論

接下來，讓我們試著將前述現代日本的敗者論，與海外的敗者論嘗試進行對照。首先必須提到的，是德國社會文化學者沃夫岡．西維爾布奇（Wolfgang Schivelbusch）的敗者論。他所關注的主題，從將鐵路視為近代視角媒介的《鐵路旅行史》（*Geschichte der Eisenbahnreise*），轉向現

代（modernity）的光，也就是煤氣燈及電力照明的社會史（闇を照らす光，一九八三年）*，後來開始探討「敗者思考」問題（敗北の文化，二〇〇一年）†。西維爾布奇關注變化的方向也和筆者有所重合，如同其軌跡所展現的，近代視角的擴展和敗者想像力之間，毫無疑問地有著貫穿漫長歷史的表裡關係。

西維爾布奇的焦點在於「敗者思考」中反覆出現的模式，可以說他所構思的範疇應稱為「敗北」比較社會學。他指出，「每個國家都有不同的戰敗經歷。然而，面對戰敗的反應——心理、文化，或者在政治方面——卻可以看到超越時代或國界，數個反覆出現的模式，或者該說是原型般的模式」[37]。西維爾布奇討論的三個例子是一八六五年南北戰爭中戰敗的南軍、一八七〇年代初普法戰爭中敗北的法國，以及第一次世界大戰中敗北的德國，然而他從中得出的「敗者思考」共同模式，也相當符合本書所討論的一八六八年戊辰戰爭德川幕府敗北，以及二戰的日本戰敗。

西維爾布奇提出「敗北思考」有兩種類型。其一是敗北「當事者」的自我省察，另一種是來自「不感興趣」第三者的省察。若要說是「敗者」的思考，或許只有前者符合。他將此分成各階段討論，指出在大多數狀況下，敗者的經驗都是始於「夢之國」，讓人有恍然大悟之感。若對照

＊ 譯註：德文原書名*Lichtblicke*。

† 譯註：德文原書名*Die Kultur der Niederlage*。

不同的敗北經歷，可以觀察到其中皆出現了「戰敗的消沉低落通常僅短暫持續，便會逆轉為奇妙陶醉感」的現象。帶來「陶醉感」的是「軍事慘敗後出現的國內革命狀態」，許多身為敗者的大眾則因「舊制度的廢止和（舊統治者）淪為負起戰敗責任的替罪羔羊，帶來了一種獨特的勝利體驗」。

此時對敗者而言，「過去的敵人已非敵人，幾乎等同盟友，協助放逐舊制度的權力者和暴君。胸中滿溢著人類博愛精神，大眾帶著自信，放眼未來」[38]。西維爾布奇這裡指的是一八七一年以後的法國以及一九一九年之後的德國大眾，但一九四五年以後的日本大眾，亦可說是完全符合這般描述。

然而接下來，只當個「接受戰敗國大眾歡呼的專制解放者」已無法滿足戰勝國，當戰敗國的國民「不再是無辜的犧牲者，而被視為應負起戰爭責任、賠償義務的主體時，氣氛為之一變。暫時和解的敵意以和戰爭爆發時並無二致的狀態，或因感到再次遭受欺騙而更加強烈地出現」。西維爾布奇表示，這是敗者思考的第二階段，而在戰後日本，由於戰敗後東西冷戰加劇的大時代背景，這種「陶醉」到「激憤」的轉換化為「逆轉路線」批判的言論，由共產黨等左派勢力所引領。反過來說，日本國內社會由於應對東西冷戰的方式而分裂，昭和天皇亦免予追究戰爭責任，因此多數派在此之後的七十多年間，仍停留在「夢之國」階段中。

但是敗者的思考有時會轉而進入「精神勝利」階段。敗者認為，戰勝國的「勝利並非真正的勝利，而是一種不公（虛假、失德、詐欺、篡奪），因此是無法被承認的勝利，並從這種確信中，將敗北昇華為純粹且崇高的對立物」，西維爾布奇指出，在此「犧牲和殉教的基督教式形象，會和這種古典美學結合」[39]。若稍加擴大地說，在這種思考的底部，則帶著敗者「在洞察和知識上領先勝者一步，或是得以率先讀取命運之輪半圈之外的走向」的確信，而這又會喚起人們從更長期的角度去洞察歷史的興趣。他們「曾一度被迫淪為敗者，而能從中產生出在長期來看更為適切、具有更佳解釋性的看法」，換言之即察覺「歷史——在短期上——或許是由勝者所創造，但歷史的認識——就長期而言——卻是由敗者而生」[40]。

經過本書前面的探討，我們可以確認舊幕臣在明治維新時期幾乎沒有經歷從「夢之國」到「激憤」的逆轉，而是從絕望的敗北經歷中一口氣轉向「精神勝利」。參加會津戰爭，因戰敗而漂泊到京都的山本覺馬和八重兄妹，最後為重建京都付出巨大貢獻，並且在以基督教為基礎創設同志社大學上扮演了核心角色。創辦慶應義塾大學的福澤諭吉也曾身為幕臣，曾任東京及九州帝國大學校長的山川健次郎亦為會津藩士，還是白虎隊的倖存者。很明顯地，明治日本的學術和評論基礎，並非是由明治政府中樞的薩長派，而是舊幕臣或佐幕派所建立。

西維爾布奇告訴我們，這並非近代日本所特有，而是普遍出現在「敗北文化」中的共通現象。

他也提到其他敗者思考的演變模式。例如，敗者思考也可能轉為向勝者「報復和復仇」。在美國和伊斯蘭或是長年敵對的兩國衝突中，由於對象明確，便常見落敗的一方向勝利方發起「報復」或「復仇」。

但如果勝利者並非單一國家而是盟軍，則難以縮小敵人的範圍；而若勝敗雙方有絕對性的差距，「報復」的意圖便經常遭受挫折。西維爾布奇表示，這種實際上不可能報復的狀況「可能引發其他的補償心理」，意即「認為戰敗國是和獲勝盟軍中最強大國同等的國家」。如此戰敗國便達成了兩個目的，一個是「矮化盟軍其他國家不過是坐收漁翁之利」，另一個則是「確保在力量排行上僅次於主要戰勝國，至少高於其他國家的地位」[41]。西維爾布奇在此討論的雖然只是法國以及德國戰敗的例子，但明顯亦符合日本自一九四五年後對美國的態度。

如同前述，西維爾布奇在此提出的論述，是關於敗者的普遍性而非特殊性。他雖然僅就這三個例子來探討，但多數論點都吻合一九四五年戰敗後的日本，以及一八六八年戰敗後的幕府陣營。反過來說，我們口中屬於日本近現代史特有事件的敗者經驗，就西維爾布奇的論點而言絕非如此，而是能從比較社會學角度模式化的「敗北文化」的一部分。

而若以此普遍化的觀點而言，本書框架下的東京三次「征服」，也是漫長歷史中在無數城市上反覆發生的各種征服模式的一部分。世界各地的城市都留下了數重這樣的「征服」印記，而讓這些斷層中所誕生的許多敗者經驗、思考或是想像浮現，和來自勝者對該都市的凝視彼此相對化，是思索「都市」的人們的共同主題。

大征服時代與敗者的想像力

在歷史上反覆出現的征服中，最為殘酷和慘烈的，無疑是發生在十六世紀西班牙人對中南美洲原住民文明的征服。在這場從天花大流行到大量屠殺，掠奪龐大財富和徹底破壞王都的征服下，美洲大陸原住民的人口劇烈減少，文明和關於文明的記憶如字面上所述的那般崩潰。納坦·瓦許特爾（Nathan Wachtel）在《敗者的想像力——印地安人眼中的新世界征服》（*La vision des vaincus. Les Indiens du Pérou devant la conquête espagnole,1530-1570*）中提出疑問，探詢原住民是如何從暴行中倖存，他們如何去解釋、如何在數世紀以來持續回想這段歷史。瓦許特爾分析勉強殘留在原住民話語中的紀錄和民俗祭典，嘗試寫下「翻轉」大航海時代在「新大陸」上發生了何事的民族史。

瓦許特爾表示，比起發生在阿茲特克、馬雅或印加人身上的大規模死亡或侵略者掠奪龐大財富，此時更加嚴重的，是支撐他們存在的諸神的死亡：

> 對於被征服的人們而言，敗北的影響甚至延伸到他們的宗教或宇宙觀，這意味著古老神明失去了祂們的超自然力量。阿茲特克人以身為掌管戰爭的太陽神維齊洛波奇特利（Huitzilopochtli）的選民而自豪，他們的使命是讓位於墨西哥四方的所有民族遵從其命令。

因此都城墨西哥的淪陷，在意義上遠遠超過單純的軍事敗北。太陽神的統治隨著都城陷落而告終，地上的生活也在此之後完全失去價值。而當神明死亡，印地安人也只能等待死亡降臨。[42]

對原住民而言，最糟糕的是傳教士在征服後熱心傳教。來自歐洲的征服者「期望帶來真神的知識，破壞神殿、神像，卻沒有遭到任何懲罰，並向被征服者宣稱，他們過去崇拜的不過是虛假的偶像。阿茲特克文化的一切突然變成空洞之物」，故而阿茲特克人只能絕望地呼喊，事已至此「不要只讓我們死亡，就這樣讓我們走向毀滅，因為我們的神已死亡殆盡」[43]。

因此在西班牙的統治下，印加人「過著宛如殉教者般或是孤獨的生活。哀悼阿塔瓦帕（Atahualpa）的哀歌唱出了他們悲傷、錯亂，不知該向誰祈求是好的身影。庇護他們的巨樹傾倒，他們陷入無可填補的空虛。失去了引導自己的父親，受到異邦人的輕視，他們從此過著流浪和漂泊的日子，如同字面上所述，他們不過是遭受迫害的孤兒，深陷於悲傷和挫折感之中」，瓦許特爾寫道。另一方面，馬雅人則是「在回憶中將古文明時期視為真正的黃金時代，認為諸惡自西班牙統治起蔓延。白人的時代是和祖先時代完全相反的時代」[44]。

西班牙人統治帶給美洲原住民的深刻創傷，經歷數百年後也不曾癒合，至今依舊存在。在整個近代史中，這樣的暴行在不久後演變為帝國列強的暴行，持續不斷。雖然征服的歷史自古代起便反覆出現，但近代帝國主義的征服，卻是以基督教為背景的進步史觀和與其互為表裡的種族主義歧視，將征服以宗教乃至於意識形態正當化，相應地連敗者的精神世界也要試圖統治，這是和過去征服不同的一點。

例如不斷進行征服，堪稱征服者之冠的古代羅馬帝國，從未表現出改變被征服民族之信仰的興趣。他們只是在異民族的眾神行列中加入羅馬諸神，異民族的人們若是被「文明化＝羅馬化」便能成為羅馬公民。相較於近代，古代羅馬帝國的種族主義相當薄弱。

然而，瓦許特爾指出，即便西班牙人對阿茲特克、馬雅及印加的破壞程度如此嚴重，原住民「雖然對外來文化產生了些許反應，但對傳統仍表現出無可救藥的忠誠」[45]。他撰寫本書的時間是一九七〇年代，也就是在全球化浪潮席捲世界之前，不過在秘魯，「國家祭祀雖然隨著阿塔瓦帕（印加帝國末代皇帝）的處決而消滅，但安地斯（各地方的華卡〔huaca〕信仰，以星辰和雷電崇拜為基礎）的古老宗教，在數世紀之後的今天仍繼續存在」[46]。

也就是說，敗者雖然吸收了部分勝者的宗教或文化，但並未完全改變最根本的精神世界。雖然經過征服後數百年歷史，原住民和西班牙後裔的混血愈來愈普遍，物質方面也引入了外來要素，但在精神方面「印地安人仍忠於傳統。儘管有西班牙傳教士的傳教，基督教和安地斯的宗教仍處於持續共存的狀態」[47]。

這究竟是如何達成的呢？第一個方法是宗教上的抵抗。在瓦許特爾提到的十七世紀紀錄文件裡，原住民的告解講述了「印地安人有真正的神官，會秘密教授傳統儀式，反對基督教的普及」。據說有其他「祭司」「呼籲印地安人丟棄十字架、聖像等基督教象徵物，以免染上」正在大流行的天花[48]。即使在西班牙人的征服後將近一個世紀，原住民社會中的神官，也就是巫師仍頑強抵抗著，不被基督教傳教士徹底取走他們的精神世界。

第二種方法，則是宗教上的折衷或是偽裝。瓦許特爾在書中寫道，例如「印加帝國的太陽祭和基督聖體聖血節（Feast of Corpus Christi）日期偶然一致，成為引發各種混亂的原因。另一方面，這種混亂也是西班牙人自己所造成，因為他們特地在原住民神聖的地點上建造教會或十字架。相反地，印地安人也會藉由基督教掩護自己的偶像和儀式」[49]。

這便相當於江戶時代隱匿的基督徒將聖母像當成觀音像禮拜，原住民以各種巧思為傳統宗教戴上了基督教的面具，征服者則在挪用傳統宗教的同時傳播基督教。瓦許特爾在書中指出，「傳統的安地斯宗教和基督教之間經常出現表面的調和，但此時的傳統信仰實際上凌駕於基督教之上」[50]。意即征服者的挪用和原住民的偽裝策略形成表裡，但後者經常處於優勢地位。

瓦許特爾亦提醒讀者注意，這種文化折衝的結果也和原住民社會內部的階級結構有關。舊印加社會的統治階層成為敗者後，失去了使用古柯、一夫多妻等象徵性特權，於是他們藉由模仿西班牙人的生活方式，試圖藉此彌補失去的威信。這種藉由模仿勝者以期望能彌補失去事物的行為，在日本戰後的美國化過程中也能找到許多例子，就連西維爾布奇也曾在他的敗者論中指出，敗者既可能向勝者復仇，也可能重新將自己的立場定義為最接近勝者的人。印加社會原本的統治階級遭到西班牙人征服後，滿不在乎地去嘗試模仿勝者的，便可歸類為後者。

然而，在瓦許特爾討論的敗者想像力中，最讓人印象深刻的，並不是這些嘗試模仿西班牙文化的舊統治階級，而是那些挪用了征服後所移植的基督教時間意識，同時想像著在未來重現過去本源時間的人們。瓦許特爾注意到的其中一個例子，是一六一四年左右原住民波馬・德・阿亞拉（Poma de Ayala）撰寫的《新編年史》。

據瓦許特爾所述，無法忍受原住民社會被征服後的悲慘情況，波馬「希望能夠回歸原本的狀態。原本的狀態，是指人和物都停留在自古以來便已經決定好的地方。意即每個人生活在出生的村莊裡，酋長（cacique，印地安社會的領袖）受到酋長應有的尊敬，印地安人身為勤勉的納稅人認真工作。波馬的意圖顯然相當保守，但在完全否定西班牙殖民統治的正當性這一點上，則具極度的破壞性」[51]。換言之，波馬「從當地原住民的空間和時間體系角度去捕捉殖民地的世界，就其意識形態而言，回歸到初始狀態才是正確的」[52]。

大約在過去的四百年間，中南美社會的敗者們心中深藏著回歸原本初始狀態的未來想像，有時會向以西班牙為後盾的統治者，或向美國資本家所支持的全球化資本主義，再三發起絕望的叛亂。

一九九〇年代初期，我曾在墨西哥停留大約一年，在墨西哥的中樞地區，目睹新自由主義全球化影響下產生的社會變化。然而南部邊境奇亞帕斯州（Chiapas）由副總司令馬爾寇斯（Subcomandante Marcos）率領的原住民武裝抗爭*，正將原住民代代相傳的記憶和網路聯繫起來，提出直指全球資本主義的根本性問題，並改變了公眾輿論的潮流[53]。波馬堅信的本源過去＝未來，在十六世紀至二十世紀末超過四百多年的時光裡，被人們屢次不斷地想起。

因此瓦許特爾表示，中南美「即便在各方面遭遇了殘酷的衝擊，當地文化在抵抗西班牙人對印地安人的統治中，仍顯露出驚人的持續性。即使帝國的整體性已經瓦解，但地區的整體性仍持續存在，有時甚至會增強」。原住民社會的傳統性構成以及記憶，似乎仍頑強地殘留在特別是遠離王都的地區。若從更廣泛的角度來思考，「和當地社會實際發生的結構崩壞平行，印加帝國的古老結構也部分地長久延續了生命。這個持續性，也證明了還有其他類型的實踐存在」[54]。

4. 何謂東京的敗者想像力

作為「接觸地帶」（contact zone）的都市

透過以上討論，我們便能得出「何謂作為敗者的東京？」這個問題的答案。首先，在討論現代日本「敗者」時，至少有三個敗者的範疇交會於此。第一個維度是亞洲太平洋戰爭，也就是一九四五年的敗者，戰後日本的想像力和該維度的敗者經驗無法分割。因此加藤典洋堅持持續探究此問題，中村秀之的敗者論也對準了該維度的電影表現。

然而在戰後範疇之外，我們的世界中有無數「近代」的敗者，他們的想像力形成了從根本上顛覆近代這個範疇的地下水脈。南北美洲大陸上的原住民成為近代征服者最初的犧牲品，但這個犧牲的系譜在歐美列強帝國主義席捲世界之下，一直延伸到被拚死追趕這股潮流的明治維新輾壓而亡的人們，也就是戊辰敗者。

而第三個維度中的敗者則存在於日常之中。鶴見俊輔始終拒絕成為勝者，而在長谷正人所分析的山田太一電視劇裡，劇中人物因進入接受身為敗者的狀態，而從勝者的咒縛中解脫。這種敗者意志超越了一九四五年的戰敗，以及近代國家或帝國主義征服經驗的涵蓋範圍，開啟可能自由地去認識到身為「敗者」這件事的契機。

再者，過去關於「敗者」的諸多討論，證明了他們雖然附屬於勝者，身處其強烈影響之下，卻並非受勝者單方面同化，而是利用勝者的影響再創造自身認同（identity）。人類歷史中，勝者

---

* 譯註：一九九四年一月一日北美自由貿易協定（NAFTA）生效日當天，薩巴塔民族解放軍（Zapatista National Liberation Army，EZLN）在墨西哥南部奇亞帕斯起義，抗議政府和跨國財團勾結，要求維護當地原住民權益，被視為反全球化運動的標誌性事件。

在抹除敗者上最為殘忍的嘗試，是西班牙對阿茲特克、馬雅及印加帝國的征服，然而即便西班牙的征服如此殘忍，瓦許特爾仍強調印地安人「對傳統表現出無可救藥的忠誠」。敗者一邊部分地接受勝者文化，同時也悄悄地保留他們核心的精神世界。這種傳統認同的維持，尤其明顯地反映在其對於初始的時間的意識上。雖和中南美原住民社會形式相異，但在日本，明治維新的敗者亦絕非在文化上附庸於薩長政權，這點前面也已經討論過。

最後，敗者的思考既曾在漫長的歷史中反覆出現，出現型態也可能透過幾種模式進行分析。換言之，歷史並非唯一、單一方向的，不如說它是反覆的、螺旋的。相同結構下類似事件不斷發生（資本主義體制下反覆出現的恐慌），從某一結構到另一結構的錯位，則是必須從漫長歷史中去理解的事。敗者的思考亦是如此，即便導致敗北的因素截然不同，但敗者如何面對敗北，將從中得到何種認識，亦存在一定的模式。

尤其是西維爾布奇的分析讓我們察覺到，敗者是如何地不去承認自己身為「敗者」。他們有時渴望認同「勝者」，有時主張精神性「勝利」，或是嘗試絕望「報復」，將敗北責任轉嫁於他人。敗者藉由各種方式，否定自己身為「敗者」一事。但正如鶴見俊輔、加藤典洋以及長谷正人論述中所指出的，一旦敗者接受了自己身為「敗者」，就能得到新的認知。我們應該繼續探討，深入「敗者思考」中西維爾布奇所未言及的深層維度。

那麼，我們又該透過什麼方法，來分析上述關於敗者的維度交會，以及對敗北的各種反應？

山口昌男的敗者論以「人脈」為骨架，凸顯出敗者身處的人際關係樣貌，解釋他們的活動之擴展與思考關聯。另一方面，鶴見俊輔捕捉限界藝術活動的方法，在柳田國男的例子中，我們看到的是藉由更偏向於符號論的方法，試圖掌握橫跨不同類別運作的符號系統；至於柳宗悅，則是將注意力放在所留下的陶瓷器等工藝品上所展現的技藝。而加藤典洋、中村秀之和長谷正人的方法則取徑文本，即以文學、電影和電視劇作品為文本分析對象。

簡而言之，雖然有許多方式能讓敗者思考浮上水面，可正如美洲原住民的「敗者思考」，當我們所能取得的資料極為有限時，這個方法問題便尤顯尖銳。瓦許特爾則是除了留下來的紀錄文件外，亦利用地方上傳承的儀式作為捕捉「敗者想像力」的珍貴線索。

最終，這些有關歷史中的敗者研究，揭露出「敗者」不只是那些被擊敗、殺害、從權力中排除的人們，還是讓「勝者」引導、建構的各式各樣戰後世界時理所當然產生的龜裂，如孔洞般的空間（topos）。它自歷史上許多戰爭、壓迫、排斥和屠殺的歷史中而生，即便敗者被擊敗、征服、摧毀、排除，也會悄悄地阻止勝者的世界覆蓋掉地表上所有的風景，有時逃入地下，有時靜靜地潛藏在山谷中，或是如間諜般偽裝，甚至會發出抵抗的呼喊，讓勝者的理所當然產生裂縫。而人類學家普拉特（Mary Louise Pratt）賦予這樣的「孔」一個意味深長的名字：「接觸地帶」（contact zone）[55]。

接觸地帶是指勝者與敗者、征服者與被征服者、帝國與殖民、中央與地方、西洋與東方

（Orient）等不平等的關係中，位居劣勢的敗者在其與勝者之間開闢的文化交涉場。它基本上是言說場域，包括被征服者寫給征服者的信件、使節團的姿態舉止、在殖民地統治者面前展現的表演或儀式，以及這些殖民地人們發言被翻譯為帝國語言的過程。換句話說，接觸地帶發生的不是單方面的記憶消除、文化同化或監視可視化，而是曾暴露在來自核心的暴力和注視之下的敗者，重新定義和勝者關係中的自己的意義、述說自身，並進行各種交涉的過程。接觸地帶一詞，涵蓋了對於近代各類型殖民主義多樣化發展的後殖民時刻（postcolonial moment）[56]。

而都市中滿是這種孔洞般的空間、接觸地帶。我們甚至不必以阿茲特克帝國首都特諾奇特蘭（Tenochtitlan）為例，在漫長的歷史中，再沒有其他地方比都市經歷過更多次占領及征服，在那裡淪為敗者的人們的痕跡，也經常殘留在今日的都市裡。例如今日若走在墨西哥城街頭，表面上城市已完全被美國的消費文化所覆蓋，頂多能在四處看到西班牙風格的殖民景色，可若是稍微鑽入街道的深處，便很容易能找到仍保有原住民傳統的小路，若是在市中心做考古調查，便能在天主教會地基下，挖掘出過去遭到征服者破壞的阿茲特克神廟瓦礫。

總之，在現代都市的景色中，重疊累積了好幾層不同時代的敗者記憶，如果將注意力放在這樣的多層性上，就能發現在都市的縫隙或窪地、邊緣那許的場所中，潛藏著不少歷史的孔洞，和敗者想像力的接觸地帶。

東京產生後殖民主義的可能性？

而東京，當然也是這樣的一座都市。和世界上許多歷史悠久的都市相同，東京也經歷過好幾次占領和征服，其中最重要的是本書多次提到的三次占領，即一五九〇年的德川家康占領和一八六八年薩長占領，以及一九四五年美軍占領。誠然，早在十六世紀德川軍占領江戶並在此大興土木以前，古代便有朝鮮半島的渡來人在此地拓殖、引進大陸文明，中世時則反覆上演新舊攻防，如太田道灌滅亡久居此地的秩父平氏，因此嚴格來說占領並非只有三次。然而我們應該可以說，征服者改變這座都市的結構、形成今日東京基礎的，基本上就是這三次的占領。敘述「作為敗者的東京」，便是試圖以這三次占領中的敗者視角翻轉東京。

我認為這項知識性工作是東京版的後殖民主義。一般而言，後殖民主義適用於思索朝鮮半島、台灣、菲律賓、越南或印尼等前殖民地的歷史和現在的關聯。在都市方面，如首爾或台北、青島或大連、長春（新京）等，若要連結其都市記憶與現在，後殖民主義觀點亦不可或缺。反觀東京，從大日本帝國首都變身為日美安保體制背景下的奧林匹克城，這座都市看起來即使能算是「後帝國」（post-imperial）的，也很難將之視為「後殖民」（post-colonialism）的。可若要將後殖民思考導入東京——首先必須建立將東京視為「敗者」並重新檢視的視角。而這也是盡可能地重新追溯，在這三次的占領中，被占領的一方如何在這座都市中掙扎生存的視角。

要精確地重現最初的占領，也就是在十六世紀末德川軍占領前，生活在江戶一帶居民的面貌相當困難。但若是追溯到古代，當時該地區皆為流入東京灣的利根川、墨田川（即荒川）、多摩川等河川流域，屬於祖先是朝鮮半島渡來人的秩父平氏之勢力範圍。他們以如同平將門般，有時甚至足以挑戰朝廷權力的勢力而自豪，因此從源賴朝到太田道灌等外來征服者，皆和延續自古代的地方勢力之間，始終維持著緊張關係。這份緊張直到太田道灌滅亡秩父平氏後裔豐島氏，甚至是到了自戰國時代脫穎而出的家康，挾規模前所未有的壓倒性大型軍團和土木技術，徹底改變整體地區秩序之時，都未能消解。此後，在「豐島」、「澀谷」或「葛西」等今日我們耳熟能詳的地名上，仍留下了這塊土地早期居民的痕跡。

相較於第一次的占領，第二次占領中的敗者群像則鮮明許多。那是在幕末江戶開城後，仍死守上野憤慨而亡的彰義隊的青年，是無論如何都難以接受「江戶竟如此輕易地被薩長鄉下武士奪走」的小栗上野介及榎本武揚，或者是幕臣如福澤諭吉。小栗上野介遭到處斬，榎本武揚則如福澤諭吉的強烈批判那般總之是活了下來，也有不少維新敗者成為明治的知識分子或實業家。不過，當然也有許多敗者是在貧困和孤獨中過完一生。

除此之外，還有因明治時期的產業化——就是如字面所述的，在資本原始累積過程中成為都市貧民的龐大人口，以及來自農村、以女工之身被嵌入都市中的人們。他們以及她們未必是戊辰戰爭的敗者，但在明治大正近代化中持續遭受壓榨的意義上，這些人背負了「敗者」的命運。東京對他們而言意味著什麼，本書亦對此做了討論。

進行探討時，最重要的問題是「是誰，在哪裡，敘述誰」。生於磐城平藩士之家，在戊辰戰爭中失去雙親和妹妹，作為敗者渡過終生的天田愚庵，因其遭遇處境才會寫下清水次郎長傳記，而這本出於敗者之手的傳記，將清水次郎長推向代表近代日本的賭徒偶像地位。寫下開創明治貧民窟調查報導《貧天地飢寒窟探險記》的櫻田文吾出生於仙台藩士之家，幼年喪父，兩位兄長也在戊辰戰爭和五稜郭之戰中陣亡，境遇酷似天田愚庵。他初次問世的作品是刊載於津輕藩士之子陸羯南所辨報紙《日本》上，這顯示出其背後確實有山口昌男所揭示的明治佐幕派的知識網絡。

簡言之，戊辰戰爭的敗者引領了明治日本「賭徒」、「貧民窟」這些社會陰影面的書寫，敘述主體和被敘述對象的結合，形成從邊緣照射出明治時期國家的言說場域。

而在第三次，也就是一九四五年起在美軍占領東京中出生的，則是我們自己或我們的父母輩。過去我曾在《親美與反美》、《夢之原子能》（夢の原子力）、《東京未復興》，《五輪與戰後》（五輪と戦後）等著作中，論及這次現代東京的占領，以及運作於其中的文化政治。

也就是說，至今我的著作皆聚焦於第三次東京占領問題，以作者而言，要在本書中重拾過往討論過的材料實屬易事，但這對讀者而言未免無聊，故而在此偏重於敘述上面，來講述我自己的家族史，也就是我的母親、外祖母、表舅和外曾祖父的故事。

美軍占領東京和大日本帝國的戲劇性崩潰關係密切，正因日本帝國的急速膨脹與崩潰，戰敗前的秩序及意識，在大日本帝國崩潰後的冷戰體制和美國軍事、外交和文化霸權下繼續維持，換言之，戰後的日本無法成為真正意義上的「敗者」，這是思索第三次占領最重要的一點。然而無須多言，要達成這樣的理論洞察，絕不可能僅憑單一個家族史，需要不只是我的，還有許多人的家族史記敘。

今天歷史的樣貌正逐漸朝向多層多面，具有厚度的網絡狀檔案館變化。西歐中心也好，日本中心也罷，在無人質疑近代化宏大敘事的時代中最為有力的單線歷史敘事，如今已無法成立。換言之，無論是現代主義還是馬克思主義或民族主義，以階段論發展來敘述歷史的時代早已走向終結。不如說歷史是由無數矛盾的過去，在名為現代的範疇中折疊堆起，形成多層結構的格局，比起線性上升的階梯，那形象更接近於龐大知識層層堆疊的檔案館＝收藏庫。

當然，其中發生的一些重大事件如戰爭或革命、大蕭條或大災害、征服或占領，它們成為某個歷史層和其他層的邊界面，在歷史整體的組成上至關重要。在這裡尤其必要的，是不以勝者角度，而是從敗者角度來觀看事件斷層，這一點是我在書中強調的。歷史的轉變不該從山頂，而必須從深谷中眺望。

這一點自然也適用於東京的歷史。說來也很少有什麼如同東京的歷史，從何種角度觀看變化的意義能夠如此重大。話雖如此，如今在講述東京歷史時，這座都市的多重歷史，被從江戶到東京、產業化和大都會現代主義、關東大地震到帝國首都復興、東京空襲和戰後重建，然後走向東京奧運，這種陳腔濫調的線性成長主義利用的例子仍不少見。線性的都市發展史確實是方便的框架，但若考慮到東京在後成長期的走向，這個框架的遺漏之處便實在太多。

在我看來，位於東京成長主義敘事另一端的是「作為敗者的東京」敘事。無數的歷史斷層正在東京之中滑動。藉由將視點一點一點地移往歷史斷層的內側——不是從地表描摹斷層表面，而是利用著各種資料、記敘，以及歷史、社會、人類學、考古學研究，將視點向斷層內側挪動，應該能讓都市轉變為非線性的、多種歷史的敘事場域。

如同鶴見俊輔、山口昌男或是加藤典洋，並對於長谷正人討論過的山田太一抱持著相同感受，在本書中，我並未將「敗者」視為僅只是消極的、否定性且逐漸走向消逝的。我的意圖恰好相反，我認為「從敗者角度眺望」才能導向東京的「未來」，因此，可能開啟東京未來的視角，就在書名中的「作為敗者的東京」*裡。

這個視角，或許存在於曾將技術帶到江戶一帶的朝鮮半島渡來人的視角，或許是在以平將門為首、與京都朝廷權力對抗最終敗北的怨靈視角。也可能是在幕府為薩長所敗過程中，成為維新敗者的眾多幕臣，抑或是在近代化過程中不斷擴大的貧困階層的視角。更重要的是，這些敗者在戰後復興、東京奧運，以及高度成長期的東京中，以各種形式持續增加。不僅如此，隨著日本的

---

* 編註：本書日文書名直譯為「作為敗者的東京——閱讀巨大都市的隱藏地層」。

經濟繁榮達到極限，社會整體如同滾下坡道般迅速走向衰亡與劣化，如今許多人也逐漸無法再與「勝者」視角產生認同，這些來自「敗者」的目光也隨之變得顯而易見。所謂「作為敗者的東京」，正是從這樣貫穿悠久歷史，潛藏於其中的另一種視角，重新審視這座名為東京的都市。

後記

本書集結二〇二一年六月到二二年七月間在筑摩書房宣傳雜誌《CHIKUMA》連載共計十四回的拙稿而成，當時題名為〈作為敗者的東京——閱讀巨大都市的「隱藏地層」〉。整理成書時加入新寫的終章敗者論，說明聯繫各主題的所有理論軸線。另外，連載第六回和第七回在整合後成為本書第五章，第八回和第九回成為本書第六章，第十一回和第十二回成為本書第八章。

如同在第十章中曾詳述過的，本書原本是想由歷史的內側，重新檢視我三十五年前寫下的《都市戲劇論——東京繁華鬧區的社會史》，是以此為目標而進行的作業，因此當初便預期到，這也會是從其歷史的內側重新檢視江戶——也就是東京這座都市。但三十五年前的我，自然未曾想過自己有天會進行這樣的作業。

一九八〇年代藉由社會學剖析都市繁華鬧區，九〇年代以後又涉足媒體、美國化（Americanization）、文化研究以及大學研究，在大家眼中，我的研究領域應該是朝橫向延伸拓展。我則是自認未必如此，自九〇年代以來，我認為自己所討論的是都市中的媒體、都市中的美國、都市研究中的文化研究、作為城市的大學。

而在人生剩餘時間逐漸縮短時，近年又有幾次工作再次以「東京」為中心。在《五輪與戰後》和《東京未復興》中，我探問在一九六〇年代改頭換面的東京，是根據什麼劇本，上演多麼壯闊的場面。這座都市執迷於反覆舉辦奧運和萬博，希望藉由都心部的超高層化，以及大傳輸量的通信網路帶來的高速化開創未來，但我相當肯定，這樣的未來到底不可能實現。

那麼，這必然會帶來「那應該如何是好」的問題。《翻轉東京》便是透過漫步在東京都心的街道，尋找該問題的答案，在本書則非城市漫步，而是結合宏大且漫長的歷史（全球史）和微小且相對短瞬的歷史（家族史），以此方式展開「都市＝敗者」的討論。

要從當代文化政治的批判性分析，轉向從時間範圍更長一些的歷史中洞察未來，所必要的是「歷史」概念的空間化。就像我在本書中不斷反覆提到的，過去並未消逝，而是持續沉積在空間中，這些沉積的過去在漫長歷史中，形成單位相異的諸多歷史之層，不斷反覆，逐漸成為地層。

這個「層」絕非觀念上的認知，而是實際存在於城市中具體可見的痕跡，並在人們的敘述與媒體重現中再次出現。因此，歷史並非是直線軸上依序排列的事件因果鏈接，而是在多重維度中交會堆積，有時還會隆起的歷史層空間延展，換句話說，歷史是一個蘊藏著許多聲音可能性的檔案館。

我認為這裡存在著通往未來的「希望」。因為只要歷史是複數的、是空間性的，那麼那不同過去的可能性，如今亦絕對未曾消散。而正如在本書終章汲取鶴見俊輔、山口昌男、加藤典洋到山田太一的敗者觀並加以討論的那般，「敗者」充滿了這種「不同的可能性」。因此，本書應該是我這幾年所撰寫的東京論中，最充滿希望的一冊。

最後，我必須坦率地承認，若缺少筑摩書房編輯部石島裕之先生充滿耐心的協助，本書便不可能完成。連載期間的每個月裡，石島先生在線上耐心聆聽我長達數小時的談話，將逐字稿整理成原稿。感謝石島先生每次認真傾聽我的話語，這十四回的連載是在這樣的心情中進行。

此外，許多朋友在讀過連載後，提供了各式各樣我此前未曾注意到的資訊，本書就在不斷的新發現中得以完成。謝謝大家，在此向各位致以誠摯的謝意。

二〇二三年一月一日　六五歲，即將自東大退休前

吉見俊哉

參考書目

序　章

1——国土交通省国土政策局〈各国の主要都市への集中の現状〉二〇一九年，国土交通省。

2——日本銀行調査統計局〈都道府県別預金・現金・貸出金（国内銀行）〉二〇二〇年三月。

3——吉見俊哉《東京復興ならず》（東京：中公新書，二〇二一年），頁八五—一〇五。

4——同前註，頁二一二—二二四。

5——橋本健二《東京23区×格差と階級》（東京：中公新書ラクレ，二〇二一年），巻首插圖4。

6——岡田豊〈地域別人口動向の特徴——90年代後半以降，出産適齢期の女性が東京圏に集中〉《みずほ総研論集》二〇〇七年II号（東京：みずほ総研，二〇〇七年），頁九—一七。

第1章

1——鈴木理生《江戸の川　東京の川》（東京：井上書院，一九八九年），頁三七—三八。
2——吉村武彦〈ヤマト王権と半島・大陸との往来〉，吉村他編《渡来系移住民》（東京：岩波書店，二〇二〇年），頁四四。
3——金達寿《古代朝鮮と日本文化》（東京：講談社学術文庫，一九八六年），頁二六—五四。
4——岡谷公二《神社の起源と古代朝鮮》（東京：平凡社新書，二〇一三年），頁二〇二—二〇三。
5——同前註，頁六二—六三。
6——鈴木理生《江戸はこうして造られた》（東京：ちくま学芸文庫，二〇〇〇年），頁二四—二五。
7——同前註，頁一六—一七。
8——塩見鮮一郎《賤民の場所　江戸の城と川》（東京：河出文庫，二〇一〇年），頁四〇—四一。
9——同前註，頁一八—一九。
10——鈴木《江戸の川　東京の川》，頁四六—四七。
11——鈴木《江戸はこうして造られた》，頁三三。
12——同前註，頁三五—三六。
13——鈴木《江戸の川　東京の川》，頁六九—七〇。
14——塩見《賤民の場所　江戸の城と川》，頁五二—五四。

第2章

1——鈴木理生《江戸の町は骨だらけ》（東京：ちくま学芸文庫，二〇〇四年），頁八四—八五。

2——同前註，頁六八。

3——同前註，頁七五—七七。

4——網野善彦《日本社会再考》（東京：ちくま学芸文庫，二〇一七年），頁二九。

5——塩見鮮一郎《資料　浅草弾左衛門》（東京：批評社，一九八八年），頁一〇七—一〇八。

第3章

1——野口良平《幕末的思考》（東京：みすず書房，二〇一七年），頁九七。

2——同前註，頁一三三。

3——森まゆみ《彰義隊遺聞》（東京：集英社文庫，二〇一八年），頁一六。

4——同前註，頁一六—一七。

5——円満字二郎《漢文石碑を読み歩く》〈上野戦争碑記〉http://bonemma.my.coocan.jp/sekihi/ueno_sensou.html

6——田中悟《会津という神話》（東京：ミネルヴァ書房，二〇一〇年），頁一〇七—一〇八。

7——Michael Wert, *Meiji Restoration Losers.* (Massachusetts: Harvard University Asia Center, 2013)＝マイケル・ワート著，野口良平訳《明治維新の敗者たち》（東京：みすず書房，二〇一九年），頁一。

8——同前註，頁六三。
9——同前註，頁六三。
10——同前註，頁七六—七七。
11——同前註，頁八八—九〇。
12——同前註，頁一五六。
13——同前註，頁七。
14——同前註，頁一〇六。

第4章

1——高橋徹《清水次郎長》（東京：岩波新書，二〇一〇年），頁一七一—一七三。
2——林英夫〈さまよえる棄民〉林編《近代民衆の記録4　流民》（東京：新人物往来社，一九七一年），頁一六—一八。
3——高橋，《清水次郎長》，頁一七二—一七三。
4——林，〈さまよえる棄民〉，頁一六。
5——高橋，《清水次郎長》，頁一八九。
6——同前註，頁三五—三六。
7——同前註，頁五〇—五一。

8——林，〈さまよえる棄民〉，頁一〇。
9——大崎辰五郎述，林茂淳速記〈大崎辰五郎自伝〉林編《近代民衆の記録4　流民》（東京：新人物往来社，一九七一年），頁一二六—一二八。
10——同前註，頁一三〇—一三一。
11——横山百合子《江戸東京の明治維新》（東京：岩波新書，二〇一八年），頁一〇九—一一一。

第5章

1——横山《江戸東京の明治維新》，頁八三—八四。
2——同前註，頁五一。
3——中川清《日本の都市下層》（東京：勁草書房，一九八五年），頁二六—二八。
4——同前註，頁二九。
5——同前註，頁二九、頁三一。
6——紀田順一郎《東京の下層社会》（東京：ちくま学芸文庫，二〇〇〇年），頁五七—五八。
7——同前註，頁四二。
8——同前註，頁五八。
9——桜田文吾《貧天地飢寒窟探檢記》（東京：日本新聞社，一八九三年），頁二。
10——同前註，頁九。

11——同前註，頁一〇——一二。
12——同前註，頁一七。
13——同前註，頁二六。
14——松原岩五郎《最暗黒の東京》（東京：現代思潮社，一九八〇〔一八九三〕年），頁六。
15——同前註，頁三九—四〇。
16——同前註，頁四一。
17——同前註，頁四六。
18——横山源之助《日本の下層社会》（東京：岩波文庫，一九四九〔一八九九〕年），頁二三。
19——同前註，頁二四—二五。
20——ガヤトリ・C・スピヴァク（Gayatri C. Spivak）著，上村忠男訳《サバルタンは語ることができるか》（東京：みすず書房，一九九八年），頁四七—四九。
21——同前註，頁五四—五五。

第6章

1——スピヴァク《サバルタンは語ることができるか》，頁八二。
2——同前註，頁八二。
3——横山《江戸東京の明治維新》，頁一一九。

4──同前註，頁一一四──一一五。

5──同前註，頁一二一。

6──同前註，頁一二二。

7──同前註，頁一二二──一二三。

8──千本暁子〈明治期紡績業における通勤女工から寄宿女工への転換〉《阪南論集　社会科学編》一九九八年九月，頁一六──一七。

9──同前註，頁一六──一七。

10──千本暁子〈20世紀初頭における紡績業の寄宿女工と社宅制度の導入〉《阪南論集　社会科学編》一九九九年一月，頁五七。

11──農商務省商工局《職工事情》第一巻，土屋喬雄校閲（東京：新紀元社，一九七六〔一九〇三〕年），頁五一。

12──同前註，第一巻，頁一五一。

13──同前註，第一巻，頁一五三。

14──同前註，第三巻，頁一八四。

15──寺尾紗穂〈女工哀史とキリスト教〉（BLOOMING EAST リサーチレポート第2回），http://www.toppingeast.com/topics/1671/

16——細井和喜蔵《女工哀史》（東京：岩波文庫，一九五四〔一九二五〕年），頁三五二—三七二（一九八〇年改版，頁三四九—三五一）。

17——同前註，頁二六四—二六五。

18——サンドラ・シャール（Sandra Schaal）《《女工哀史》を再考する——失われた女性の声を求めて》（京都：京都大学学術出版会，二〇二〇年），頁三。

19——同前註，頁一五—一七。

20——同前註，頁一九。

21——同前註，頁二〇。

22——E. Patricia Tsurumi, *Factory Girls: Women in the Tread Mills of Meiji Japan.* (New Jersey: Princeton University Press, 1990). Mariko Asano Tamanoi, *Under the Shadow of Nationalism: Politics and Poetics of Rural Japanese Women,* (Hawaii: University of Hawaii Press, 1998).

23——ミリアム・シルババーグ〈日本の女給はブルースを歌った〉脇田晴子、S・B・ハンレー編《ジェンダーの日本史》下巻（東京：東京大学出版会，一九九五年），頁五八五—六〇七＝Miriam Silverberg , *Erotic Grotesque Nonsense: The Mass Culture of Japanese Modern Times,* University of California Press, 2007.

24——シャール《《女工哀史》を再考する》，頁六二。

25——ミシェル・ド・セルトー（Michel de Certeau）著，山田登世子訳《日常的実践のポイエティー

ク》（東京：国文社，一九八七年），頁二二六—二二七。
26——シャール《《女工哀史》を再考する》，頁八六—九一。

第7章

1——大江健三郎《同時代ゲーム》（東京：新潮文庫，一九八四年），頁一一。
2——森崎和江《慶州は母の呼び声》（東京：ちくま文庫，一九九一年），頁六四—六五、頁七九—八三。
3——青井哲人《植民地神社と帝国日本》（東京：吉川弘文館，二〇〇五年），頁二八—四二、頁二三四—二五一。
4——永井荷風《つゆのあとさき》（東京：岩波文庫，一九八七年），頁一八—一九。

第8章

1——石原慎太郎《あるヤクザの生涯——安藤昇伝》（東京：幻冬舎，二〇二一年），頁一四九。
2——同前註，頁一五一。
3——吉見俊哉《親米と反米》（東京：岩波新書，二〇〇七年），頁一四八—一四九。繁體中文版：邱振瑞譯，李衣雲，李衣晴校譯，《親美與反美：戰後日本的政治無意識》（台北市：群學出版，二〇一三年）。

4──エドワード・サイード（Edward W. Said）著，大橋洋一訳《文化と帝国主義》第1巻（東京：みすず書房，一九九八年），頁三〇九─三三五。繁體中文版：蔡源林譯，《文化與帝國主義》（台北縣：立緒文化，二〇〇一年）。

5──安藤昇《自伝　安藤昇》（東京：ぶんか社，二〇〇一年），頁六。

6──同前註，頁一三。

7──同前註，頁一三。

8──同前註，頁一三─一四。

9──同前註，頁二九。

10──同前註，頁二七。

11──同前註，頁一三。

12──同前註，頁四八。

13──同前註，頁五二。

14──同前註，頁六八。

15──安藤昇《昭和風雲録》（東京：ＫＫベストブック，二〇一二年），頁一六。

16──同前註，頁四三。

17──同前註，頁四三─四四。

18──同前註，頁五二。

19——同前註，頁七一。
20——同前註，頁七一—七二。
21——同前註，頁五八—五九。
22——同前註，頁七五。
23——宮崎学《ヤクザと日本——近代の無頼》（東京：ちくま新書，二〇〇八年），頁七—一〇。
24——丸山眞男《現代政治の思想と行動》（東京：未來社，一九五七年），頁五一〇—五一一。（一部省略）
25——《定本丸山眞男回顧談》上卷（東京：岩波現代文庫，二〇一六年），頁三三四—三三六。
26——エイコ・マルコ・シナワ（Eiko Maruko Siniawer）著，藤田美菜子訳，《悪党・ヤクザ・ナショナリスト》（東京：朝日新聞出版，二〇二〇年）。繁體中文版：游淑峰譯，《日本暴力政治：流氓、極道、國家主義者，影響近代日本百年發展的關鍵因素》（台北市：麥田出版，二〇二一年）。
27——本田靖春《疵》（東京：文春文庫，一九八七年），頁九五—九六。
28——佐野眞一、吉見俊哉〈「戦後」を繋ぎ止めるために〉《文藝別冊　総特集本田靖春》二〇一〇年，河出書房新社，頁六。
29——本田《疵》，頁二三三。
30——同前註，頁一八一。

31──同前註，頁一九七。

32──猪野健治《やくざと日本人》（東京：ちくま文庫，一九九九年），頁一五四。

第9章

1──山田興松《実用造花術指南》（東京：博文館，一九〇四年），〈例言〉頁一。

2──同前註，〈例言〉，頁一。

3──同前註，〈本編〉頁一─二。

4──同前註，〈本編〉頁一二─一三。

5──山田興松《摘み細工指南》（東京：博文館，一九〇九年），〈序言〉頁一。

6──同前註，〈本編〉頁三。

7──同前註，〈本編〉頁九。

8──同前註，〈序言〉頁三─四。

9──山崎明子《近代日本の「手芸」とジェンダー》（横濱：世織書房，二〇〇五年），頁二〇八─二二六。

10──池田忍《手仕事の帝国日本》（東京：岩波書店，二〇一九年），頁五六。

11──安藤《自伝》，頁九。

第10章

1——吉見俊哉《都市のドラマトゥルギー》（東京：弘文堂，一九八七年），頁三五一。
2——同前註，頁三五二—三五三。
3——上山和雄編著《歷史のなかの渋谷》（東京：雄山閣，二〇一一年），頁二四四。
4——同前註，頁二四四。
5——稲葉佳子《オオクボ　都市の力》（京都：学芸出版社，二〇〇八年），頁一五一—一五三。
6——砂川秀樹《新宿二丁目の文化人類学》（東京：太郎次郎社エディタス，二〇一五年），頁二一〇。
7——同前註，頁二〇七。

終　章

1——山口昌男《敗者学のすすめ》（東京：平凡社，二〇〇〇年），〈序言〉（無頁數）。
2——同前註，頁三三。
3——同前註，頁六九。
4——山口昌男《「敗者」の精神史》（東京：岩波書店，一九九五年），頁一七三—一七四。
5——同前註，頁一九〇—一九四。
6——同前註，頁五〇七。

7——吉見俊哉《アメリカの越え方》（東京：弘文堂，二〇一二年），頁七—九。
8——栗原彬、見田宗介、吉見俊哉〈〈座談会〉追悼　鶴見俊輔〉《思想》二〇一五年第一二号（第一一〇〇号）。
9——鶴見俊輔《敗北力》増補版（京都：編集グループＳＵＲＥ，二〇一八年），頁二八七—三〇三。
10——鶴見俊輔《限界芸術論》（東京：ちくま学芸文庫，一九九九年），頁一五。
11——同前註，頁一三—一四。
12——同前註，頁一八。
13——同前註，頁四〇。
14——同前註，頁六九。
15——鶴見俊輔《太夫才蔵伝》（東京：平凡社選書，一九七九年），頁二〇。
16——同前註，頁一二—一三。
17——同前註，頁二〇。
18——同前註，頁一八四。
19——加藤典洋《敗者の想像力》（東京：集英社新書，二〇一七年），頁一四六。
20——同前註，頁二三。
21——同前註，頁一五八—一五九。

22　同前註，頁一五七—一五八。
23　同前註，頁七八。
24　同前註，頁二七。
25　同前註，頁一五九。
26　同前註，頁五。
27　中村秀之《敗者の身ぶり》（東京：岩波書店，二〇一四年），頁四六—四八。
28　同前註，頁五。
29　同前註，頁五—六。
30　同前註，頁一一二。
31　同前註，頁一一八。
32　長谷正人《敗者たちの想像力　脚本家山田太一》（東京：岩波書店，二〇一二年），頁二四—二五。
33　同前註，頁三〇—三一。
34　同前註，頁三四—三五。
35　同前註，頁三五—三六。
36　同前註，頁四四。

37——ヴォルフガング・シヴェルブシュ（Wolfgang Schivelbusch）著，福本義憲、高本教之、白木和美訳，《敗北の文化：敗戦トラウマ・回復・再生》（東京：法政大学出版局，二〇〇七年），頁一一。

38——同前註，頁一二。

39——同前註，頁一九。

40——同前註，頁四。由西維爾布奇引用萊因哈特・科塞萊克（Reinhart Koselleck）所言。

41——同前註，頁二九—三〇。

42——ナタン・ワシュテル（Nathan Wachtel）著，小池佑二訳，《敗者の想像力》（東京：岩波書店，一九八四年），頁三五。

43——同前註，頁三五—三六。

44——同前註，頁三九。

45——同前註，頁二一六。

46——同前註，頁二三四。

47——同前註，頁二三九。

48——同前註，頁二三四。

49——同前註，頁二三六。

50——同前註，頁二三五。

51——同前註，頁二五九。

52——同前註，頁二六三。

53——吉見俊哉《リアリティ・トランジット》（東京：紀伊国屋書店，一九九六年），頁一七九—二二二。

54——ワシュテル《敗者の想像力》，頁三二三。

55——Pratt, Mary Louise, *Imperial Eyes: Travel Writing and Transculturation*, (London: Routledge, 2007), pp. 38-68

56——Pratt, Mary Louise, "Arts of the Contact Zone" in *Profession* (Modern Language Association), 1991, pp. 33-40.

國家圖書館出版品預行編目（CIP）資料

敗者的東京：翻轉勝者敘事的都市論，回看德川幕府、薩長同盟、美軍進駐的三次占領／吉見俊哉著；蔡傳宜譯. -- 初版. -- 臺北市：麥田出版：英屬蓋曼群島商家庭傳媒股份有限公司城邦分公司發行, 2025.05
面；　公分（歷史選書；95）
譯自：敗者としての東京：巨大都市の隠れた地層を読む
ISBN 978-626-310-854-7（平裝）
1.CST: 人文地理　2.CST: 歷史　3.CST: 日本東京都
731.726085　　114001378

歷史選書 95

敗者的東京

翻轉勝者敘事的都市論，回看德川幕府、薩長同盟、美軍進駐的三次占領
敗者としての東京——巨大都市の隠れた地層を読む

作者　吉見俊哉
譯者　蔡傳宜
責任編輯　呂欣儒
封面設計　兒日設計
印刷　前進彩藝有限公司
內頁排版　李秀菊
內文校對　魏秋綢
國際版權　吳玲緯　楊靜
行銷　闕志勳　吳宇軒　余一霞
業務　李再星　李振東　陳美燕
總經理　巫維珍
編輯總監　劉麗真
事業群總經理　謝至平
發行人　何飛鵬
出版　麥田出版
台北市南港區昆陽街16號4樓
電話：886-2-25000888　傳真：886-2-2500-1951
發行　英屬蓋曼群島商家庭傳媒股份有限公司城邦分公司
台北市南港區昆陽街16號8樓
客服專線：02-25007718；25007719
24小時傳真專線：02-25001990；25001991
服務時間：週一至週五上午09:30-12:00；下午13:30-17:00
劃撥帳號：19863813　戶名：書虫股份有限公司
讀者服務信箱：service@readingclub.com.tw
城邦網址：http://www.cite.com.tw
香港發行所　城邦（香港）出版集團有限公司
香港九龍土瓜灣土瓜灣道86號順聯工業大廈6樓A室
電話：852-25086231　傳真：852-25789337
電子信箱：hkcite@biznetvigator.com
馬新發行所　城邦（馬新）出版集團
Cite（M）Sdn. Bhd.（458372U）
41, Jalan Radin Anum, Bandar Baru Seri Petaling,
57000 Kuala Lumpur, Malaysia.
電話：+6(03)-90563833　傳真：+6(03)-90576622
電子信箱：services@cite.my

初版一刷／2025年5月

ISBN 978-626-310-854-7（紙本書）
ISBN 978-626-310-855-4（電子書）

定價：台幣480元，港幣160元